权威 · 前沿 · 原创

皮书系列为

“十二五”“十三五”国家重点图书出版规划项目

天津金融发展报告（2017）

ANNUAL REPORT ON THE DEVELOPMENT OF FINANCE IN TIANJIN (2017)

中国滨海金融协同创新中心
主　编／王爱俭　林文浩　刘　玚

社会科学文献出版社
SOCIAL SCIENCES ACADEMIC PRESS (CHINA)

图书在版编目（CIP）数据

天津金融发展报告. 2017 / 王爱俭，林文浩，刘玚主编. -- 北京：社会科学文献出版社，2017. 12
（天津金融蓝皮书）
ISBN 978 - 7 - 5201 - 1744 - 9

Ⅰ. ①天… Ⅱ. ①王… ②林… ③刘… Ⅲ. ①地方金融事业 - 经济发展 - 研究报告 - 天津 - 2017 Ⅳ. ①F832. 721

中国版本图书馆 CIP 数据核字（2017）第 273317 号

天津金融蓝皮书
天津金融发展报告（2017）

主　　编 / 王爱俭　林文浩　刘　玚

出 版 人 / 谢寿光
项目统筹 / 恽　薇　王婧怡
责任编辑 / 孔庆梅　李惠惠

出　　版 / 社会科学文献出版社 · 经济与管理分社（010）59367226
地址：北京市北三环中路甲 29 号院华龙大厦　邮编：100029
网址：www. ssap. com. cn
发　　行 / 市场营销中心（010）59367081　59367018
印　　装 / 北京季蜂印刷有限公司

规　　格 / 开　本：787mm × 1092mm　1/16
印　张：20. 25　字　数：303 千字
版　　次 / 2017 年 12 月第 1 版　2017 年 12 月第 1 次印刷
书　　号 / ISBN 978 - 7 - 5201 - 1744 - 9
定　　价 / 98. 00 元

皮书序列号 / PSN B - 2014 - 418 - 1/1

《天津金融发展报告（2017）》
学术指导委员会

《天津金融发展报告（2017）》
编　委　会

主　　编　王爱俭　林文浩　刘　玚

副 主 编　刘通午　王文刚　李向前　王学龙

参编人员　王　韩　张慧省　舒　鑫　倪　鑫　杨春波
邱　兰　杨　荻　刘　孝　刘泽东　崔宏宇
周胜强　李西江　刘伯酉　杨　帆　杜　强

主编简介

王爱俭 （1954 ~），金融学教授、博士生导师，现任天津市政府参事，中国滨海金融协同创新中心主任，国家社科基金、国家自然科学基金同行评议专家。主要从事汇率体制改革、开放经济货币政策调控与区域金融创新研究。近年来已主持国家社科基金重大项目 1 项、自然科学基金项目 2 项，教育部人文社科基金等省部级项目 7 项，省部级及以上获奖 7 项，目前主持国家社科基金重大项目 1 项；已在《经济研究》《金融研究》《财贸经济》《经济学动态》《国际金融研究》等国内外重要刊物发表论文 80 余篇，出版专著 10 余部；荣获省部级以上奖项 10 余项，多项研究成果得到党中央、天津市委市政府的高度重视和重要批示。

林文浩 （1983 ~），天津财经大学经济学院金融系讲师，中国滨海金融协同创新中心研究员，中央财经大学金融学博士后。主要从事货币政策与汇率政策协调以及区域金融发展量化评价研究。近年来在《金融评论》《现代财经》《中国农村金融》等期刊上发表论文 6 篇，参与国家级、省部级项目 3 项，部分参与的课题研究成果得到党中央、天津市委市政府的重视和批示。

刘　玚 （1988 ~），天津财经大学经济学院金融系讲师，中国滨海金融协同创新中心研究员，北京特华财经研究所博士后。主要从事货币金融理论、金融中心发展建设等方向的研究。近年来在《经济学动态》《金融经济学研究》《新金融》等期刊上发表论文 5 篇，参与国家级、省部级项目 2 项，部分参与的课题研究成果得到天津市政府的重视与批示。

摘　要

《天津金融发展报告（2017）》是中国滨海金融协同创新中心组织编写的“天津金融蓝皮书”系列年度报告的第6期，旨在概括和分析2016年天津金融发展和创新的主要情况，研讨和评论重要金融事件，分析2017年天津金融发展状况。本书由总报告、指数篇、分析与展望篇、专题篇四个部分组成。总报告为“2016年天津金融发展指数报告”，主要度量了2016年天津金融发展状况和景气程度。指数篇从行业视角分析2016年天津金融业发展状况，具体包括“2016年天津金融机构发展报告”“2016年天津金融市场发展报告”“2016年天津金融产品创新发展报告”“2016年天津金融人才发展报告”“2016年天津金融生态环境发展报告”“2016年天津金融改革创新发展报告”六个分报告。分析与展望篇包括“2016年天津金融发展状况分析”“2016年天津金融发展环境分析”“2017年天津金融发展对策分析”三个分报告。专题篇包括“天津自贸区建设服务京津冀金融协同发展研究”“天津‘一基地三区’定位的思路调整及发展对策分析——基于雄安新区设立背景”“金融双向开放背景下滨海新区金融创新与经济发展”三个分报告。本报告可供相关研究领域的学者、业界人士和政策部门参考，也有助于国际学术界了解天津金融发展和创新的最新动态。

关键词： 天津　金融发展　金融创新　协同发展

Abstract

Tianjin Financial Development Report 2017 is the 6th issue of a series of annual reports published by Coordinated Innovation Center for Binhai Finance in China. The report aims to give a systematic analysis of the general situation of Tianjin's financial reform and innovation, and give an objective description of the development history and boom degree of Tianjin's financial sector, on the basis of which to dig deeper the development and prospects of Tianjin's financial institutions, markets, talents, innovation and ecology. The Reports consists of four parts. The general report mainly measures the Tianjin financial development index in 2016. The index report includes 6 Chapters, i. e. "Tianjin Financial Institution in 2016" "Tianjin Financial Markets in 2016" "Tianjin Financial Product Innovation in 2016" "Tianjin Financial Talent in 2016" "Tianjin Financial Ecological Environment in 2016" "Tianjin Financial Reform and Innovation in 2016". The 3rd section, entitled "Analysis and Forecast", including 3 chapters, i. e. "Analysis of Tianjin Financial Development in 2016" "Tianjin Financial Development Environment in 2016" and "Strategies for Tianjin Financial Development in 2017". The special topics include 3 chapters, i. e. "Research on the Tianjin Free Trade Zone Serving the Financial Coordination Development of Beijing-Tianjin-Hebei" "Analysis of the Adjustment of the Orientation of 'One Base and Three Area' in Tianjin and the its Development Strategies——Based on the Background of Xiong'an New Area" "Financial Innovation and Economic Development in Binhai District under the Background of Financial Two-way Opening". This report is available for related research in the field of academics, practitioners and policy department reference. It can also help the international academia grasp the newest trend of Tianjin financial development and innovation.

前　言
高标准建设金融创新运营示范区 以更高视野服务京津冀协同发展

王爱俭*

建设金融创新运营示范区，是天津贯彻落实京津冀协同发展重大战略、实现中央对天津“一基地三区”城市定位的重要内容之一。大力推动金融创新运营示范区建设与发展，对推动天津金融机构、金融市场、金融工具及金融业务的持续创新，促进各类金融要素在天津集聚运营，进一步提升天津金融业的规模和水平、增强金融服务辐射功能，从而形成对实体经济的强大支撑具有十分重要的意义。

一　天津金融业发展具备的优势

近年来，天津在加快推进金融先行先试、提升金融创新和运营服务功能方面取得了较为显著的成果，金融业务、金融市场、金融制度等方面都得到了进一步发展和完善，为建设金融创新运营示范区、服务区域金融协同发展、提高金融资源的配置效率奠定了坚实的基础。

1. 创新型金融业务发展迅速

一是融资租赁机构数量与业务总量继续领先全国。截至 2016 年 7 月，总部在天津的各类融资租赁公司达 650 家，注册资本达 2580 亿元，租赁资

* 王爱俭，中国滨海金融协同创新中心主任，天津市政府参事，教授，研究方向为国际金融、汇率定价。

产总额超过655亿元，合同余额超过13000亿元，约占全国的33%；服务对象拓宽至中小企业，部分金融租赁公司开始向中小企业提供相关设备的租赁服务，使一些无法获得银行贷款用于购买机器设备的中小企业能够获得更多的流动性周转，极大地改善了其生存环境；品牌辐射效应进一步扩大，在中国租赁联盟成立的基础上，设立融资租赁机构公示平台，旨在实现行业信息共享和资源整合，为完善天津金融租赁产业链、提升金融租赁集聚效应奠定了基础。二是私募股权基金高速发展。以渤海产业投资基金和船舶产业投资基金为代表的产业投资基金、创业投资基金、股权投资基金和对冲基金等私募基金已经形成了完整的私募基金产业链，使天津成为国内基金业最密集的城市之一；基金运行监管体系逐步完善，在国家明确私募股权基金监管归属的基础上，继续加强股权投资基金备案管理，并探索股权投资基金的退出机制，从政策层面最大限度地抑制私募股权投资基金市场的系统性风险。三是金融混业服务进一步升级。以中国人民保险公司为代表的传统金融业态开始设立产业投资基金，不仅加强了传统金融与新金融业态之间的结合，也为金融支持实体经济发展提供了全新的服务模式。四是外汇管理改革成果进一步显现。随着资本金意愿结汇改革不断深化，截至2015年末，意愿结汇企业已超过177家，总意愿结汇金额达15.73亿元；跨境人民币结算业务开展迅速，2015年办理的跨境人民币结算业务总额达3111.04亿元，同比增长30.75%，占同期银行代客跨境收支结算量的25.73%，人民币成为仅次于美元的第二大跨境收付货币。

2. 资本市场结构不断优化

保险市场覆盖面不断扩大，2015年保险保费收入398.34亿元，同比增长25.36%，保险金额120354.86亿元，同比增长50.40%。市场份额逐步提升，交易模式不断改进，企业融资效率不断提高。以国际知识产权交易所为例，作为国内首家专业化、市场化和国际化的公司制知识产权交易服务机构，通过吸纳国内外资金和政府基金对科技型企业进行支持，促进知识成果向现实生产力转化，目前已形成超过2500个项目资源库，且外省项目占比超过35%，对区域企业融资的辐射效应初显。

3. 金融创新制度设计日趋完善

金融管理体制完善方面，各金融机构已经建立起稳定的信息交流、共享机制，在防止和协同解决金融监管盲点、防范和化解交叉性金融业务风险等方面进行了积极探索；金融监管机构与地方有关部门加强工作联系，建立了金融稳定工作协调机制和反洗钱工作协调机制，及时查处金融违规行为，确保金融稳定；银行机构内控管理和业务流程改革不断深化，促进风险、资本、收益的相互匹配和动态平衡；多项鼓励金融机构发展的政策出台，2006～2015 年先后出台了涉及银行、保险、外汇以及多种新金融业态的政策支持文件 76 份，其中大部分都已经落实并取得了显著成效。特别是 2015 年底颁布的《中国人民银行关于金融支持中国（天津）自由贸易试验区建设的意见》，涉及外汇管理制度改革、投融资便利化、利率市场化和人民币跨境使用改革试点等多项国家战略目标，为天津金融改革创新提供了政策依据。目前，该意见已推动 70% 的核心政策落地实施，其中 23 项措施成效显著，为天津金融体系迅速扩张与健康发展提供了政策保障。

二　天津金融业发展所面临的挑战

1. 金融行业集聚度相对不足

全国 12 家股份制商业银行中仅有 1 家总部在天津，而北京和上海分别是 4 家和 2 家；在天津的外资法人银行有 2 家，而北京和上海分别有 6 家和 17 家；证券、期货、基金等公司总部位于天津的数量仅是北京的 1/6、上海的 1/9；总部设在天津的保险公司数量仅是北京的 1/3、上海的 1/9。

2. 金融开放度有待提升

一方面，天津外资金融机构较少。截至 2015 年末，天津有外资银行（包括分支机构）25 家，外资保险公司（包括分支机构）13 家，外资消费金融公司 1 家，外资金融机构数量与北京、上海等金融发达地区相比存在较大差距。另一方面，虽然 2016 年天津银行机构办理人民币跨境结算金额达 2379 亿元，同比增长率达 87.03%，但这一规模仅为同期北京的 21% 和上海的14%，充分反映出天津在外汇管理改革、金融对外开放方面存在的不足。

3. 金融人才资源相对匮乏

从金融人才的整体素质看，硕士研究生和博士研究生数量占比不高，注册金融分析师（CFA）、注册会计师（CPA）、注册金融策划师（CFP）等高端金融人才较少。特别是随着大数据、云计算、物联网等技术的快速发展，能够了解金融运作并掌握互联网新技术、新理论和新方法的复合型金融人才储备不足，限制了天津在科技金融、物流金融以及互联网金融等新兴金融领域等方面的创新发展。

4. 与北京和河北等区域金融合作紧密度有待提高

行政区划壁垒的存在使得天津与北京、河北等地展开金融协调合作的频率不高，金融资源共享程度不足。天津在拥有相应政策与创新型金融资源集聚等优势的情况下，与其他地区金融机构之间的竞争大于合作，导致资金流动效率低、成本高，最终使区域性金融机构之间的交流门槛与隔阂日益显著。

三　天津建设与发展金融创新运营示范区的具体思路

支持建设金融创新运营示范区，形成金融资源的聚集效应，不仅可以提升金融机构的运营与创新效率，而且可以通过不同城市和区域间的协同作用，形成金融资源在大区间内灵活运转，发挥各自的比较优势，带动其他区域的金融与经济发展，发挥天津在区域经济金融合作中的重要作用。

1. 明确金融创新运营示范区的发展思路和目标，提升示范区品牌效应

为更好更快地建设金融创新运营示范区，在提升金融资源集聚度的基础上扩大天津整体金融规模、优化金融机构，应当突出金融创新运营示范区建设的重点思路、明确建设目标。具体建议为：以金融制度创新为核心，积极构建与国际金融投资和业务规则体系相适应的行政管理体系；以扩大开放为途径，加快探索资本项目可兑换和金融服务业全面开放；以集聚资源为手段，大力发展金融总部和新型金融业态；以提高资源配置效率为目标，促进跨区域金融功能集成，探索构建京津冀金融合作新机制。力争在2020年基本建成具有国际水准的金融投资服务便利、金融规模较大、金融机构优化、货币兑换自由、金融监管高效、金融合作领先、金融科技融合、金融法制规范的金融创新运营示范区。

2. 推动创新型金融业态发展，提升天津金融集聚与辐射效应

推动创新型金融业态发展，吸引全国范围内更多优质金融资源聚集，是解决天津金融资源聚集不足和金融开放度不高的关键所在。为此，应做好以下几方面的工作。一是巩固融资租赁全国领先优势，尽快建立融资租赁资产交易平台，完善租赁资产登记公示等制度，提升租赁资源的运转效率，在此基础上准予租赁公司开设跨境双向账户归集海内外资金，统筹使用海内外资金，开展双向人民币业务，建设融资租赁中心。二是培育和引进互联网金融机构，积极争取和引进设立互联网保险公司、支付平台，加强银行与电子商务平台在互联网领域的深度合作，共同打造集信息、物流、资金流为一体的B2B电子商务平台，并研究出台支持互联网金融机构发展的政策措施。三是积极推动保理业务发展，开展保理财税管理试点，同时通过应收账款池、票据池、发债基金等形式支持商业保理公司健康、持续发展，提升天津保理公司经营能力。四是加快资金结算中心建设，充分依托天津口岸优势和口岸贸易量大的特点，支持现代服务业和物流业集中集聚，加快推动天津商贸物流资金结算中心建设。五是推动离岸金融和跨境人民币业务创新，充分利用自贸试验区的优势，推动跨境人民币业务创新，建立境内外金融机构落户的投资发展平台，吸引境内外各类金融机构聚集发展。

3. 加强天津金融创新运营示范区的保障机制建设，优化天津金融运行环境

一是要培养和引进高端金融人才，整合全国范围内有条件、有实力的高校、科研院所和金融机构资源，加快建设与国际接轨的金融创新人才培训基地，加快制定实施国际人才战略规划，推动建立区域联动的金融人才支持体系，加大金融行业人才安居支持力度，培养和引进一批具有全球视野和创新意识的高端金融人才。二是加快设立区域性金融信息平台，鼓励金融机构在天津设立科技金融服务、三农金融服务、商业物流金融服务等业务专营中心、后援服务中心、数据中心、备份中心以及服务中心，完善中小微企业信用信息金融服务平台，推动租赁公司接入金融信用信息基础数据库，尽快将天津建设成金融服务外包中心和创新运营服务中心。三是要统一金融体系运营标准和管理规则，探索和建立京津冀统一的市场化金融机构准入制度，联合北京与河北的关键企业，形成上、中、下游完整的产业链，在推动开发供应链金融、航运金融、贸易融资、订单质押等创新金融产品和业务的基础上形成一个统一、有效服务实体经济发展的区域性金融服务体系，为全国提供可复制、可推广的经验。四是要健全金融监管创新协同机制，加强同国家各有关部委以及各地政府的沟通联系，逐步建立健全沟通联络协调机制，特别是在建立风险评估和风险防范机制方面，积极探索建立地方金融监管体系，加强对股权投资基金、融资租赁公司、小额贷款公司、融资担保公司、典当公司、投资公司、交易场所、融资平台、金融中介机构等领域的监督管理，努力构建和完善金融安全区。

目 录

Ⅰ 总报告

Ⅱ 指数篇

Ⅲ 分析与展望篇

Ⅳ 专题篇

皮书数据库阅读**使用指南**

CONTENTS

Ⅰ General Report

Ⅱ Index Reports

Ⅲ Analysis and Forecast

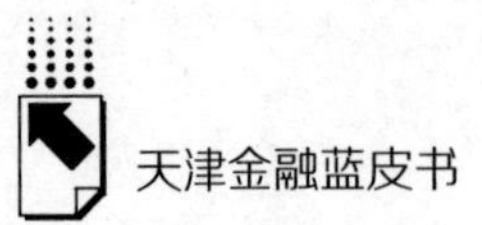

Ⅳ Special Topics

总 报 告

General Report

B.1

2016年天津金融发展指数报告*

摘 要： 本报告依据相应的指标和数据测算出2006~2016年天津金融发展指数。测算结果显示，以2006年为基期（1000点），2016年的指数达到7225点，10年平均增速达21.9%，反映出天津金融业的快速稳步发展。金融市场发展引领整体金融发展水平提升，创新能力不断强化，金融机构快速成长，同时金融生态环境和金融人才也实现平稳发展。

关键词： 天津 金融创新 金融机构 金融市场 金融发展指数

* 本报告为中国滨海金融协同创新中心重点课题“天津金融发展指数”研究成果。课题组组长：王爱俭。执笔人：林文浩。成员：李向前、王璟怡、杨帆、刘玚、杜强。

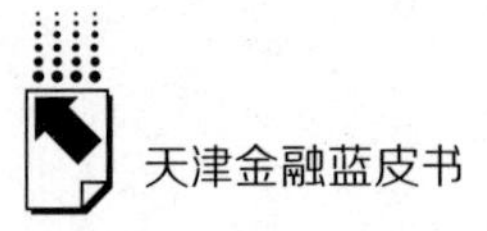

一 编制天津金融发展指数的目的及意义

（一）编制天津金融发展指数的背景

2013 年 5 月，习近平总书记指出，天津需要形成与现代化大都市相适应的服务经济体系。2014 年 12 月，中国（天津）自由贸易试验区获批，自贸区将探索金融制度创新。2015 年 4 月，中共中央政治局会议审议通过《京津冀协同发展规划纲要》（以下简称《纲要》）。《纲要》明确了北京市、天津市、河北省三省市的功能定位。其中，金融创新运营示范区成为天津的崭新定位之一。2015 年 11 月，天津启动“天津金融改革创新三年行动计划（2016～2018 年）”。2016 年，以供给侧结构性改革为主线，天津金融领域改革深入推进，挂牌企业和上市公司的数量快速提高，融资租赁、跨境人民币、商业保理等优势业务迅速发展，企业发行外债规模管理试点获得国家相关部门批准。

近年来，天津迎来多项发展机遇，包括加快金融创新运营示范区建设、全面提高天津金融业的综合实力和开放水平。2016 年，天津围绕国家重大战略和五大发展理念，以自由贸易试验区为金融创新载体，以服务京津冀和实体经济为目标，积极推进金融创新运营示范区建设。

近一个时期，科学管理和量化评价方法在城市建设运营中的应用日益广泛。目前，金融中心指数包括新华－道琼斯国际金融中心发展指数（IFCD Index）、全球金融中心指数（GFCI）等，它们主要衡量较为成熟的区域金融发展情况，无法秉承具有天津特色的建设发展要求。因此，需要编制能全面开放且具有较强代表性和操作性的金融发展指数，为政府决策、分析天津金融发展提供参考。

（二）编制天津金融发展指数的目标

通过逐年编制天津金融发展指数，有助于达成以下目标：①金融业的发展状况是否得到科学、客观、全面的衡量；②是否能够通过将金融发展景气状况逐层解构来促进行业的发展更加协调；③明确天津金融业的定位目标，深化其内涵；④为观察、测度、监督、指导天津金融业实现定位标准提供参考依据。

（三）天津金融发展指数编制的意义

（1）功能定位明确

从本质上看，天津金融发展指数重点量化了新兴金融中心的发展速度与景气状况，具有鲜明的创新性与挑战性。同时，为了保证所测算指数的严谨性，本课题组借鉴了国内外典型的金融发展类指数方法以及各金融中心城市横向竞争力比较方法，将它们纳入本课题指数构建过程当中，使研究思路更加清晰、广阔，指标样本更加丰富。并将天津金融业的发展现状与之结合，演绎天津金融业发展的关键要素，凝练其重要目标。

（2）编制方法创新

本指数与 20 世纪 80 年代兴起的传统金融中心指数的不同之处在于：①本指数的应用主体是处于快速发展阶段的经济体，秉承独特的发展思路，适应一定的发展要求，凸显天津金融发展状况；②传统金融中心指数将成熟型金融中心作为侧重点，忽视了发展型经济体的金融发展衡量，本指数正好可以填补这个空白；③本指数是对金融发展指数相关研究方法的进一步发展、对其应用经验的进一步推广。本研究还进行基础性研究，包括金融中心发展指数和国内外新兴金融中心发展指数的形成与演绎等，以使天津金融发展指数研究更加科学合理。

（3）实用价值突出

本指数是一个开放且具有包容性的系统，并随着适用范围及新兴金融中心发展时期的变化而变化，在合适的时机、以适宜的手段调整并修正金融发展指数指标体系，以保证将天津金融业的发展速度及其景气状况、促进区域金融业稳健发展的根本性影响因素能够及时、全面、客观地反映出来。指标体系是金融业的晴雨表，而天津金融发展指数的指标体系不仅是天津金融业的晴雨表，更是其风向标，服务于天津金融业的持续健康快速发展，并为其提供监管和测度的手段、工具。

(4) 应用前景良好

本指数通过深度调研与全面分析，对天津金融业发展具有一定的前瞻性。建立并发展了金融中心指数，特别是有针对性地研究具有内含丰富的定位、金融改革创新关键作用突出、以较快速度发展的新兴金融中心发展指数，服务于其他国家或地区新兴金融中心发展现状及其景气状况的观察、测度及评价，并为其制定相关的参照或标准。

二　天津金融发展指数核心观点和整体分析

（一）核心观点

自“十一五”规划至今，天津金融业的发展整体上呈积极乐观态势。纵观2016年的金融领域，天津整体表现出色，尤其是各大金融机构充分发挥自身优势，各项指标数据也在金融系统中名列前茅，成为支撑天津金融业发展的中坚力量。具体来看，金融市场运转良好，金融创新积极推动，金融人才大量聚集，金融生态环境同步改善。2006～2016年天津金融发展指数和环比指数见图1。

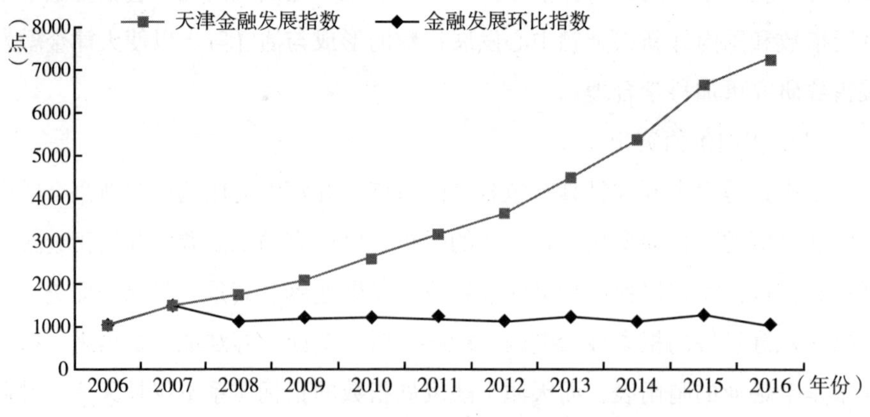

图1　2006～2016年天津金融发展指数和环比指数

（二）金融业整体状况

课题组收集能够作为比较的数据指标，通过较为全面的整合分析，对天津2006~2016年金融领域的发展状况做了详细梳理。

从发展速度看，以2006年为基期（基期值设为1000点，下同），测算出2016年金融发展指数为7225点（见图2），2006~2016年均增速为21.9%，比天津GDP平均增速高出7.0个百分点，比全国GDP平均增速高出8.9个百分点。以上年为基期指数计算，景气情况能够更加清晰地识别。其中，2007年景气程度达到最高点，较2006年增长47.1%；随后在2008年增速出现回落，较2007年增长15.9%；2008~2011年增速保持在20.0%以上；2012年增速放缓，较2011年增长16.1%；2013~2015年增速保持在19.0%以上；2016年增速放缓，较2015年增长9.2%（见表1）。反映出金融业显著的周期性。

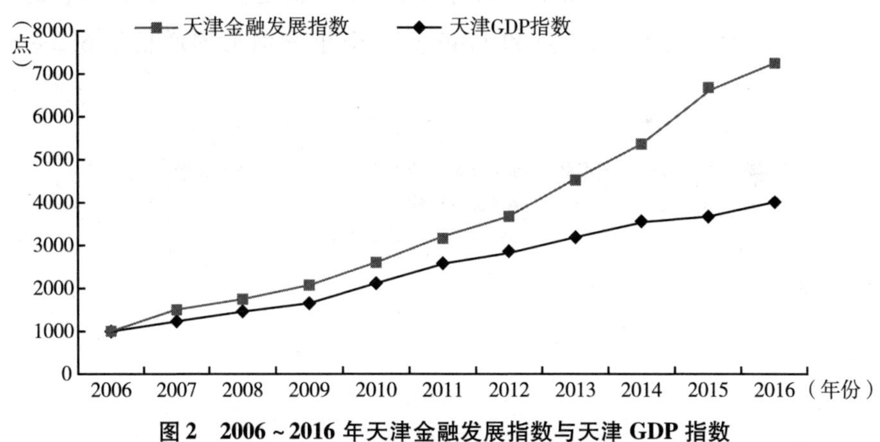

图2 2006~2016年天津金融发展指数与天津GDP指数

表1 选取不同年份作为基期测度的天津金融发展指数

年份	以2006年为基期指数	以上年为基期指数
2006	1000	1000
2007	1471	1471
2008	1705	1159
2009	2057	1207

续表

年份	以2006年为基期指数	以上年为基期指数
2010	2571	1250
2011	3148	1224
2012	3654	1161
2013	4495	1230
2014	5348	1190
2015	6614	1237
2016	7225	1092

从天津金融业相关指数可以发现，金融市场指数增长得最为迅猛（2016年指数为22750点，全年平均增长了36.7%）；创新程度也有一定的提高（2016年指数为6635点，全年平均增长了20.8%）；金融机构发展得尤为迅猛（2016年指数为5193点，全年平均增长了17.9%）；在金融生态环境与金融人才两方面，天津在2016年也是交出了令人满意的答卷（二者指数分别为1828点和1746点，全年分别平均增长了6.2%和5.7%）（见图3）。

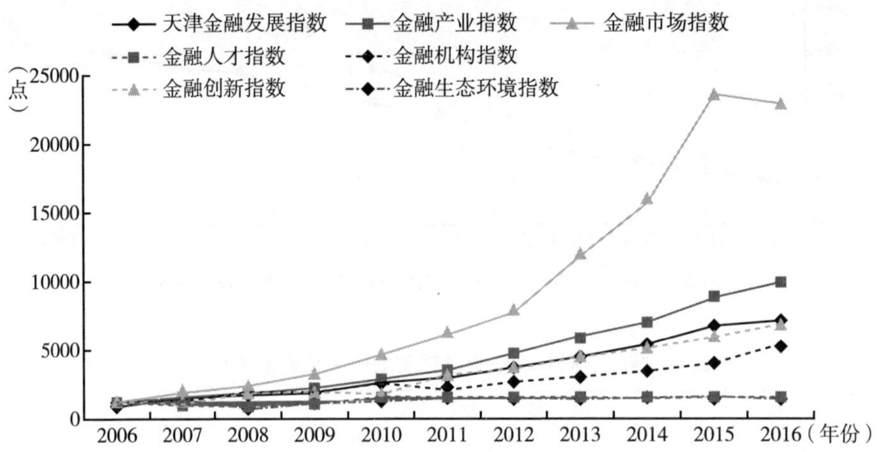

图3　天津金融发展指数及其一级指标发展变化

分析 2016 年的景气程度，整体而言金融业健康稳定发展，其指数发展速度与往年平均增速相对持平。2016 年同比增速为 9.2%，低于过去 9 年的年均增速 23.4%。金融市场进行短期调整，2016 年同比增速为 -3.9%，首次出现下降，低于过去 9 年的年均增速 42.1%，反映出金融市场显著的周期性。金融创新指数增长速度下降，2016 年同比增速为 13.8%，与过去 9 年的年均增速 21.6% 相比降低 7.8 个百分点。金融机构指数 2016 年同比增速为 31.5%，与过去 9 年的年均增速 16.5% 相比提升了 15 个百分点。在同比增速方面，金融环境、金融人才分别达 2.8% 和 1.9%，分别比过去 9 年的年均增速降低 3.8 个和 4.3 个百分点（见图 4）。

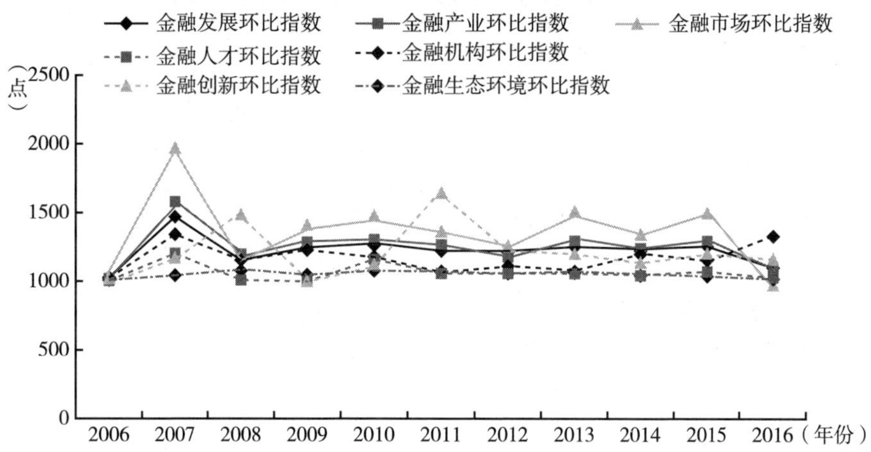

图 4　天津金融发展指数及相关一级指标的环比指数

（三）分项分析金融业走势

1. 金融市场发展指数

总体而言，金融市场的相关发展指数可分为 12 个细分指数，这其中包括 10 个金融子市场、金融开放与金融市场总量。

观察金融业走势速度，如果把 2006 年当作基期，那么通过计算金融市场的发展指数可以得到以下数据。2016 年金融市场指数为 22750 点，比上年减少了 3.9%。以上年为基期，2006～2016 年金融市场发展指数年均增长率是 36.7%，其数值是天津金融发展指数增长率的 1.68 倍。在这 10 年中，2007 年金融市场发展指数增幅最大，比基期增长了 97.4%；2008 年金融市场发展指数增幅虽然没有那么大，但依然达到了 13.0%；此后 7 年金融市场发展指数的增长率依次是 40.9%、48.0%、35.6%、25.8%、50.4%、34.0% 和 48.2%。就在多年一直保持增长势头的时候，2016 年该指数出现了减少，这反映出金融市场显著的周期性（见表 2）。

表 2　选取不同年份作为基期测度的天津金融市场发展指数

年份	以 2006 年为基期指数	以上年为基期指数
2006	1000	1000
2007	1974	1974
2008	2231	1130
2009	3143	1409
2010	4652	1480
2011	6306	1356
2012	7936	1258
2013	11932	1504
2014	15986	1340
2015	23684	1482
2016	22750	961

其中，2006～2016 年债券市场、信托市场和基金市场指数的年均增速最快，超过了金融市场发展指数的年均增速（36.8%）。期货、货币、外汇、银行卡、股票、黄金、保险等 7 个指数 2006～2016 年均增速依次为 35.0%、27.8%、26.1%、26.1%、25.1%、12.4% 和 7.7%，年均增速较

为平稳，但低于金融市场发展指数年均增速（36.8%）。

观察2016年的景气状况，天津的金融市场短期调整，与往年平均增速相比有所下降。2016年同比增速为-3.9%，首次出现下降，低于2006～2015年9年间42.1%的年均增速。保险、货币、外汇市场指数快速增长，同比增幅在26.1%以上，景气程度高。债券市场指数的发展是比较快的，同比增长了18.5%，可以看出其景气程度是相对较高的；相反，期货股票、信托基金这些投资工具的指数都减少了。而银行卡和黄金市场指数增速归零，市场总量减少了11.0%，金融开放指数的增速是6.5%。

2. 金融机构发展指数

金融机构发展指数包括7个分要素指数。

以发展速度为研究对象，以2006年为基期，2016年金融机构发展指数达到5193点，平均增速为17.9%，低于天津金融发展指数平均增速。以上年为基期指数，金融机构发展指数在2007年达到峰值，相比基期增长率达到了35.8%；2008年金融机构发展指数比基期增加了14.7%，增势减慢；之后的7年中，金融机构发展指数增长率依次是23.4%、18.4%、5.7%、11.3%、8.1%、19.3%和14.4%；2016年金融机构发展指数增长了31.5%（见表3）。

表3 选取不同年份作为基期测度的天津金融机构发展指数情况

年份	以2006年为基期指数	以上年为基期指数
2006	1000	1000
2007	1358	1358
2008	1558	1147
2009	1921	1234
2010	2275	1184
2011	2405	1057
2012	2677	1113

续表

年份	以 2006 年为基期指数	以上年为基期指数
2013	2893	1081
2014	3452	1193
2015	3950	1144
2016	5193	1315

从指数发展结构看，2006～2016 年均增速最快的机构分别是保险机构和共同基金指数，年均增速均超过了 17.9%，高于金融机构发展指数年均增速（17.9%）。银行、期货、证券公司指数增长率依次是 15.7%、11.9% 和 16.1%，发展态势总体良好，不过仍低于平均水平。信托方面则为零增速。

观察 2016 年全年的景气状况，具有较高的景气程度、同比增幅高于 20% 且增长速度较快的有保险机构、共同基金指数；银行机构、证券公司指数的同比增幅依次为 9.8% 和 5.1%；期货公司、信托公司指数同比增幅分别为 1.7%、0。金融机构指数同比增幅为 7.0%。

3. 金融人才发展指数

金融人才发展指数的计算要拆分成三方面，分别是人才数量、人才质量以及人才引力。

通过对金融人才发展指数的分析和计算发现，以 2006 年为基期，2016 年的指数为 1828 点。2006～2016 年均增长率是 6.2%，这一数据是同一时间内天津金融发展指数增长率（21.9%）的 0.28 倍。以上年为基期，2007 年和 2010 年金融人才发展指数增长率（19.6% 和 14.2%）处于峰值水平；除 2007 年和 2010 年，2008～2015 年的各年增速分别为 0.5%、1.7%、4.8%、4.3%、6.9%、1.9% 和 6.9%；2016 年增速达到 2.8%（见表 4）。

表 4　选取不同年份作为基期测度的天津金融人才发展指数

年份	以 2006 年为基期指数	以上年为基期指数
2006	1000	1000
2007	1196	1196
2008	1202	1005
2009	1223	1017

续表

年份	以2006年为基期指数	以上年为基期指数
2010	1396	1142
2011	1463	1048
2012	1526	1043
2013	1631	1069
2014	1662	1019
2015	1777	1069
2016	1828	1028

从金融人才发展结构变化情况看，2006～2016年，金融人才引力与人才质量指数的发展成果显著，年均增速为6.2%；人才数量指数持续增加，年均增速是5.1%。

综观2016年，天津金融人才工作运转良好，指数增长速度虽然减慢，不过总体仍较乐观。2016年金融人才指数相较于上年同期提高了2.8%。一方面，人才的总量和质量均有提高，而且增长率同比都提高了4.2个百分点，可以看出景气的程度是比较高的；另一方面，人才引力指数同比增幅为-1.1%。

4. 金融创新发展指数

金融创新除整体创新之外还包括市场、机构、产品等方面的创新，也包含创新的内、外部要素。

以2006年为基期，2016年金融创新发展指数为6635点，2006～2016年均增速为20.8%，是天津金融发展指数平均增速的0.95倍，比较接近天津金融发展指数的年均增速，反映了金融创新在推动天津金融发展中的关键作用。以上年为基期，2008年和2011年的指数是这十年的峰值，同比分别增长了47.3%和62.5%。在其他年份中，每一年度增长率依次是15.9%、-0.1%、7.4%、23.6%、20.0%、10.2%、19.8%和13.8%（见表5）。

表 5　选取不同年份作为基期测度的天津金融创新发展指数

年份	以 2006 年为基期指数	以上年为基期指数
2006	1000	1000
2007	1159	1159
2008	1708	1473
2009	1706	999
2010	1833	1074
2011	2978	1625
2012	3680	1236
2013	4418	1200
2014	4867	1102
2015	5831	1198
2016	6635	1138

从金融创新发展指数的内在结构来看，2006～2016 年机构、市场、产品这三方面的创新指数增长是最为迅猛的（分别为 26.8%、22.1% 和 26.6%），增长率皆高于金融创新发展指数增速的平均数值。这 10 年间创新的内、外部要素指数表现是较为积极的，分别增长了 5.4% 和 5.2%，不过相较于平均增长率要低。整体的创新指数达到 10.3%。

若从观察景气状况的角度，2016 年总体的金融创新水平是较为乐观的，在增长率的表现上也是相对稳定的。其中 2016 年金融创新发展指数增长率是 13.8%，相较于 2006～2015 年的平均值 21.6% 减少了 7.8 个百分点。机构、市场以及产品的创新指数增长率依次是 15.9%、22.9% 和 25.4%，增长幅度相对稳定，景气程度是相对比较高的；创新的内、外部要素指数增长率分别为 5.2% 和 3.9%。整体上来看，金融创新指数增长率是 5.3%。

5. 金融生态环境发展指数

金融生态环境包括 7 个方面，分别是法律环境、信用环境、产业支撑、物价标准、金融中介、政府服务、宜居城市，其发展指数也要从这 7 个方面展开探讨。

先来观察发展速度，以2006年为基期，2016年全年金融生态环境发展指数为1746点，2006~2016年均增长率为5.7%，这是相同时期天津金融发展指数增长速度的0.26倍。以上年为基期，2008年和2010年这两个年份的景气程度达到峰值，金融生态环境发展指数分别提高了8.5%和8.7%，其他年份的指数增长率也大致围绕在2%到8%之间（见表6）。

表6　选取不同年份作为基期测度的天津金融生态环境发展指数

年份	以2006年为基期指数	以上年为基期指数
2006	1000	1000
2007	1057	1057
2008	1146	1085
2009	1202	1048
2010	1307	1087
2011	1404	1075
2012	1490	1061
2013	1566	1051
2014	1652	1055
2015	1714	1038
2016	1746	1019

从该指数的发展结构看，2006~2016年均增速最快的要素为产业支撑指数，年均增速为8.7%。与此同时，法律环境、信用环境、政府服务、金融中介、宜居城市等指数都表现得较为稳定，年均增速分别为5.2%、5.1%、4.2%、3.7%和3.4%。此外，物价水平指数10年来平均增速有所下降，达到-1.1%①。

从景气程度看，2016年天津金融生态环境指数增速为1.9%，比2006~2015年均增速（6.2%）低4.3个百分点。其中，法律环境、信用环境、物价标准、金融中介、政府服务、宜居城市指数均在持续提高，

① 本研究中物价水平指数为负，是源于物价水平为逆指标，物价上涨则物价指数为负。

相比同时期涨幅程度依次是5.1%、6.3%、1.6%、4.2%、5.2%、5.3%，可见景气的程度还是比较高的。

（四）金融业发展信号预警

2016年，天津金融业保持良好的发展状态，与上年相比，指数增速有所下降。其中，金融机构指数增速达到31.5%；金融创新指数增速达到13.8%；金融人才和金融生态环境指数增速相对稳健；金融市场指数增速为-3.9%，首次出现负值，反映了金融市场的显著周期性。从2006~2016年5个一级指标的数据来看，金融市场和金融创新指数的年均增速在这5个一级指标中较高，2006~2016年均增速分别达到36.7%和20.8%。

2016年，一级指标环比指数出现分化。其中，金融机构的环比指数为1315点，比2015年有所提升；金融市场、金融创新、金融人才、金融生态环境环比指数分别为964点、1138点、1028点和1020点，比2015年有所下降。

2016年，天津金融业整体、金融人才、金融生态环境的景气状况处于较低的发展水平；金融产业和金融创新发展速度处于稳中偏缓状态；金融机构处于快速增长状态；金融市场处于不景气状态（见表7）。深入分析，尽管2016年天津金融发展指数、金融人才指数、金融生态环境指数增速均为正，但相较于2006~2015年，2016年均值低于平均增速的1/2；金融产业指数和金融创新指数的增长速度都低于平均增长速度，处于稳中趋缓的状态；而金融市场指数增长速度为负，属于不景气；金融机构指数的增长速度虽然比2006~2015年最高增长速度低，却是2006~2015年均增长速度的1.5倍，处于快速增长状态。通过对2016年天津金融发展整体和分项的景气状况分析发现，金融机构和金融创新是促进金融整体景气的主要因素，而金融市场的周期性调整成为拖累天津金融整体景气程度的因素。

作为反映地区金融体系发育状况的指标，尤其是在京津冀协同发展和自贸区建设的大环境中，天津金融机构发展和金融创新活动更应发挥示范引领作用。此外，还应通过提升金融人文环境和制度环境，进一步加大金融人才引进力度。

表7　2016 年天津金融业景气程度信号分析

指数 景气程度	金融整体	金融产业	金融生态	金融市场	金融机构	金融创新	金融人才
增长趋热							
快速增长					√		
正常趋涨							
正常趋缓		√				√	
增长偏低	√		√				√
不景气				√			

注：将景气程度划分为如下六种情景：①正常趋涨指当年该指数增速低于过去 9 年历史平均增速的 1.5 倍、高于过去 9 年历史平均增速；②正常趋缓指当年该指数增速低于过去 9 年历史平均增速、高于过去 9 年历史平均增速的 1/2；③快速增长指当年该指数增速低于过去 9 年历史最高增速、高于过去 9 年历史平均增速的 1.5 倍；④增长偏低指当年该指数增速为正，但低于过去 9 年历史平均增速的 1/2；⑤增长趋热指当年该指数增速高于过去 9 年历史最高增速；⑥不景气指当年该指数增速为负。

三　天津金融发展指数分项分析

为了不断探索天津金融发展的驱动因素和亟待提升的核心领域，本报告对天津金融发展指数的一级、二级指标进行逐个分析，准确测度天津金融业的发展状况和景气程度。

（一）金融整体发展程度分析

以 2006 年为基期，本报告在金融产业领域（包括金融市场、金融人才、金融创新和金融机构）将天津金融业同金融生态环境的主观、客观评价进行融合，衡量天津金融业整体的发展形势和景气状况。天津金融发展指数在 2016 年达到 7225 点，比上年增长 9.2%，保持自 2006 年以来的平稳较快发展。

从发展速度看，2016 年金融机构和金融创新成为推动天津金融发展指数上升的“双引擎”；金融人才和金融生态环境均保持稳健上升的趋势；受主要金融市场交易规模下降的影响，金融市场首次出现轻微负增长。天津金融发展指数2006～2016年均增速为21.9%，高于同期天津GDP年均增速（14.9%）。2016年，天津金融发展指数增速为9.2%，相较于过去而言正处于中高速发展阶段（见图5）。

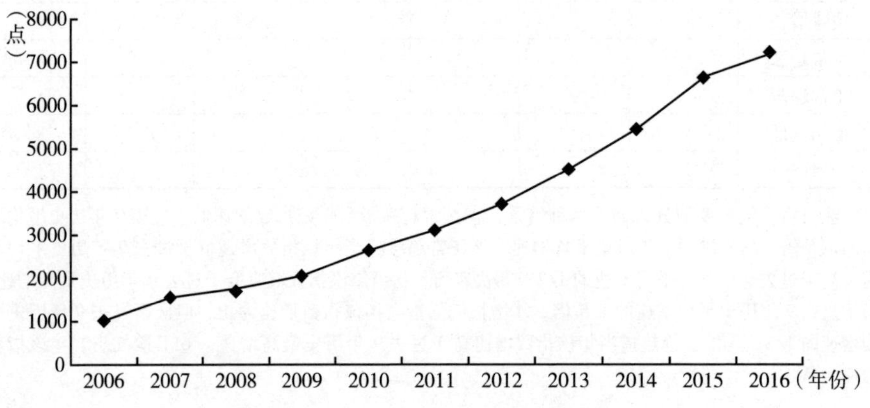

图5　2006～2016年天津金融发展指数

从增速判断景气状况，“先波动后平稳”成为2006～2016年天津金融发展指数的主要特征。特别是2008年以来，金融发展指数的波动幅度趋于平稳；2016年，受国内金融市场短期调整影响，天津金融发展指数增速比上一年有所下降，但仍然保持中高速增长。从具体数据看，2016年天津金融业增加值为1735.3亿元，占天津GDP的比重为9.7%，同比增加9.3个百分点；2016年天津社会融资规模为3594.4亿元，通过降低杠杆贯彻了供给侧结构性改革的战略。

综观五个一级指标，2016年金融机构、金融创新指数增幅领跑，是带动天津金融发展的核心力量；金融人才和金融生态环境指数保持稳健发展，态势良好；受国内外金融周期性调整的影响，金融市场指数与2015年基本持平，保持平稳运行。

（二）金融市场发展程度分析

金融市场发展是京津冀金融创新运营示范区建设的潜在突破口。2016年，天津金融市场交易规模有所降低，市场结构和质量得到调整，金融服务功能有所拓展。

在天津金融发展指数分析中，金融市场一级指标的权重达到42%，在所有一级指标中权重最高；而在该一级指标下，还包含12个二级指标（见表8）。

表8　金融市场二级指标权重

单位：%

二级指标	权重	二级指标	权重
市场总量	20	基金市场	4
股票市场	10	外汇市场	3
债券市场	13	黄金市场	3
保险市场	5	信托市场	9
货币市场	10	银行卡市场	5
期货市场	6	金融开放	12

1. 金融市场整体

2016年，金融市场指数达到22750点，比上年降低3.9%（见图6）。同时，金融市场发展速度呈现周期性调整。从整体分析来看，金融市场开放程度相比2015年有所上升，但其总量稍有下降。深入分析金融市场的相关子市场，可以发现增速较快的有保险市场、货币市场以及外汇市场指数，同比增幅在26.1%以上，景气程度高。债券市场指数增长速度较高，比上年增长18.5%，景气程度处于较高的水平；而信托、股票、基金和期货市场指数与上年相比增长速度为负。黄金和银行卡市场指数同比增幅均为0。值得注意的是，信托、股票、基金以及期货市场首次同时出现负增长。

受信托、股票、基金和期货市场交易金额同时下降的影响，2016年天津金融市场景气状况下降，金融市场环比指数首次出现负值，低于2016年天津金融发展环比指数。这种情况在2008年曾出现过，凸显了

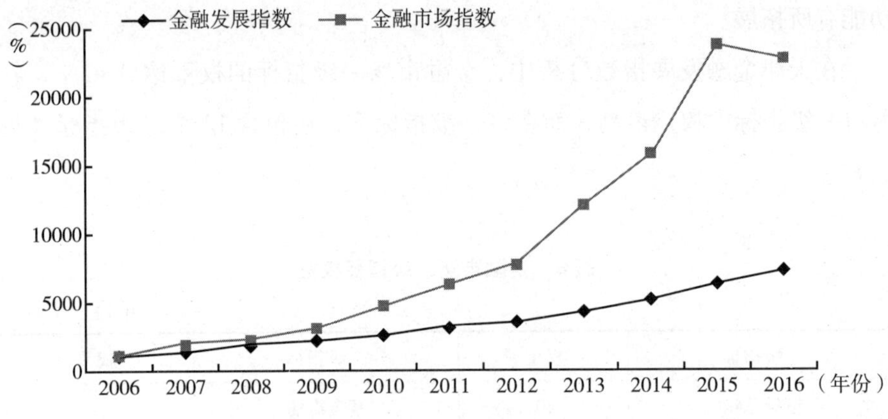

图 6 2006～2016 年天津金融发展指数与金融市场指数

金融市场显著的周期性。2006～2016 年天津金融市场环比指数与金融发展环比指数见图 7。

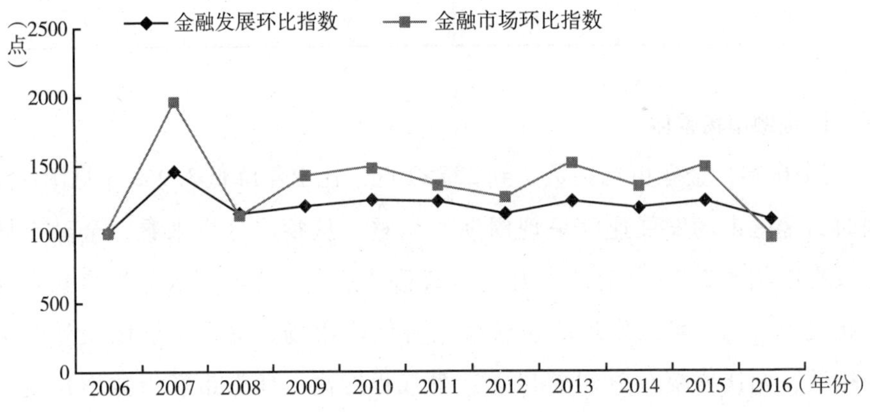

图 7 2006～2016 年天津金融发展环比指数与金融市场环比指数

2016 年，天津金融市场出现短期调整，部分金融子市场交易规模较上年有所下降。与 2015 年相比，金融市场总量指数和金融开放指数分别降低 11.0% 和提高 6.5%，为 7428 点和 8514 点。同时，基金市场交易额达到 3208.4 亿元，比 2015 年降低 43.1%。股票市场交易量和融资额均有下降，其中股票市场交易量为 30055.4 亿元，比 2015 年下降 48.8%；股票市场融资额为71.7亿元，比2015年降低44.6%；境内上市公司达到45家，比上年增加3家。货币市场交易额达到158006.8亿元，比上年增长27.8%；期货市场交易额为60286.8亿元，比上年降低55.5%。保险市场的保险深度达到3.0%，比2015年增加0.6个百分点；保险密度达到3389.5元/人，比2015年增长31.6%。外汇市场交易额达到219.2亿美元，比2015年增长26.1%。此外，2016年债券市场交易额为2.65万亿元，融资额为1826.1亿元，分别比2015年增长20.2%和14.4%。

2. 金融市场总量和金融开放

（1）市场总量

市场总量是天津金融业发展状况的重要体现，它反映了天津金融市场的深度和广度，是衡量天津金融创新运营示范区建设程度的一个重要指标。考虑到市场总量的重要性，本报告将该指标赋予20%的权重。2016年，天津金融市场总量指数达到7428点，较上年有所下降；环比指数为890点，较上年下降510点。

2016年，天津金融市场交易总量（沪深两市交易总额）为59770.1亿元，比上年下降30.9%；金融业增加值达到1735.3亿元，比2015年增加9.3%；金融业增加值占GDP的比重达到9.7%，比2015年提升0.1个百分点；社会融资规模达到3594.4亿元，比2015年降低19.7%。从2006~2016年的历史数据看，天津金融市场在信贷供给、交易规模和产出效率等维度均有所提高，但是在短期金融市场出现了短暂周期性调整。

2016年，金融市场交易总量环比指数为691点，较2015年出现较大调整；社会融资规模环比指数、金融业增加值占GDP的比重环比指数和金融业增加值环比指数依次为803点、1010点和1093点。

（2）金融开放

金融开放指标反映了天津金融业的国际化程度，本报告为该指标设定了12%的权重。自“十一五”规划以来，天津各个金融市场的对外开放水平不断提高。尤其是中国（天津）自由贸易试验区成立后，天津通过金融制

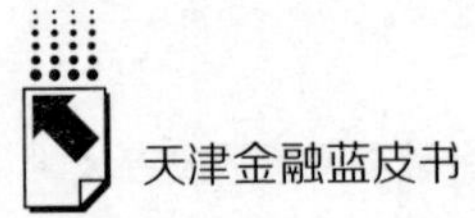

度创新，不断提升跨境贸易和投资的便利化。与2015年相比，2016年的金融开放指数有所增长，达到8514点；虽然环比指数下降73点，但发展态势仍然相对良好，为1006点。

2016年，天津外资银行和外资保险公司总数达到68家，与上年持平；外资银行资产总额为847.6亿元，比上年下降2.5%；外资保险公司和海外上市公司（H股）数量与上年持平；跨境贸易人民币结算金额达到3356.6亿元，比上年提升7.9%。

2016年，天津累计办理跨境人民币结算3356.6亿元，同比增长7.9%。已与137个国家和地区发生跨境人民币结算业务往来，共有5080余家企业办理跨境人民币业务，同比增长26.46%。跨境人民币结算业务集中的领域主要有销售（金属矿产销售、石油销售、汽车销售和批发），钢铁化工，电子制造及石油勘探等行业。

3. 金融市场子市场

2006~2016年，天津金融子市场发展程度出现分化。其中，债券市场、基金市场和信托市场指数是平均增速最快的三个子市场，年均增速超过36.8%。债券市场指数达到83981点，比上年增长18.5%；基金市场指数达到82129点，比上年下降43.1%；信托市场指数达到26151点，比上年下降1.8%。期货、货币、外汇、银行卡、股票、黄金和保险市场指数分别达到20096点、11651点、10197点、10136点、9354点、3214点和2107点，比2015年分别增长-55.5%、27.8%、26.1%、0、-39.8%、0和28.3%。

2016年，各金融子市场指数的增长情况出现分化。保险市场、外汇市场、债券市场指数呈现加速增长的态势，环比指数分别达到1283点、1261点和1185点，比上年分别增加69点、134点和76点。货币市场指数增速较上年有所下降，环比指数是1278点，比2015年降低421点。信托市场、股票市场、基金市场、期货市场指数在2016年首次同时出现负增长，环比指数分别为982点、602点、569点和445点。黄金市场、银行卡市场指数与上年持平，环比指数都为1000点。

为深入分析各个金融子市场的结构和特征，本部分将逐一分析各个子市场在 2006 ~ 2016 年的发展状况。

（1）股票市场

天津在建设金融创新运营示范区的进程中，十分重视股票市场发展，将提升直接融资比重作为建设示范区的关键。鉴于此，本报告为股票市场指标设定 10% 的权重。

2016 年，股票市场指数是 9354 点，同比有所降低；环比指数是 602 点，同比下降 1957 点。2016 年，天津股票市场交易量也有所降低，市场融资额度有所降低，天津辖区内上市公司的数量比上年增加 3 家。2016 年，股票市场融资额为 71.7 亿元，同比下降 44.6%；新三板挂牌企业和上市公司新增 83 家。截至 2016 年末，天津新三板挂牌企业和辖内上市公司总数为 220 家，天津银行也成功在香港交易所上市，是天津首家登陆香港资本市场的金融企业。其中，2016 年境内上市公司 45 家，与 2015 年持平。具体来看，A 股公司 40 家，AB 股公司和 AS 股公司都是 1 家，AH 股公司 3 家。2016 年，天津股票市场交易量为 30055.5 亿元，同比下降 48.8%。2016 年末证券账户 438.96 万户，同比增长 16.0%。2016 年，股票交易市场融资额和交易量的环比指数分别为 554 点和 512 点，而境内上市公司环比指数为 1071 点。

（2）债券市场

随着金融市场的不断发展，债券市场起着越来越重要的作用，其融资功能对金融市场的稳定性有显著的促进作用，因而成为金融市场的核心。鉴于债券市场在金融市场中地位的重要性，本报告为该指标赋予 13% 的权重。与上年相比，2016 年债券市场指数增长率为 18.5%，为 83981 点；环比指数为 1185 点，比上年增加 76 点，增速有所上升。

2016 年，债券市场呈现平稳较快发展态势。国内债券筹资额达到 1826.1 亿元，是同年股票市场融资额的 25.5 倍。2016 年，天津（交易所）债券市场交易量突破 2.6 万亿元，为 26504.9 亿元，比 2015 年增长 20.2%。2006 ~ 2016 年，天津债券市场保持稳健发展，融资能力和交易总量均有上升（见表 9）。

表9　债券市场组成要素增速和环比指数

单位：%

增速类型	2006～2016年均增速	2016年增速	2016年环比指数
债券市场交易量(交易规模)	43.6	20.2	1202
当年国内债券筹资额(融资能力)	38.3	14.4	1144

2016年，天津直接融资规模和品种进一步拓宽。当年国内债券筹资额为1826.1亿元，其中中期票据筹资额为651.4亿元，短期融资券筹资额为474.5亿元。与此同时，企业在银行间债券市场的融资规模持续提升。

（3）保险市场

保险市场是重要的避险和投资平台，并且具有一定的资金筹措功能，保险市场的深化发展有助于完善一个地区的金融功能。鉴于保险市场的重要功能和作用，本报告为该指标设定了5%的权重。2016年，保险市场发展势头良好，全年原保险保费收入529.49亿元，增长32.9%。分险种看，财产险收入127.56亿元，增长6.1%；人身险收入401.93亿元，增长44.6%。2016年，全年赔付支出177.67亿元，增长27.3%。同时，财产险赔付94.41亿元，增长42.1%；人身险赔付83.27亿元，增长14.0%。2016年，保险市场指数为2107点，比2015年增长28.3%；环比指数为1283点，比2015年有所降低，市场发展前景良好。

2016年，天津保险市场的保险密度和保险深度继续上升，其中保险密度达到3389.5元/人，环比指数为1316；保险深度达到3%，环比指数为1250（见表10）。2016年，天津保险业经营主体稳步扩张，保险机构运营良好。此外，天津保险业以多种方式投资实体经济，支持天津社会经济发展：一是国寿集团投资10亿元在天津空港经济区建立中国人寿养老养生基地，带动天津健康服务产业发展；二是国寿集团与天津市政府相关部门共同推动“国寿天津地铁股权计划”，同时对天津地铁10号线投资200亿～300亿元；三是泰康资产计划投资天津地铁债权13.5亿元，泰康人寿以购买投资基金、基础设施债券计划等方式支持天津社会经济建设。

表 10　2016 年保险市场组成要素环比指数

指数类型	2016 年环比指数
保险密度	1316
保险深度	1250

（4）货币市场

货币市场是短期资金交易市场，为金融机构提供灵活有效的资金管理手段。本报告为该指标设定 10% 的权重，以反映货币市场在金融市场中的重要作用。2016 年，货币市场指数为 11651 点，增幅为 27.8%；环比指数为 1278 点，比上年下降 421 点，增速有所下降。

2016 年，货币市场交易量保持稳定发展态势。天津银行间同业拆借市场交易金额为 11058.6 亿元，同比增长 29.3%。其中，净融入资金 9365.1 亿元，同比增长 30.0%；累计完成信用拆借 1914 笔，同比下降 0.62%。

（5）期货市场

本报告将期货市场指数的相应权重设定为 6%。2016 年天津期货市场指数达到 20096 点，同比增长 -55.5%，比上年有所回落；环比指数为 445 点，相较 2015 年下降 1191 点。

法人期货公司的业务规模持续发展。截至 2016 年 12 月末，天津法人期货公司共有 6 家，与 2015 年持平；法人期货公司资产总额 67.2 亿元，比 2016 年初增长 10.2%；净资产 21.4 亿元，比年初增长 4.4%；辖区期货营业部 30 家，比 2015 年增加 1 家；期货交割库为 52 家，比 2014 年增加 2 家。2016 年末，天津全年代理交易量 9079.7 万手，同比增长 27.0%，实现利润总额同比增长 221.9%。

（6）基金市场

建设资产管理中心是国内主要金融城市的发展目标之一。随着天津金融创新运营示范区建设，天津基金市场将会拥有更加优良的发展环境和更多的机遇。考虑到基金市场的重要性，本报告为该指标设定 4% 的权重。2016

年，天津基金市场指数为82129点，相较2015年下降43.1%；2016年环比指数为569点，相较2015年降低了2934点，转为负增长。

从基金市场规模看，2016年天津基金市场交易规模为3208.4亿元，相较2015年降低了43.1%。

（7）外汇市场

中国的外汇市场包含外汇即期、外汇远期及外汇掉期等业务，以人民币外汇市场为主。积极发展外汇市场，有助于天津建设北方国际航运核心区目标的实现。鉴于外汇市场的作用、地位及其所处的发展阶段，本报告为其赋予3%的权重。2016年，外汇市场指数突破10000点，为10197点，同比增长26.1%，增长速度保持较高水平；环比指数为1261点，增速提升。

2015年4月11日，中国（天津）自由贸易试验区挂牌，金融制度创新快速推进，极大地促进了外汇市场的发展。自由贸易试验区的金融创新，发挥了为国家试制度、为地方谋发展的积极作用。截至2016年底，已落地实施的核心政策占70%，其中包括有显著成效的措施23项。自贸区内主体新开立的结算账户累计高于3万个；结售汇313.8亿美元；跨境人民币结算1884.8亿元，占全市跨境收支的37.3%；办理跨境收支798.9亿美元，占全市跨境收支的24.6%。

根据环球银行间金融通信协会公布的数据，截至2016年11月，人民币在全球支付货币的排名回升至第5位，市场份额由10月的1.67%升至2.00%。人民币国际化和自贸区试验，成为天津外汇市场发展的重要催化剂。

（8）黄金市场

作为国际金融市场的重要组成部分之一，黄金市场有其独特的保值增值及货币政策功能。鉴于此，本报告赋予黄金市场3%的权重。2016年，黄金市场指数是3214点，环比指数为1000点，与2015年基本持平。

2016年，天津的黄金市场保持良好发展态势。就总体发展情况而言，金融机构的黄金业务与全国水平大致相同，发展稳定，表现为交易品种不断多元化、交易营业机构数量呈现不断上升的特点等。目前，国有、股份制、地方法人和外资银行等多种类型的金融机构共同组成天津黄金市场的交易机构。

(9) 信托市场

近年来，信托市场快速发展，为投资者提供了多种多样的投资机会，不断创新产品结构和开拓投资新领域，在管理受托资产时严格要求，由此吸引了大批投资者通过信托来保持资产保值增值。本报告为信托市场设定9%的权重，以反映信托市场的功能和作用。2016年信托市场指数是26151点，相较2015年有所下降。2016年，信托市场环比指数为982点，比上年减少11点，增速持续回落，并延续此前小幅负增长的态势。

相较2015年，天津法人信托公司2016年的信托资产额下降1.8%，仅为4174.3亿元。分析企业类型可知，近几年信托业务的资金投向主要是大型企业。由于资金投向过度集中，行业经营及个别企业的波动往往会影响到信托资产的质量；从行业分布的情况看，公共设施管理业、租赁业、商业服务业、建筑业、零售业、水利业以及制造业是信托资产的主要投向，上述行业信托资金所占比重较高。

(10) 银行卡市场

最近几年，天津的银行卡市场发展迅猛，电子支付环境愈发成熟完善，极大地方便了城市居民生活。考虑到银行卡市场的重要性，本报告将银行卡市场权重设为5%。2016年银行卡市场指数较2015变化不大，为10136点。

2016年，凭借安全统一、支付便捷等优势，天津银行卡产业得以迅速发展，广泛应用于交通医疗、金融社保、公共企业等领域。2017年6月，为响应共同推进“无现金城市”建设的倡导，天津和蚂蚁金服联手，目前已有12家机构企业加入“无现金联盟”，预计将会实现交通、医疗、教育、社保等大范围的电子化支付。与此同时，伴随着京津冀协同发展战略的实施，金融信息化、城市智能化建设和银行卡业务实现紧密结合，金融创新成果惠及广大经济金融参与者。

（三）金融机构发展程度分析

作为集聚区域金融资源和要素的重要载体，金融机构在金融创新运营示范区建设过程中起到了不可替代的作用。由于金融机构对金融业发展的作用十分重要，本报告为金融机构的权重设定为33%。在金融机构指标下设定了7个二级指标，其权重见表11。

表11　金融机构二级指标权重

单位：%

二级指标	权重	二级指标	权重
机构总量	5	期货公司	6
银行机构	40	共同基金	4
保险机构	20	信托公司	10
证券公司	15		

1. 金融机构整体

2016年，天津金融机构指数继续保持平稳快速增长的态势，2016年指数为5193点，相比2015年上升31.5%（见图8）；环比指数增速渐长，上升170点，达到1315点（见图9）。

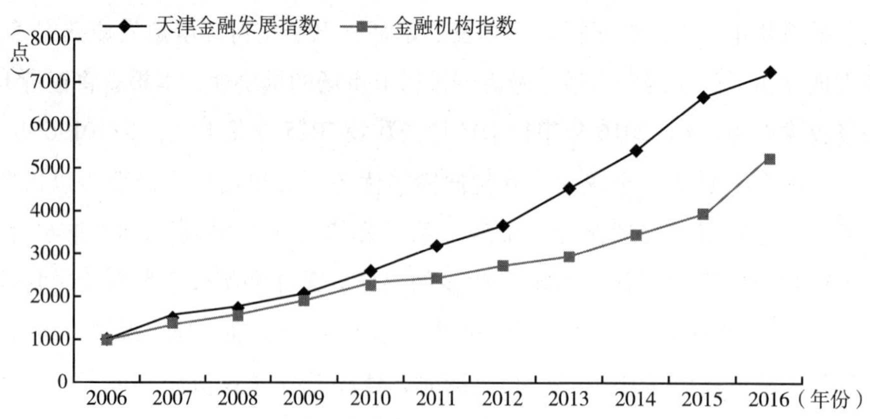

图8　天津金融发展指数与金融机构指数

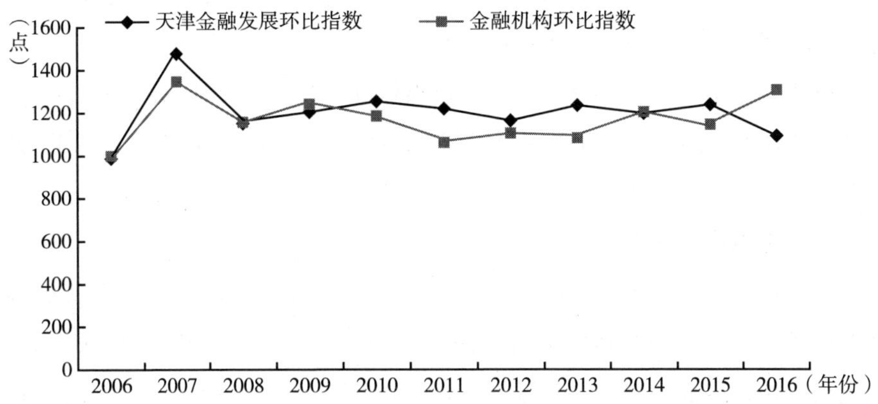

图9　天津金融发展环比指数与金融机构环比指数

金融机构指数增速呈现一定的波动特征，但整体发展速度处于高位运行，2007 年、2009 年、2010 年、2014 年与 2005 年金融机构指数增速分别为 35.8%、23.3%、18.4%、18.5% 和 19.2%。受国际金融危机的冲击，2008 年金融机构指数增速明显放缓，但仍比上年增长 14.7%。

天津金融机构数量和实力在 2016 年均获得持续的增长和进步。一方面，截至 2016 年末，银行业金融机构资产总额达到 4.7 万亿元，较 2015 年增加了 0.2 万亿元，其中不良贷款率达到 1.75%，较上年提高了 0.26%；法人证券公司资产总额为 532.13 亿元，与 2015 年相比增加了 48.55 亿元；保费收入 529.49 亿元，较上年增加 131.15 亿元；法人基金管理公司管理资产总额有所上升，为 8449.67 亿元，较上年增加 1710.4 亿元。另一方面，2016 年商业银行机构达到 3321 个，比上年增加 154 个；法人证券公司 1 个，证券公司营业部达到 132 个，比 2015 年增加 10 个；法人保险公司达到 6 个，保险公司机构 674 个，比上年增加 31 个；法人期货公司共有 6 家，期货公司营业部达到 146 个，比 2015 年增加 14 个。

2. 金融机构总量

2016 年，天津金融机构发展持续稳健。本报告为金融机构总量设定了 5% 的权重，以反映该地区金融体系中“岛屿”的丰富程度。2016 年，天津

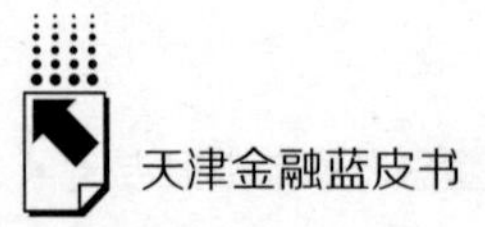

金融机构总量指数为 1791 点，较 2015 年有所上升；环比指数为 1070 点，相比 2015 年下降 70 点，增长速度略有放缓。

截止到 2016 年末，天津共有金融机构 5945 个，比 2015 年增加 387 个。2006 ~ 2016 年的 10 年间，天津金融机构的总量增长速度平稳上升，年均增速为 7.0%。

3. 金融机构子行业

除机构整体评价外，金融机构的 7 个二级指标中还包含六类金融机构。从金融机构行业结构的角度来看，保险机构、共同基金指数在 2016 年的增长速度较快，发展态势强劲；证券公司、银行机构、期货公司、信托公司指数增速相对平稳，发展态势比较稳健。

伴随全球经济回暖，天津保险机构指数增长速度相对于 2015 年进一步提升，其他金融机构指数除共同基金指数发展迅速外，增速均与 2015 年基本持平。

六类金融机构指数中，2006 ~ 2016 年增长速度最快的是保险机构指数，2016 年保险机构指数为 11718 点，环比指数为 2327 点，环比指数比 2015 年增加 1099 点，增速显著提升。最近几年，伴随新的法人保险机构的引进，保险机构迎来"井喷"式快速发展。共同基金、证券公司和银行机构的发展速度仅次于保险机构，指数分别为 6811 点、4438 点和 4316 点。其中，共同基金的发展速度在 2006 ~ 2016 年呈现不断波动状态，2016 年共同基金指数达到 6811 点，环比指数为 1241 点。2016 年证券公司的指数达到 4438 点，环比指数为 1098 点，增速又有所回落。期货公司和信托公司指数的增速落后于上述四类机构，其指数分别为 3070 点和 1000 点。2016 年期货公司的指数达到了 3070 点，环比指数上升至 1017 点。近年来信托公司的法人机构数没有发生变化，因此，信托机构指数的增速保持不变。

（1）银行机构

2016 年，银行机构指数提升到 4316 点，发展状况平稳，比上年增长 5.1%，增速略有放缓。

2016 年，天津银行机构持续快速发展，机构的数量和规模较上年均有所提升；银行机构指数上升至 4316 点，较 2015 年增长了 211 点，增幅为 5. 1%；商业银行机构总量合计达 3321 家，同比增加 154 家；银行业金融机构总资产规模合计 4. 7 万亿元，与 2015 年相比增加 0. 2 万亿元，同比增长 4. 4%，增速趋于收敛。

截至 2016 年末，本外币各项贷款余额全年增长 2759. 4 亿元，同比增长 10. 6%，达到 28754 亿元。其中，住户贷款项下的中长期消费贷款同比多增较多；非金融企业及机关团体贷款项下的短期贷款同比多增，中长期贷款同比少增较多，票据融资余额下降，信贷投向重点突出；小微企业本外币贷款比年初增加 838. 8 亿元，同比多增 120. 6 亿元；租赁和商务服务业本外币贷款比年初增加 654 亿元，同比多增 200. 9 亿元；制造业本外币贷款比年初增加 449 亿元，同比多增 435. 6 亿元。

截至 2016 年末，本外币各项存款余额 30067 亿元，同比增长 6. 8%，比上年明显回落；比年初增加 1917. 7 亿元，同比少增 1051. 5 亿元。从存款结构看，广义政府存款和住户存款同比多增，而非银行业金融机构存款和非金融企业存款同比少增较多。其中，广义政府存款全年增加最多，占各项存款增量的 34. 8%。

金城银行成为第五家国内首批民营银行试点，进一步壮大了天津银行业的法人机构队伍。与此同时，金融租赁公司、财务公司、汽车金融公司均有不同程度的成长。

另外，还需要关注的是不良贷款延续“双升”走势。截至 2016 年末，天津银行业金融机构不良贷款比年初增加 125. 7 亿元，不良贷款率较上年末上升 0. 26 个百分点。

（2）保险机构

2016 年，天津保险机构实现较快发展，保险机构的数量和实力均有所提升。2016 年，保险机构指数上升至 11718 点，相较 2015 年增加 6682 点，同比增长 132. 7%；天津保险公司机构共计 674 个，比 2015 年增加 31 个，其中法人机构仍然是 6 家；天津全市保费收入为 529. 5 亿元，同比增长 32. 9%。

2016 年，财产险公司业务险种发展平稳，企财险赔付显著提高。全年财产险公司共实现保费收入 127.6 亿元，同比增长 6.1%。受“7·21”暴雨、“8·12”事故等理赔服务的影响，全年赔款和给付支出 94.4 亿元，同比增长 42.1%，增速较上年上升 31.0 个百分点。其中，企财险赔款支出同比增长 329.4%，增速较上年上升 192.0 个百分点。

2016 年，人身险公司产品结构调整效果显著，公司直销渠道保费收入增速明显提高。全年人身险公司共实现保费收入 401.9 亿元，同比增长 44.6%。从渠道结构看，银邮代理渠道实现保费收入 201.6 亿元，同比增长 65.1%，增速与上年基本持平；个人代理 162.1 亿元，同比增长 29.5%，增速较上年上升 10.7 个百分点；公司直销 28.9 亿元，同比增长 20.0%，增速较上年大幅上升 19.8 个百分点。从产品结构看，传统寿险业务继续有效发挥保险保障功效，其中主要的普通寿险保费收入达到 227.8 亿元，占人身险保费收入的 56.7%，同比上升 10.8 个百分点；分红保险保费收入下降 9.6%，仅为 119.0 亿元。

（3）证券公司

2016 年，天津证券业稳步向前发展，证券公司指数为 4438 点，与 2015 年相比上涨 9.8%；环比指数为 1098 点，增速有所回落。同时证券业机构不断发展壮大，2016 年新增证券公司营业部 14 家，目前一共有 146 家，其中法人证券公司仍然只有 1 家。证券公司业务发展平稳，风险控制能力保持稳定，法人证券公司资产总额比年初增长 14.0%，负债总额比年初增长 3.3%，风险覆盖率 338.8%，净稳定资金率 203.7%。

（4）期货公司

2016 年，天津期货公司指数为 3070 点，比 2015 年增长 1.7%，发展步伐比较稳健。虽然 2007 ~ 2010 年天津期货公司指数持续上升，但由于国际金融危机以及主权债务危机的后续影响，2011 年增速降入低点，之后三年稳步上升，但 2015 年、2016 年增速又有所回落。2016 年，天津期货公司指数为 3070 点，环比指数为 1000 点。2016 年，天津期货公司的资产规模不断壮大，业务成就卓越。法人期货公司资产总额在 2016 年末达到 67.2 亿元，同比增长 10.2%；净资产 21.4 亿元，比年初增长 4.4%；全年代理交易量 9079.7 万手，同比增长 27.0%，实现利润总额同比增长 221.9%。

（5）共同基金

近年来，天津共同基金业发展迅速。2006 年法人基金管理公司管理资产总额仅有 1.88 亿元，经过 2007～2012 年的震荡式增长后，2013 年迅速增长至 1943.6 亿元，2014 年增长至 5906.1 亿元，2015～2016 年从 6739.3 亿元增长至 8449.7 亿元。

与 2015 年相比，2016 年天津共同基金指数迅速上升至 6811 点。虽然 2016 年天津的法人基金管理公司仍只有一家，但公司管理的资产总额达到 8449.7 亿元。截至 2016 末，该公司管理的开放式基金总数达到 52 只，较上年末增加 6 只基金。总的来看，天津共同基金业在 2016 年继续保持快速增长的态势。凭借余额宝，天弘基金资产规模飞速增长。该创新型业务的开展，转变了货币基金的销售模式，使天弘基金的货币基金规模得以迅速扩张。

（6）信托公司

2016 年，天津信托公司继续保持了其稳定发展的态势，2015 年指数为 1000 点。2016 年天津共有法人信托公司 2 家，营业机构 2 家。

（四）金融人才发展度分析

全球金融中心指数（GFCI）报告指出：在影响全球金融中心的六个主要因素中，人才供给尤为重要。鉴于金融人才在区域金融发展中的重要作用，天津需要不断加大对金融领军人才、专业紧缺人才、海内外高层次人才的引进和培养力度，持续推动人才引进方式的创新，金融人才的集聚效应日益突出。

天津金融业的发展需要金融人才，金融人才是制约金融发展的软因素，本报告将金融人才的权重设置为 10%。金融人才包含 3 个二级指标，其权重见表 12。

表 12　金融人才二级指标权重

单位：%

二级指标	权重
人才总量	40
人才质量	35
人才引力	25

1. 金融人才整体

2016 年，金融人才的发展呈现稳中求进的态势，金融人才指数为 1826 点，比上年增长 2.8%，增长速度有所回落（见图 10）；环比指数达到 1028 点，比上年下降 50 点（见图 11）。

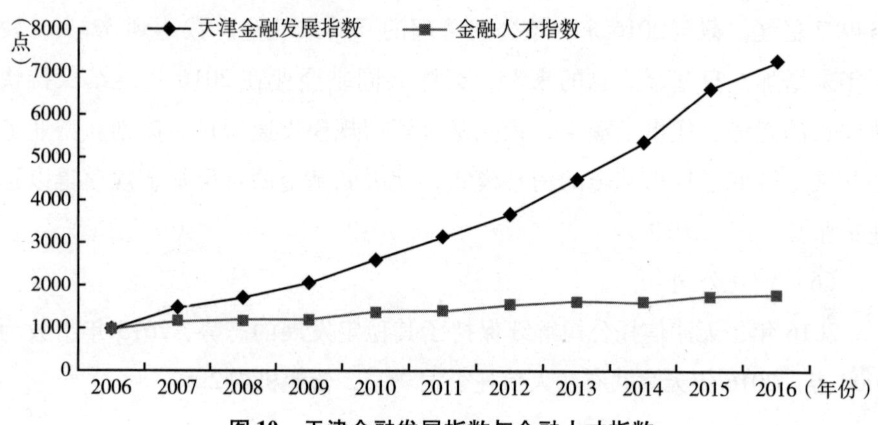

图 10　天津金融发展指数与金融人才指数

图 11　天津金融发展环比指数与金融人才环比指数

从发展速度来看，2016 年金融人才指数比上年增长 2.8%。纵观2006～2016 年金融人才指数增速，2007 年和 2010 年金融人才指数增速飞快，超过 14.2%；但 2008 年和 2009 年受全球金融危机的猛烈冲击，金融人才指数增速减缓。

2006～2016 年，天津加大对金融人才的引进力度，力求对高质量的金融人才产生更大的吸引力。根据调查数据分析，2016 年天津金融业从业人员有 19.9 万人，较上年增加 1.19 万人；高校毕业的人数有 13.79 万人，比上年增加 0.58 万人。此外，金融业从业人员的工资达到年均 112059 元。由此看出，天津的金融领域发展前景良好，人才待遇不错。

2. 金融人才各方面

从金融人才的发展结构来看，2016 年人才质量发展态势平稳，结构健康，但是在人才总量和人才引力方面，增速减缓，但发展稳定。衡量金融人才的指标包括人才总量、人才质量和人才引力。其中，人才引力在中长期发展突出，指数达到 1889 点。人才质量的发展在 2016 年超过人才引力，指数跃居第一位。2016 年人才质量指数达到 1909 点，环比指数为 1042 点，与 2015 年持平。2007～2008 年，人才质量指数增速大幅上升，到 2016 年增速维持在 3%～4%。人才总量指数在 2016 年达到 1644 点，增速与上年持平，整体发展水平波动不大，一直处于较低水平。

（1）人才总量

2016 年人才总量指数达到 1644 点，较 2015 年增长 4.1%。截止到 2016 年底，天津银行业金融机构总数为 3174 家，从业人员数量已经达到 64859 人，全行业资产总额为 47038.1 亿元。从数据来看，2006～2016 年，天津高等教育学校的毕业生数量逐年增加，年均增速约 5%，天津的金融人才充裕程度实现稳步提升。

（2）人才质量

2016 年金融人才质量发展平稳，指数为 1909 点，相比 2015 年增加 76

点，增幅为 4.1%。具体来看，天津金融业从业人员中拥有高等学历的比例在 2016 年达到 72%，比 2015 年提高了 1 个百分点。

（3）人才引力

2016 年，金融人才引力指数稳健上扬，达到 1911 点，相比 2015 年增长 1.5%。人才引力指数达到 1889 点，比 2015 年有所下降，降幅为 1.1%。从客观数据看，2016 年天津金融业从业人员年均工资水平达到 112059 元，年均增速达到 6.0%。

3. 金融人才服务体系

天津正在积极创建金融人才服务平台，逐步形成集人才培训、综合服务和法规政策于一体的创新型城市。近年来，天津积极落实“十二五”“十三五”规划中有关金融人才的相关任务，人才资本积累，不断完善和健全人才投入机制，引才、育才、聚才和用才的“四才”构建工作稳步开展。

“十三五”期间，天津将在多方面支持人才的交流、引进与培养工作，为天津金融业的发展储备高素质金融人才。根据天津金融业发展的实际情况，逐步制订金融人才引进、交流、培养的相关方案，制定人才引进标准，对符合引进条件的人才给予政策支持。与国家金融监管部门以及中央金融企业加强联系，挑选金融人才采取挂职、任职等方式，为天津金融业的发展提供高端人才，丰富政府机关的人才结构状态。

2016 年，天津呈现明显的金融人才集聚效应，新建博士后科研工作站 19 个、年末博士后流动站 77 个，增强人才储备功能；推进人才“绿卡”制度和“千企万人”计划，加速人才培养，促进海外高精尖人才引进。

（五）金融创新发展度分析

在分析金融发展指数时，无论是对全国还是天津而言，关键衡量指标都是金融创新。2016 年，面临国家多种战略机遇，天津市委、市政府积极推动，相关金融政策相继落地，天津金融工具和金融产品不断创新，在新的经济形势下，金融机构改变传统的发展模式，转型创新的步伐不断加快，金融市场规范化发展，为加快建设金融创新示范区创设良好的经济环境。本报告综合考虑创新发展速度的衡量方法仍处于探索尝试阶段，以及金融创新对一个地区金融发展的战略重要性较高等因素，为保证最终指标的正确性，将金融创新权重设为15%。金融创新这一指标包含6个二级指标（见表13）。

表13　金融创新二级指标权重

单位：%

二级指标	权重	二级指标	权重
整体创新	10	产品创新	15
机构创新	20	创新内部要素	25
市场创新	20	创新外部要素	10

1. 整体金融创新情况

天津的金融创新发展健康并且稳健。为保证结果的真实性与客观性，本报告在计算金融创新指数时，将主、客观进行结合。客观数据法反映数据的客观表现，主要运用于机构创新和市场创新的计算；整体创新和产品创新则采取主观评价法和客观数据法相结合的方法，主观评价法主要用于衡量创新内部要素和创新外部要素。因为要对往年进行倒推，主观评价法是不可取的，所以在天津2012～2016年和2006～2011年的金融发展指数中分别引用主观评价法、客观数据法，而对2012年之前的天津金融发展二级指标采用客观数据法。

自2011年以来，天津金融创新指数一直保持较快的增长，与2015年相比，2016年该指数就提高了804点，为6635点，增长了13.8%；在比较一级指标时，再对环比指数进行分析，2016年该指数为1138点，且处于领先位置，具有绝对的优势，这给天津金融业的发展及其指数的提高带来了动力（见图12和图13）。

从具体金融创新事件看，2016年天津金融创新取得斐然成绩。天津金

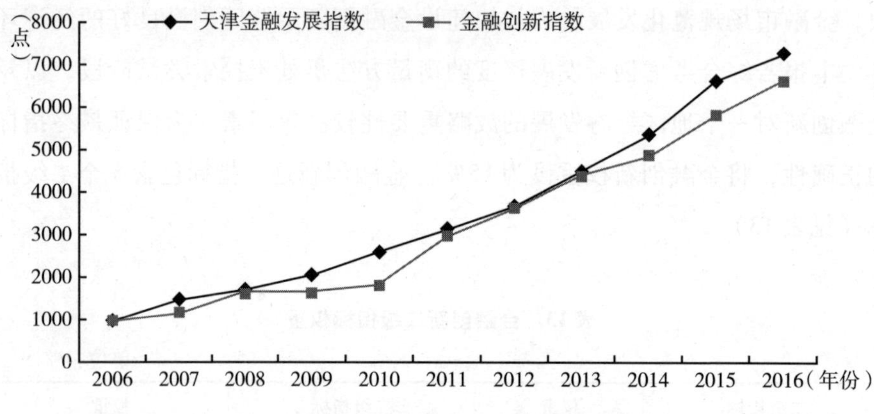

图 12　天津金融发展指数与金融创新指数

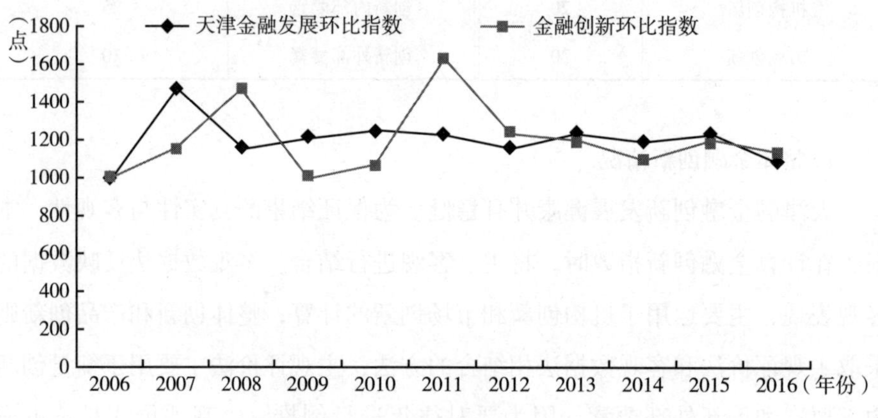

图 13　天津金融发展环比指数与金融创新环比指数

融业深入贯彻落实各项政策措施，高水平建设金融创新运营示范区。第一，做大做强传统金融机构，加快发展新型金融业态，实现天津金融企业上市零的突破；成立保监会首家批复的金融服务公司，开创了央企在天津发起设立厂商型金融租赁公司的先河；设立京津冀产业结构调整引导基金，首期规模为 10 亿元。第二，稳步推进中国（天津）自贸试验区金融创新。推动金融支持天津自贸试验区的相关政策快速落地实施，支持自由贸易试验区扩大人民币跨境使用。中新天津生态城跨境人民币创新业务试点扩展至整个天津市，扩大了天津与新加坡金融合作领域。大力支持在京冀地区根据天津创新政策，顺利开展跨境双向人民币资金池业务，服务区域发展。第三，将全国性的金融行业协会吸引到天津。在天津成立的“北方新金融研究院”，相当于一个新型智库，这一举措为天津金融的创新和运营实现稳健发展提供了巨大便利。

2. 金融创新多个方面情况

金融创新所涉及的方面较广，但是其具体包含项的发展速度参差不齐，金融创新顺利发展。受宏观经济的影响，2016 年金融创新的一些方面，主要是产品和机构创新较为明显，并且整体创新也崭露头角，创新的内外部要素发展相对平稳，整个市场创新稳健运行。总的来说，2016 年天津金融创新处于良性发展的稳健阶段，产品、机构和市场等创新领域继续保持较快的增长速度，处于国内金融创新的前沿。

2006～2016 年金融创新在各个方面都实现了发展。10 年来，机构创新、产品创新、市场创新指数的增长速度均超过其他创新领域，年均增速在 22.0%以上；整体创新指数的年均增速较为平稳，为 10.3%。2012 年引入主观评价类指标，由此加入创新内部要素与创新外部要素进行测算，最终结果分别为5.4%和5.2%。其中，2006～2016 年均增速用2012～2016 年增速的几何平均值来代替，保持在相对稳定的水平。

2016 年，机构创新、产品创新和市场创新指数增速突出，分别达到 10728 点、10554 点和 7374 点，比 2015 年增长 15.9%、25.4%和 22.8%。整体创新的指数达到2660 点，增速达3.9%，而创新内、外部要素的指数分别为1301 点和1287 点。

金融创新环比指数整体来看增长平稳，相较于2015 年，2016 年机构创新和产品创新的环比指数有所下降，分别为1159 点、1254 点，分别减少了173 点和297 点；整体创新的环比指数没有变化，依然为1039 点；市场创新的环比指数增加了94 个点，为1228 点；创新的内、外部要素的环比指数发展平稳，依次为1053 点和1052 点。

为了全面反映金融创新各个子领域的特征和结构，本报告将依次分析金融创新各领域过去几年的平均发展速度和2016 年最新态势。

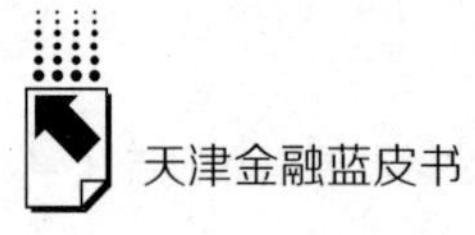

（1）整体创新

2016 年，整体创新的指数为 2660 点；环比指数为 1039 点，增速与 2015 年基本持平。

金融先行先试是天津按照五大叠加战略要求，推动金融改革开放的重要举措，为天津滨海新区综合配套改革试验、中国（天津）自由贸易试验区建设、京津冀金融创新示范区建设乃至中国金融业“自下而上”改革创新注入了丰富的内涵。基于整体创新的重要作用，该指标的权重被设定为 10%。

在整体创新下还包括客观指标和主观评价指标共 3 个三级指标，这 3 个指标从三个角度（金融先行先试试点、金融整体创新、金融创新人才供给）反映了金融整体创新情况。天津金融先行先试试点的发展经历了两个阶段：2009～2012 年为上升阶段，增加了 2 个（2009 年只有 1 个）；2013～2016 年为平稳阶段，数量一直是 3 个。2016 年天津的金融整体创新从整体来看取得了长足发展。以环比指数来分析，2016 年的金融重大先行先试、金融创新人才充裕度、整体金融创新主观评价的环比指数依次为 1000 点、1048 点、1049 点，发展稳定健康。

（2）机构创新

2016 年，机构创新的指数达 10728 点；环比指数为 1159 点，比上年减少 173 点，增速平稳。机构创新是金融创新活动的重要组成部分，对于建设金融创新运营示范区具有重要作用。本报告为机构创新指标赋予 20% 的权重，以反映机构创新在金融创新活动中的重要性。

2016 年，金融机构创新实现平稳快速发展。通过增加数量和种类，创新型金融机构在一定程度上发挥了带动金融创新运营示范区发展的示范效应。截至 2016 年末，天津市融资租赁法人机构总数为 1193 家，较 2015 年增加 496 家，2006～2016 年融资租赁法人机构数量的年均增速为 89.0%，呈现快速发展态势。2016 年，在天津注册的金融租赁公司为 9 家，比 2015 年增加 2 家。2016 年，融资租赁合同余额达到 1.91 万亿元，较上年增长 35.5%。2016 年，产业基金公司为 1 家，与上年持平。2016 年，天津财务公司为 7 家，比上年增加 2 家。2016 年，私募股权基金本地投资案例与上年相比减少 5 个，共 39 个。2016 年，金融租赁公司、汽车金融公司、中德住房储蓄银行、金城银行等其他法人金融机构达到 12 家，比上年增加 2 家。2016 年，私募股权基金本地投资额较上年减少 7.45 亿美元，仅有 0.41 亿美元。2016 年，典当公司达到 180 家，比上年增加 3 家。2016 年，小额贷款公司达到 110 家，与上年持平。

金城银行是在中国（天津）自贸区内注册设立的唯一民营法人银行，也是北方地区唯一获批设立的民营银行。金城银行的成立为近年来的天津金融机构创新注入了新鲜血液。截至 2016 年底，该行资产规模达到 220 亿元，实现净利润 1.28 亿元，各项存款余额为 187 亿元，各项贷款余额为 69 亿元。其中，中小微企业资产占比近 70%，资产收益率达 0.8%，股东权益收益率达 4.2%，资本充足率为 24.94%，成本收入比为 53.6%。

（3）市场创新

2016 年，市场创新的指数为 7374 点，比 2015 有所提升；环比指数为 1228 点，比上年有所提升，增加 94 点，发展总体稳健。

金融改革创新的首要目标就是市场创新，市场创新的实现直接关系到金融市场的健康发展，对天津金融创新运营示范区的建设发展具有重要意义。因此，本报告将 20% 的权重赋予了市场创新。

2016 年，金融市场创新稳定健康发展，区域创新型市场在交易品种和交易规模两方面都持续增长。创新型资本及要素市场的规范有序发展，成为天津金融市场发展的一个特色。2016 年，天津股权交易所成交总额和天津渤海商品交易所成交总额分别为 7.61 亿元和 1822.13 亿元，天津铁合金交易所成交金额为 13.3 亿元。此外，在构建全国中小企业股份转让系统（新三板）的过程中，天津有关部门给予了大力支持，促进了京津金融协同发展。截至 2016 年，天津已连续成功举办 10 届中国企业国际融资洽谈会，且 2016 年融洽会意向融资额达到 450 亿元，意向融资额较上年提升 75 亿元。与此同时，截至 2016 年底，天津在新三板挂牌的企业已累计达到 171 家，较 2015 年末增加了 79 家。

（4）产品创新

与2015年相比，2016年的金融产品创新指数增长25.4%，高达10554点，但是环比指数有所回落，下降297点，为1254点。

产品创新是金融创新活动[①]的重要组成部分。在本报告中，金融产品创新被赋予15%的权重，以反映产品创新在金融创新中的重要作用。金融创新产品的继续发展、创新品种及其交易额的增加，反映了2016年较为活跃的金融创新市场。从客观数据看，2016年法人基金管理公司新基金产品达到52只，比2015年增加6只，比2006年增加51只；天津小微企业贷款余额达到4966.23亿元，其中贷款余额比2016年初增加838.8亿元，同比多增120.6亿元。

（5）创新内部要素

创新内部要素在2016年以稳健的速度发展，其指数和环比指数分别为1301点和1053点。

从金融创新理论的角度来分析，通常情况下，某区域的服务创新程度、组织形式创新程度、管理创新程度、技术创新程度以及金融机构创新程度等都属于创新内部要素。由于在获取以上要素的量化数据方面存在一定的困难，本报告利用主观评价方法来得到以上要素的评分。鉴于往年倒推难以利用主观评价法来进行，因此，只得到了2012～2016年创新内部要素的主观评价。除此之外，为反映创新内部要素对金融创新的影响，本报告将25%的权重赋予创新内部要素指标。

创新内部要素包含5个三级主观评价指标，分别为组织形式创新程度、金融机构创新能力、管理创新程度、技术创新程度、服务创新程度，将每个三级指标都赋予20%的权重（见表14）。

① 根据《帕尔格雷夫经济学大辞典》的界定："当一个新的金融产品或服务被人们广泛接受用来代替或补充已有的金融工具、机构或业务流程时，就可以称之为创新性的，而不只是新的或新颖的，这和任何其他创新性产品或服务一样……金融创新重要的不是一种产品或过程（这通常是不明显）的创新，而是创新在市场中的扩散。"

表 14　创新内部要素三级指标的权重

单位：%

三级指标	权重	三级指标	权重
组织形式创新程度	20	技术创新程度	20
金融机构创新能力	20	服务创新程度	20
管理创新程度	20		

根据“组织形式创新程度”“金融机构创新能力”“管理创新程度”“技术创新程度”“服务创新程度”5 个指标 2016 年的主观评价，形成新的环比指数：组织形式创新程度和金融机构创新能力环比指数均为 1046 点，管理创新程度环比指数是 1059 点，技术创新程度环比指数是 1049 点，服务创新程度环比指数是 1064 点。

（6）创新外部要素

2016 年，创新外部要素的指数、环比指数分别为 1287 点和 1052 点，增速多年持续稳定。

一些体现金融体系外部影响创新能力的要素，诸如高校合作创新推动力度、监管部门推动创新力度等，共同构成了创新的外部要素。同创新的内部要素相同，由于数据度量较困难，本报告同样选取了主观评价法对创新外部要素进行评分。由于主观评价法的固有限制，时间倒推较为困难，所以在创新外部要素主观评价的年份选择上，只提取了 2012～2016 年的数据区间。将金融创新受到创新外部要素的影响力度进行综合，将 10% 的权重赋予该指标。

构成创新外部要素的 2 个三级主观评价指标为高校合作创新推动力度、监管部门推动创新力度，本报告将 50% 的权重分别赋予这两个三级指标（见表 15）。

表 15　创新外部要素三级指标的权重

单位：%

三级指标	权重
高校合作创新推动力度	50
监管部门推动创新力度	50

根据“高校合作创新推动力度”和“监管部门推动创新力度”的主观评价，对“2016 年高校合作创新推动力度”和“2016 年监管部门推动创新力度”两个三级指标进行折合，形成新的环比指数，分别达到 1060 点和 1044 点。

（六）金融生态发展度分析

从其他国家和地区的金融中心发展历程分析来看，金融业的持续健康发展具有积极作用。众所周知，政策规划和政策指导方向直接影响金融业的发展。所以，可以以政策作为传导介质，通过其影响打造良好的外部环境，直接创建一个稳定、健康的金融生态环境。综合上述因素，本报告给予金融生态环境 20% 的权重，金融生态环境包含 7 个二级指标（见表 16）。

表 16　金融生态环境二级指标的权重

单位：%

二级指标	权重	二级指标	权重
金融中介	12	宜居城市	5
信用环境	8	政府服务	20
产业支撑	35	法律环境	10
物价水平	10		

1. 金融生态环境整体

截止到 2016 年末，天津金融生态环境的发展指数为 1746 点，较 2015 年小幅上升 1.9%，增速相对下降，但趋势依旧稳定。总体上发展态势稳健，趋势良好。

近一个时期以来，天津金融生态环境持续改善，虽然其指数增长的速度相对低于金融机构和金融市场，但是仍旧稳步增加、逐渐积累，为天津金融发展提供了稳定的保障和健康的基础。法律环境、金融中介、信用环境、产业支撑等领域都在逐步走向完善与成熟，其发展历程与发展程度与天津金融生态环境所经历的每一时期和整个社会经济环境的特点具有一定的契合度。2016 年，金融生态环境指数较 2015 年提升 32 点，达到 1746 点。相比而言，虽然2016年金融生态环境的环比指数低于其他四个一级指标，但是也达到1019点（见图14、图15）。

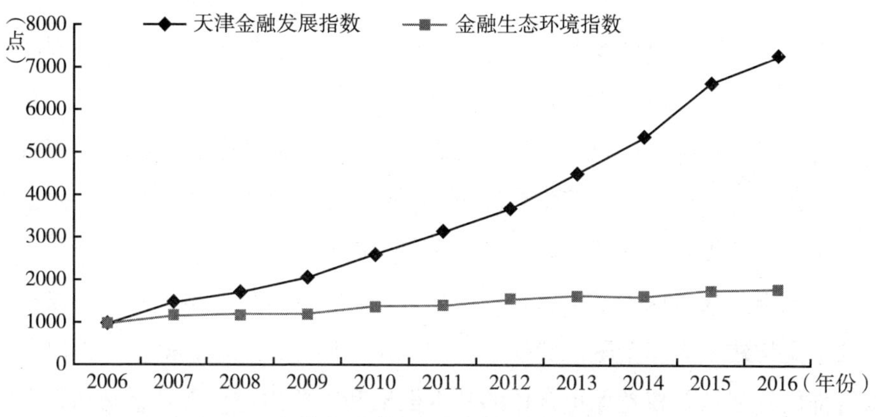

图14　天津金融发展指数与金融生态环境指数

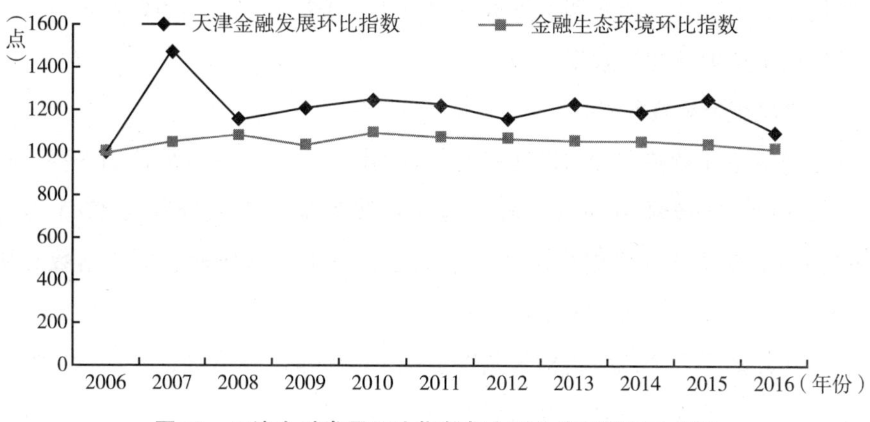

图15　天津金融发展环比指数与金融生态环境环比指数

2016年，天津多措并举，全面推进社会信用体系建设，建立了社会信用体系建设工作组织领导与推进机制、京津冀区域信用合作协调机制；开展互联网金融创新企业信用体系建设、民营中小企业信息征集及评定工作；在全国率先推进天津劳动关系和谐企业信用体系建设项目，搭建起劳动关系和谐企业信息的共享机制；依靠服务三农的金融机构，为农户建立电子信用档案，开展农户信用评价；持续开展融资担保机构和小额贷款公司信用评级。

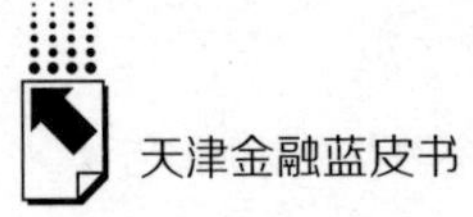

天津支付体系稳健发展。一是支付系统处理业务量平稳增长。大、小额支付系统处理支付业务量同比分别增长10.0%和5.7%。二是新兴支付业务发展迅速，移动支付业务量、电子商业汇票业务量、支票圈存业务量均同比高速增长。三是支付市场有序发展。积极推动个人银行账户分类管理制度实施，促进各类账户协调发展；各银行机构协助公安机关拦截电信诈骗，打击治理电信网络新型违法犯罪专项行动成效明显；妥善处置无证机构，有效维护了天津支付市场秩序。四是金融IC卡覆盖公共交通、医疗卫生、社会保障、生活服务等多个领域，累计发行3485万张。

金融消费权益保护基础设施进一步完善，积极构建金融消费权益保护防线。一是构建了天津金融消费权益保护工作协调合作机制，确定了天津金融监管部门开展消费权益保护合作的基本框架和主要内容。二是金融知识宣传教育常态化，金融知识关注重点人群专项教育活动深入开展。三是改进金融消费权益保护工作。金融消费投诉处置效率显著提高，金融消费者投诉分类标准应用试点项目初见效果。

2.金融生态环境各方面

金融生态环境各方面的发展速度各有不同。物价水平发展依旧平稳，指数是899点。法律环境和政府服务有序逐步发展，指数分别为1285点和1290点。金融中介、宜居城市、产业支撑、信用环境快速发展，指数分别为1394点、1508点、2308点和1440点。

本部分基于7个二级指标来测度金融生态环境。一方面，利用量化的经济指标反映物价水平、宜居城市以及产业支撑的情况；另一方面，采取主观评价方法测度法律环境和政府服务，采取主观评价和量化指标相结合的方法测度信用环境和金融中介。由于主观评价法难以进行时间倒推，所以在法律环境和政府服务数据的时间选择上仅提取2012～2016年。2016年，法律环境和政府服务的指数分别为1285点和1290点；宜居城市的指数是1508点，与2015年相比上升了5.3%；产业支撑的指数是2308点，与2015年相比下降了3.2%；物价水平的指数为899点；信用环境的指数达到1440点，与2015年相比提高了6.3%；金融中介的指数是1394点，与2015年相比提高了4.2%。

纵观2006～2016年金融生态环境主要子领域的发展趋势，不难发现，这10年间年均增速位于榜首的是产业支撑指数，超过了8.7%，远高于其他子领域。金融中介、宜居城市和信用环境指数居于产业支撑指数之下，年均增速分别为3.4%、4.2%和3.7%。在指数评价方法方面，由于2012年首次引入主观评价法，所以对采取主观评价法收集数据的法律环境和政府服务指数而言，其2012～2016年的年均增速假定为2006～2016年的年均增速，分别为5.1%和5.2%，较为稳定。在10年间，年均增速为负的是物价水平指数。总体而言，2016年天津金融生态环境依旧呈现良好的增长态势，法律环境、信用环境、产业支撑、政府服务和金融中介等子领域呈现较好发展趋势。

从增长速度来看，2016年保持稳定增长趋势的是宜居城市、政府服务以及法律环境指数，这三个子领域具有比较乐观的发展前景，环比指数不相上下，依次为1054点、1052点和1051点；信用环境和金融中介的环比指数为1063点和1042点；产业支撑和物价水平的环比指数分别为968点和1016点。下面将详细阐述2006～2016年，金融生态环境各个子领域的发展状况以及最新进展，具体说明每个子领域的特点和结构。

（1）金融中介

目前，城市的金融功能区或金融中心频繁出现的一个现象是金融机构与金融中介服务机构共生并存，这映射出在整个金融业的前进发展过程中，金融中介服务所扮演的角色越来越重要、影响力越来越大。基于目前的发展趋势，金融中介服务机构在金融环境中地位比较重要，所以本报告把12%的权重给予金融中介服务机构。2016年，金融中介指数达到1394点，与2015年相比增长了4.2%；环比指数达到1042点，与2015年相比降低8点，总体来说发展趋势较为稳定。

调查行业数据发现，金融中介服务机构和金融中介专业人才的数量同时呈现增加的趋势。2016年，万人专业保险中介机构数达到0.081个/万人，与2015年相比增加0.001个/万人，与2006年相比增加0.014个/万人。万人会计师事务所达到0.065个/万人，与2015年相比增加0.002个/万人，与2006年相比增加0.018个/万人。相较于2015年，2016年万人注册会计师增加0.03人/万人，为1.33人/万人，较2006年增加0.33人/万人。万人律师事务所达到0.41个/万人，比2015年增加0.02人/万人，与2006年相比增加0.18个/万人。万人执业律师人数达到3.75人/万人，与2006年和2015年相比，分别增加1.92人/万人和0.19人/万人。

分析主观评价数据，根据“会计审计服务”的主观评价，“2016年会计审计服务”环比指数在金融中介主观评价的7个类别里居于第1位，达到1053点。

根据“金融法律服务”的主观评价，“2016年金融法律服务”环比指数在金融中介主观评价的7个类别里居于第2位，达到1052点。

根据“融资担保服务”的主观评价，“2016年融资担保服务”环比指数在金融中介主观评价的7个类别里居于第3位，达到1048点。

根据“资讯信息服务”的主观评价，“2016年资讯信息服务”环比指数在金融中介主观评价的7个类别里居于第4位，达到1048点。

根据“投资咨询服务”的主观评价，“2016年投资咨询服务”环比指数在金融中介主观评价的7个类别里居于第5位，达到1047点。

根据“信用评级服务”的主观评价，“2016年信用评级服务”环比指数在金融中介主观评价的7个类别里居于第6位，达到1044点。

根据“资产评估服务”的主观评价，“2016年资产评估服务”环比指数在金融中介主观评价的7个类别里居于第7位，达到1040点。

由于7个指标采用主观评价法获取数据，所以在时间方面，各个环比指数仅获取了2012～2016年的数值。在本报告中，假设各个指标两年的环比指数连续乘以1000，以获得其发展指数。

（2）信用环境

为了考察天津金融生态环境发展状况，本报告设置信用环境指标，并将其权重设定为8%。截至2016年末，信用环境指数为1440点，与2015年相比增长了6.3%；环比指数达到1063点，增速较为稳定，与上年基本持平。

2016年，天津社会信用体系建设进入快速发展期。截至2016年底，天津共有25万户企业和其他经济组织的信用信息和基本信息被全国企业征信系统收录，与2015年相比增加1万户；天津共计970万自然人的信用信息和基本信息被全国个人征信系统收录，与2015年相比增加了10万人；天津信用评级公司数达到 8 家，与 2015 年基本持平，发展前景乐观。

对主观评价进行具体分析，首先，根据“公民信用意识”的主观评价，“2016 年公民信用意识”环比指数在信用环境主观评价的 4 个类别里位居第 1，达到 1077 点。

其次，根据“信用数据库建设”的主观评价，“2016 年信用数据库建设”环比指数在信用环境主观评价的 4 个类别里位居第 2，达到 1070 点。

再次，根据“信用文化建设”的主观评价，“2016 年信用文化建设”环比指数在信用环境主观评价的 4 个类别里位居第 3，达到 1067 点。

最后，根据“政府补贴政策”的主观评价，“2016 年政府补贴政策”环比指数在信用环境主观评价的 4 个类别里位居第 4，达到 1060 点。

（3）产业支撑

自天津滨海新区纳入国家战略以来，天津金融业基于原有的主体产业和先进的制造业，不断积累自己的优势，发展出服务实体经济和产业金融两个区域金融特色，并享受到实实在在的成果。本报告为产业支撑设定了 35% 的权重，以反映实体经济和产业发展为天津金融创新运营提供的机遇。截至 2016 年末，产业支撑指数为 2308 点，与 2015 年相比略有下降；环比指数达到 968 点，与 2015 年相比，增速由正转负。

2016 年天津产业支撑和实体经济继续稳步向前推进，经济总量持续扩大。截至 2016 年末，天津地区生产总值为 17885. 39 亿元，与 2015 年相比增加 1347. 2 亿元；人均地区生产总值为 114494 元/人，与 2015 年相比增加 7586 元/人；工业增加值为 7238. 7 亿元，与 2015 年相比增加 257. 43 亿元。2016 年天津贸易往来十分活跃，港口货物吞吐量为 5. 51 亿吨，与 2015 年相比增加了 0. 1 亿吨；对外贸易进出口总额为 1026. 52 亿美元，与 2015 年相比下降 116. 95 亿美元；实际直接利用外资金额为 101 亿美元。天津经济结构在 2016 年保持优化态势，服务业增加值占 GDP 的比重为 54%，较 2015 年增加了 2. 0 个百分点，与 2006 年相比增加了 13. 8 个百分点。

（4）物价水平

一般情况下，某一特定区域的物价水平既影响该地区的居民生活、企业

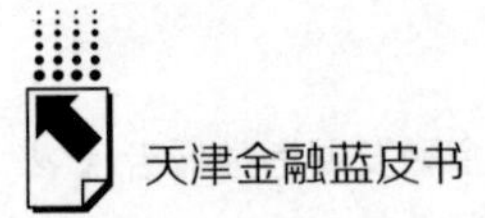

运营成本，又影响该地区的经济繁荣程度。本报告选用两个经济指标，分别为居民消费价格指数和办公室租用成本。基于物价水平对金融生态环境的影响，本报告给予其10%的权重。2016年，天津物价水平指数为899点，与2015年相比增长了1.6%；环比指数是1016点，与2015年相比增加了3点，增速小幅度回升。

2016年，居民消费价格指数达到102.1%，与2015年相比下降了0.4个百分点，可以看出居民消费价格持续保持平稳状态；办公室租用成本为119.6元/平方米*月，与2006年相比增加了23.2元/平方米*月，与2015年相比减少了4.4元/平方米*月。据以上数据可得出结论：天津办公室租用成本在短期内略有下降，但中长期成本会在平稳中缓慢上升。

（5）宜居城市

天津城市定位的重要目标之一就是美丽天津，生态宜居城市的规划和建设对加快聚集天津金融人才和金融机构有极大的促进作用。本报告为宜居城市设定5%的权重，以反映宜居城市在金融生态环境建设中的作用。2016年末，宜居城市指数达到1508点，与2015年相比增长5.3%；环比指数是1053点，与2015年相比下降了38点，发展增速略有下降。

2016年，天津建成区绿化覆盖率达到36.4%，与2015年相比提高0.9个百分点；空气质量达到或好于二级的天数占全年比重达到61.9%，与2015年相比上升约1.6个百分点，空气质量逐步提升。2016年，天津影剧院数达到96个，与2015年相比增加7个；万人城市轨道交通达到0.103公里/万人。

（6）政府服务

若干体现政府服务的要素共同构成了政府服务，诸如金融机构、金融监管、金融人才奖励政策、金融区域布局、政府推动信用环境等建设项目。综合考虑政府服务在金融生态环境中的作用，本报告给予其20%的权重。由于政策支持要素获得数据较为困难，本报告在获得要素评价数据方面采用了主观评价方法。由于主观评价法难以进行时间倒推，所以在政府服务的数据时间选择上，仅提取了2012～2016年。2016年，政府服务指数为1290点；环比指数达到1052点，以平稳的速度向前发展。

构成政府服务的 8 个三级主观评价指标为金融监管、税收优惠相关政策、政府补贴政策、金融配套服务产业相关政策、金融机构奖励政策、金融人才奖励政策、政府推动信用环境建设活动、金融区域布局和基础设施建设政策。这 8 个三级主观评价指标的权重见表 17。

表 17　政府服务三级指标的权重

单位：%

三级指标	权重	三级指标	权重
金融监管	15	金融机构奖励政策	10
税收优惠相关政策	15	金融人才奖励政策	10
政府补贴政策	15	政府推动信用环境建设活动	10
金融配套服务产业相关政策	15	金融区域布局和基础设施建设政策	10

对主观评价进行具体分析，根据“政府补贴政策”的主观评价，“2016 年政府补贴政策”环比指数在政府服务主观评价的 8 个类别里高居榜首，达到 1058 点。

根据“金融区域布局和基础设施建设政策”的主观评价，“2016 年金融区域布局和基础设施建设政策”的环比指数在政府服务主观评价的 8 个类别中位居第 2，达到 1057 点。

根据“金融机构奖励政策”的主观评价，“2016 年金融机构奖励政策”环比指数在政府服务主观评价的 8 个类别中位居第 3，达到 1055 点。

根据“政府推动信用环境建设活动”的主观评价，“2016 年政府推动信用环境建设活动”环比指数在政府服务主观评价的 8 个类别中位居第 4，达到 1054 点。

根据“税收优惠相关政策”的主观评价，“2016 年税收优惠相关政策”环比指数在政府服务主观评价的 8 个类别中位居第 5，达到 1050 点。

根据“金融配套服务产业相关政策”的主观评价，“2016 年金融配套服务产业相关政策”环比指数在政府服务主观评价的 8 个类别中位居第 6，达到 1049 点。

根据“金融监管”的主观评价，“2016 年金融监管”环比指数在政

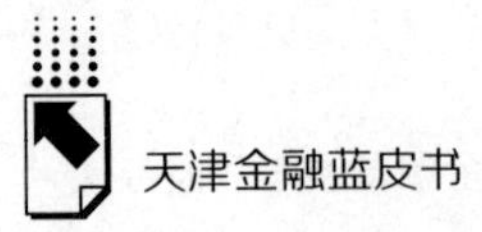

府服务主观评价的8个类别中位居第7，达到1048点。

根据“金融人才奖励政策”的主观评价，“2016年金融人才奖励政策”环比指数在政府服务主观评价的8个类别中位居第8，达到1047点。

（7）法律环境

2016年法律环境的发展速度较为稳健，其指数和环比指数分别为1285点和1051点。本报告赋予法律环境10%的权重以反映法律环境对金融生态环境的影响。由于与法律有关的数据在获取上存在一定的困难，因此本报告采用主观评价法来计算要素评分。另外，由于难以利用主观评价法实现往年倒推，因此法律环境指标的主观评价只得到了2012～2016年的数据。

法律环境包含4个三级指标，分别为全国金融法律规章、天津金融法律规章、金融诉讼仲裁环境和金融执法，现将每个三级指标赋予不同的权重（见表18）。

表18　法律环境三级指标的权重

单位：%

三级指标	权重	三级指标	权重
全国金融法律规章	25	金融诉讼仲裁环境	25
天津金融法律规章	25	金融执法	25

根据“天津金融法律规章”的主观评价，“2016年天津金融法规规章”环比指数在法律环境主观评价的4个类别中位居第1，达到1060点。

根据“全国金融法律规章”的主观评价，“2016年全国金融法律规章”环比指数在法律环境主观评价的4个类别中位居第2，达到1052点。

根据“金融执法”的主观评价，“2016年金融执法”环比指数在法律环境主观评价的4个类别中位居第3，达到1052点。

根据“金融诉讼仲裁环境”的主观评价，“2016年金融诉讼仲裁环境”环比指数在法律环境主观评价的4个类别中位居第4，达到1042点。

指 数 篇

Index Reports

B.2
2016年天津金融机构发展报告

刘通午 王 韩*

摘 要： 2016年，天津金融机构在机构数量、盈利能力、业务规模、服务质量等方面取得较大发展。目前国内外的经济形势不容乐观，在经济发展新常态形势下，天津金融机构积极主动适应经济发展新常态，在积极推动京津冀经济协同发展的同时，不断调整自身发展，增强自身创新能力，在服务当地实体经济发展方面发挥了积极的推动作用。

关键词： 天津 金融机构 协同发展

* 刘通午，中国人民银行天津分行副行长，高级经济师，研究方向为外汇管理、金融监管；王韩，天津财经大学硕士研究生，研究方向为国际金融、汇率定价。

2016 年，我国经济发展面临国内外诸多矛盾叠加、风险隐患交汇的严峻挑战。天津主动适应经济发展新常态，扎实推进供给侧结构性改革，主动把握各种发展机遇，促进经济保持健康发展。经国家统计局评估审定，2016 年天津已完成地区生产总值 17885.39 亿元，按可比价格计算同比增长了 9.0%。在经济发展新常态下，天津金融业对于天津经济发展起到了良好的支撑作用。其中全市金融业增加值达 1735.33 亿元，增长率为 9.1%。金融业增加值占天津地区生产总值的比例为 9.7%。在天津金融监管当局的正确指引下，天津金融业以服务实体经济发展为宗旨，发展普惠金融，让社会切实感受到金融给社会民众带来的金融便利。天津稳妥有序推进金融改革项目，主要体现为三个创新项目。一是开展全口径跨境融资宏观审慎管理试点，扩大中资企业境外融资渠道。二是开展经营性租赁收取外币租金试点。三是积极推广应收账款融资服务平台应用。

2016 年，天津金融机构本外币各项贷款增加 2759.37 亿元，同比多增 94.45 亿元。其中，房屋贷款增加 1494.48 亿元，同比多增 982.30 亿元；非金融企业和机关事业单位等贷款增加 1184.07 亿元，同比少增 924.28 亿元；非银行业金融机构贷款减少 0.74 亿元，同比少减 12.91 亿元。

一　天津银行业机构发展

截止到 2016 年 12 月底，天津银行业金融机构营业网点 3174 个。其中，中资 3122 个，外资 52 个。中资注资的法人机构有 42 个，外资注资的法人机构只有 1 个。2016 年，天津银行业金融机构从业人数 64859 人，资产总额 47038.1 亿元。

1. 资产和负债的规模增速加快，收入和利润负增长

截止到 2016 年 12 月底，天津银行业金融机构的资产总额为 4.8 万亿元，同比增长 5.8%；负债总额为 4.5 万亿元，同比增长 5.5%。2016 年全年，天津银行业金融机构营业收入总额为 1167.0 亿元，同比下降 0.7%；2016 年全年的净利润为 416.6 亿元，同比下降 8.6%。不良贷款持续处于

表 1　2016 年天津银行业金融机构情况

机构类别	营业网点			法人机构数（个）
	从业人数（人）	机构个数（个）	资产总额（亿元）	
大型商业银行	28867	1253	12295.8	0
国家开发银行及政策性银行	530	13	2810.2	0
股份制商业银行	11167	418	9663.0	1
城市商业银行	7837	336	9251.9	1
小型农村金融机构	8707	571	4473.5	2
财务公司	216	7	439.2	6
信托公司	296	2	88.1	2
邮政储蓄	2733	416	941.6	0
外资银行	1155	52	847.6	1
新型农村金融机构	1458	93	341.5	18
其他	1893	13	5885.7	12
合　计	64859	3174	47038.1	43

资料来源：中国人民银行天津分行、天津银监局。

“双升”的局面。截止到 2016 年末，天津银行业金融机构不良贷款总额与年初相比增加 125.7 亿元；而不良贷款率与年初相比，增长了 0.26%。

2. 存款余额增长幅度较上年低

截止到 2016 年 12 月底，本币和外币各项存款余额为 30067 亿元，同比增长了 6.8%，比上年明显回落；比年初增加 1917.7 亿元，同比少增 1051.5 亿元。其中，2015～2016 年各月天津金融机构人民币存款增长变化见图 1。从存款结构看，广义政府存款和住户存款同比多增，而非银行业金融机构存款和非金融企业存款同比少增较多。其中，广义政府存款全年增加最多，占各项存款增量的 34.8%。

3. 贷款余额实现稳步增长

截止到 2016 年 12 月底，天津本外币贷款余额已超过 2.8 万亿元，与上年相比有所下降，增长了 10.6%，比年初增加 2759.4 亿元。住户贷款与上年相比多增的较多，而非金融企业和机关团体贷款与上年相比少增的较多。

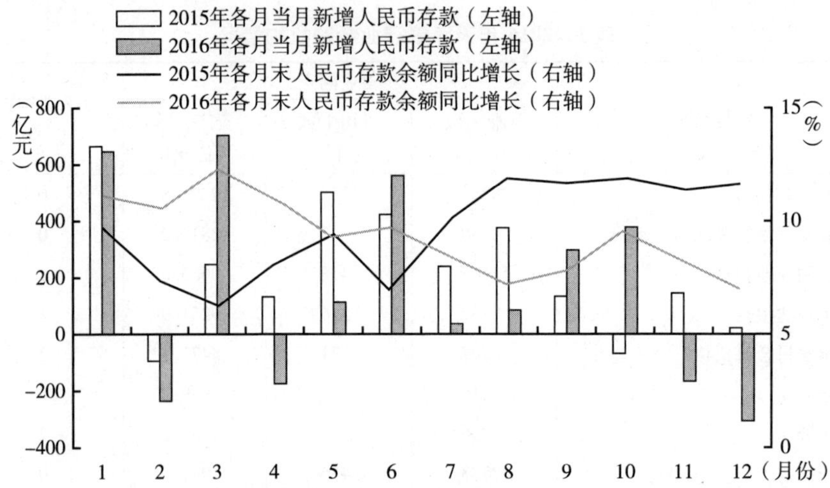

图1　2015～2016年各月天津金融机构人民币存款增长变化

资料来源：中国人民银行天津分行。

住户贷款项下的中长期消费贷款与上年相比少增的较多。非金融企业及机关团体贷款项下的短期贷款同比多增，中长期贷款同比少增，票据融资余额下降。其中，2015～2016年天津金融机构人民币贷款增长变化见图2。

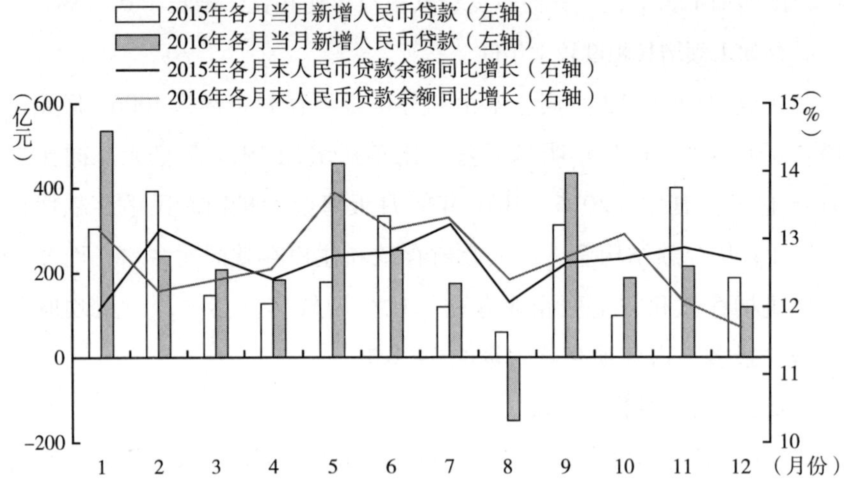

图2　2015～2016年天津金融机构人民币贷款增长变化

资料来源：中国人民银行天津分行。

信贷投向重点突出。小微企业本外币贷款比年初增加838.8亿元，同比多增120.6亿元。租赁和商务服务业本外币贷款比年初增加654亿元，同比多增200.9亿元。制造业本外币贷款比年初增加449亿元，同比多增435.6亿元。

外币存款余额和贷款余额下降幅度明显。截止到2016年12月末，外币存款余额减少147.9亿美元，同比下降4.3%，与年初相比减少6.7亿美元，而上年是增加20.3亿美元。其中，住户存款同比多增，非金融企业存款同比下降。外币贷款余额199.8亿美元，增速为-13.1%，比年初减少30.2亿美元。其中，短期贷款下降较多，中长期贷款有所下降，融资租赁增加。2015~2016年天津金融机构本外币存、贷款数增速变化见图3。

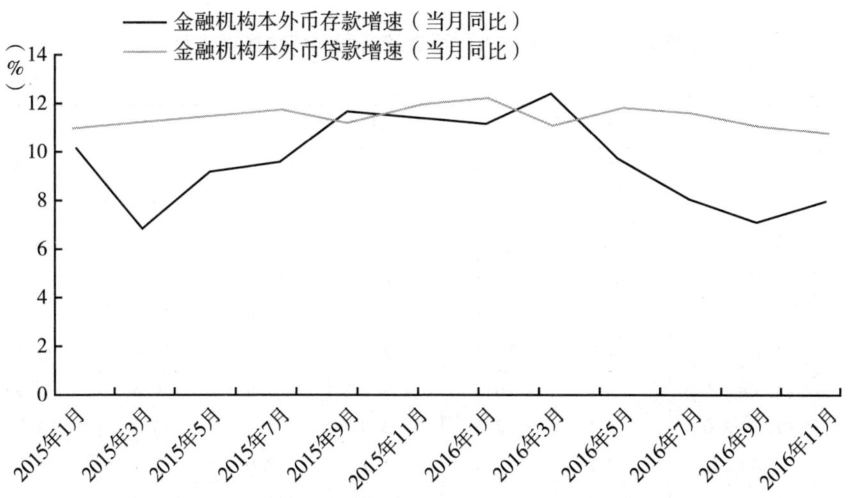

图3 2015~2016年天津金融机构本外币存、贷款增速变化

资料来源：中国人民银行天津分行。

4. 表外融资规模下降，承兑汇票下降尤为明显

受融资需求下降和表外业务监管加强影响，商业银行部分表外融资业务逐渐向表内转移，导致表外融资额下降幅度较大。2016年，天津的银行业金融机构表外融资总额减少78亿元。其中，委托贷款增加1120亿元，较上年多增335亿元；在信托贷款方面，贷款总额增加99亿元，较上年少增14亿元；在未贴现的银行承兑汇票方面，总额减少1297亿元，较上年多减

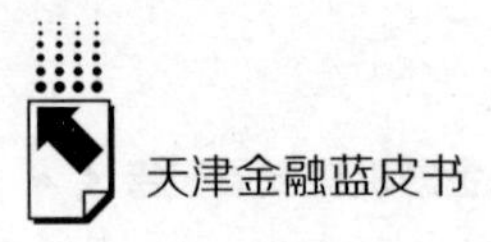

1207亿元。

5. **人民币存款和贷款利率均维持较低水平**

截止到2016年12月底，天津金融机构关于人民币贷款加权之后的平均利率水平为4.93%，较2015年下降了0.80个百分点。其中，2月的利率水平是最高的，而12月的利率水平是最低的（见表2）；处于执行下浮利率和基准利率的贷款所占的比重上升，而处于执行上浮利率的贷款所占的比重下降；贴现利率和转贴现利率将继续保持下降态势。人民币存款的加权平均利率水平比上年下降0.62个百分点。金融机构逐步完善利率定价机制，天津利率市场秩序平稳。

表2 2016年天津人民币贷款各利率浮动区间占比

单位：%

月份		1月	2月	3月	4月	5月	6月
合计		100.0	100.0	100.0	100.0	100.0	100.0
下浮		18.4	11.7	19.4	22.4	29.8	31.8
基准		23.1	27.5	31.6	27.2	23.1	28.4
上浮	小计	58.5	60.8	48.9	50.4	47.1	39.8
	(1.0-1.1]	27.7	23.7	24.2	22.9	20.5	18.8
	(1.1-1.3]	19.7	19.3	13.3	15.7	15.6	11.3
	(1.3-1.5]	7.1	10.0	7.2	7.6	6.8	5.9
	(1.5-2.0]	3.4	7.5	3.0	3.4	3.2	2.8
	2.0以上	0.5	0.4	1.1	0.8	1.1	1.0
合计		100.0	100.0	100.0	100.0	100.0	100.0
下浮		40.1	28.3	26.2	30.3	36.4	34.7
基准		17.0	25.0	30.7	34.2	21.6	33.3
下浮	小计	42.9	46.8	43.1	35.4	42.0	32.0
	(1.0-1.1]	18.5	18.6	19.4	14.0	16.2	13.7
	(1.1-1.3]	13.0	12.6	13.4	11.3	11.8	9.3
	(1.3-1.5]	7.9	8.2	5.7	6.4	7.6	4.5
	(1.5-2.0]	2.1	5.7	3.0	2.0	4.2	2.9
	2.0以上	1.3	1.6	1.5	1.7	2.2	1.6

资料来源：中国人民银行天津分行。

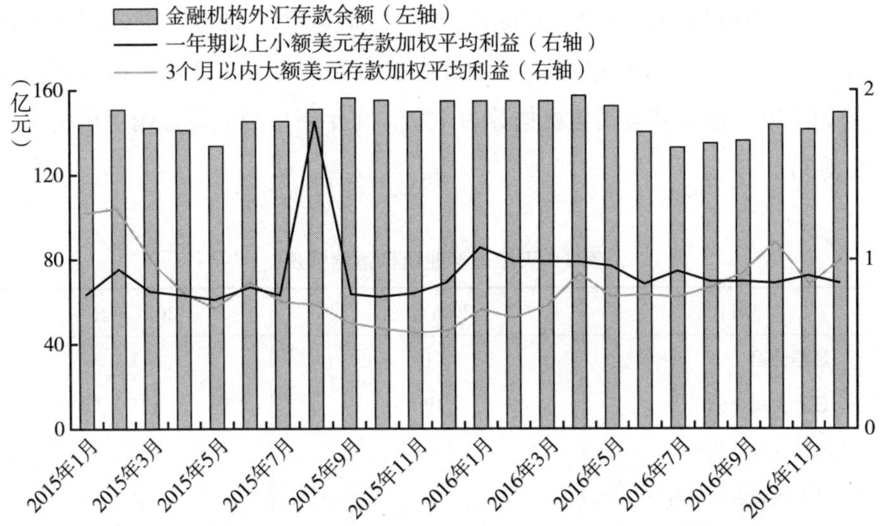

图 4　2015～2016 年天津金融机构外币存款余额及外币存款利率

资料来源：中国人民银行天津分行。

6. 跨境人民币业务增长态势良好

截止到 2016 年 12 月底，天津总共办理跨境人民币业务结算 3356.6 亿元，同比增长 7.9%。已与 137 个国家和地区发生跨境人民币结算业务往来。共有 5000 余家企业办理跨境人民币业务，同比增长 26.46%。

二　天津证券业机构发展

2016 年，天津证券期货市场发展势头良好，机构数量不断增加，营运能力不断增强。天津证监局秉承从严监管的理念，加大在现场核查、稽查执法等方面的检查力度，加大对投资者保护力度，更加有效地完善天津资本市场，从而实现天津资本市场的健康发展。

1. 2016年天津证券业运营状况

2016 年天津证券期货市场发展取得了新进展。截至 2016 年 12 月底，天津有 1 家证券公司、19 家证券公司分公司，当年新增证券公司分公司 4

家；辖区证券营业部 146 家，当年新增营业部 14 家；证券投资咨询分公司 3 家，证券投资咨询公司 1 家，新增证券投资咨询分公司 2 家；证券信用评级公司 1 家；独立基金销售机构数为 4 家，当年新增独立基金销售机构 1 家（见表 3）。

表 3　天津证券业机构运营情况

项目	2016 年底	2015 年底
证券公司	1	1
证券公司分公司	19	15
辖区证券营业部	146	132
证券投资咨询公司	1	1
证券投资咨询分公司	3	1
证券信用评级公司	1	1
独立基金销售机构	4	3

资料来源：天津证监局。

2016 年，天津证券业经营受当年股市影响出现一定程度的波动。截至 2016 年底，投资者证券账户 438.96 万户，当年新增 60.52 万户。客户交易结算资金余额 179.20 亿元，同比下降 38.21%。2016 年上半年，天津证券营业部总资产在小幅度范围内波动，在 2016 年第一季度末达到峰值，总金额 260.96 亿元，但比上年同期下降 40.7%，净资产 17.01 亿元，负债总额为 243.95 亿元，杠杆率为 15.34%，净利润为 7400 万元。到 2016 年底，随着股市出现小幅度波动，天津证券营业部总资产也小幅度缩水，12 月末下降到 215.04 亿元，相比年初下降了 16.7%，净资产降至 16.45 亿元，负债总额为 198.59 亿元，净亏损 1100 万元，杠杆率降至 113.07%。通过以上分析，可以看出 2016 年受股市波动影响，天津证券经营业绩有所下滑（见图 5）。

2. 基金管理公司经营业绩显著提升，基金规模不断扩大

天津基金管理公司规模不断扩大，管理的基金数量有所增长。2016 年

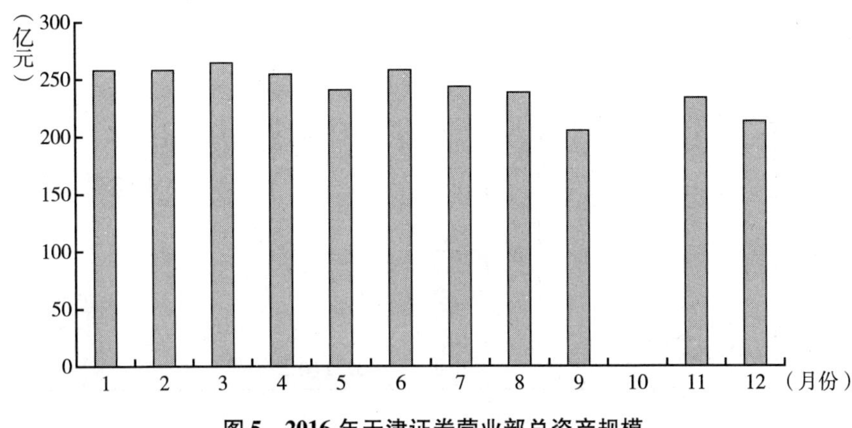

图5　2016年天津证券营业部总资产规模

注：2016年10月数据未披露。

资料来源：中国证监会数据库。

末，法人基金资产总额和净资产相比年初分别增长36.6%和22.1%。管理基金总数同比增加6只。开放式基金52只，比年初增加6只。开放式基金份额为8453.12亿份，比年初增加1721.12亿份。开放式基金资产净值为8449.67亿元，比年初增加1710.37亿元。

3. 期货公司资产规模稳增，盈利能力显著增强

截止到2016年末，天津共有6家法人期货公司，资产总额为67.2亿元，比年初增长了10.2%；净资产总额为21.4亿元，比2016年初增长了4.4%。全年代理交易量9079.7万手，同比增长27.0%；实现利润总额同比增长221.9%。全市期货营业部增加至30家，较上年同期增加1家（见图6）。

4. 上市公司数量有所增长，总市值下降幅度较高

截至2016年12月底，天津成功上市的公司已有45家，较2016年年初增加3家。上市公司的总股本为592.25亿股，而总市值减少到5285.14亿元，同比下降15.05%。天津银行在港交所成功上市，实现我国金融企业上市零的突破。

5. 新三板挂牌企业快速增长

截至2016年12月31日，新三板共有10163家挂牌公司，其中天津有

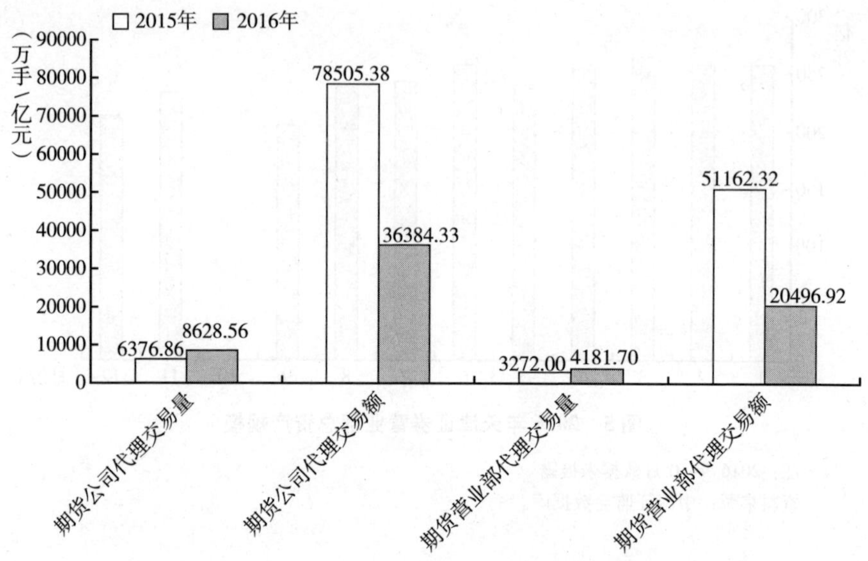

图6　2015～2016年天津期货机构交易情况

资料来源：天津证监局。

171家，占比1.7%，比上年增加79家。从天津新三板企业市值排名看，有3家企业市值突破了20亿元，另有22家企业市值未到达1亿元，而市值在1亿～3亿元的企业有11家、5亿～10亿元的企业有8家、10亿～20亿元的企业有5家。从行业分布来看，软件和信息技术服务业企业数量最多，有9家；其次是专用设备制造业，有8家；再次是商务服务业，有6家。总体来看，辖区内挂牌公司已经成为天津经济社会发展中最具潜力、最富活力、最有成长性的经济体，已成为增加就业的重要载体、财税收入的重要来源、创新驱动的强劲动力。

三　天津保险业机构发展

2016年，天津保险业积极履行行业责任，发展态势良好，体现在如下三个方面。一是帮助中国企业投身“一带一路”建设中。如出口信用保险公司主动承担中间人的作用，建立如企业、项目、渠道、银行等四个部分的信息库，帮助企业“走出去”。二是积极推动京津冀经济协同发展。各类保险公司致力于开展交通事故网上理赔，更有助于构建京津冀地区交通一体化。三是支持天津自贸区经济发展。如短期出口信用保险在服务天津贸易出口方面金额为123.67亿美元，占天津总数额的四分之一以上。

1.天津保险业发展势头良好

2016年，天津保险市场发展势头良好，保险业金融机构实现原保费收入529.49亿元，同比增长32.9%。其中，财产险保费收入为127.56亿元，比上年增长了6.1%；人身险总共获得401.93亿元的保费收入，比上年相比增长了44.6%。人身险保费收入中，人寿保险业务保费收入为349.56亿元，比上年增长了47.71%；健康险保费收入是44.70亿元，增长速度为31.70%；而人身意外伤害险保费收入为7.67亿元，增速为2.82%。2016年，天津保险业赔付支出总额为177.67亿元，增速为27.3%，增长率同比降低6.36个百分点。其中，财产险业务赔付支出为94.41亿元，比上年增长42.06%；人身保险业务赔付支出为83.27亿元，比上年增长13.96%（见表4、图7、图8）。

表4　2016年天津保费收入和赔付支出

单位：万元

原保险保费收入	5294869.34	赔付支出	1776732.24
财产险	1275594.45	财产险	944050.59
人身险	4019274.89	人身险	832681.65
寿险	3495614.24	寿险	664414.53
健康险	446959.32	健康险	146638.05
人身意外伤害险	76701.33	人身意外伤害险	21629.07

资料来源：天津保监局。

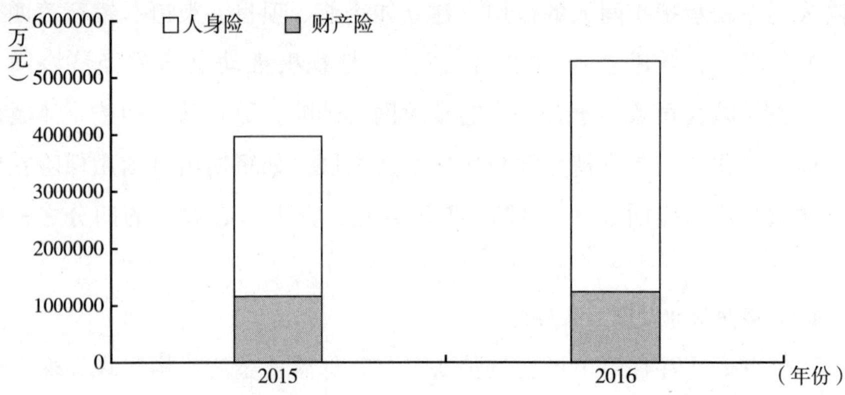

图7　2015～2016年天津原保险保费收入情况

资料来源：天津保监局。

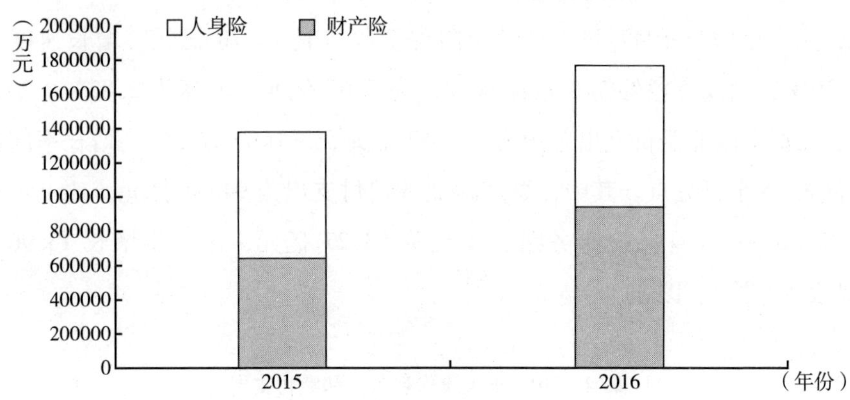

图8　2015年～2016年天津保险业赔付支出情况

资料来源：天津保监局。

2. 保险保障的范围进一步扩大，承担的责任持续加强

2016年，天津保险保障范围进一步扩大，寿险保险密度为2259.60元/人，寿险保险深度为1.95%，较上年提高0.52个百分点。全市财产保险密度为824.56元/人，较上年增加39.38元/人，财产保险深度为0.71%，较上年下降0.01个百分点。

天津保险业务覆盖更加全面，保险产品更加丰富。如2016年7月1日，中国城乡居民住宅地震巨灾保险产品正式上线，我国的巨灾保险制度由理论转化为实践迈出了重要的一步。出口信用保险积极支持天津外贸发展，着力加快发展出口卖方信贷保险和出口买方信贷保险等中长期出口信用保险，扩大短期出口信用保险规模等，出口信用保险成为支持天津外贸发展的重要力量。

3. 天津全民意外伤害保险运行五年成效显著

一是经济补偿功能充分发挥。自 2011 年项目启动至今，已累计赔付 27.41 万人次，累计赔付金额 13.16 亿元。二是积累了宝贵经验，探索了商业保险供给侧改革服务政府民生工程的途径，形成了政府主导、商业运作的管理模式和一个运营系统、一个服务中心、多级受理网点的经办体系。三是树立了行业形象。制度实施以来，全民意外保险服务中心累计收到各界群众、机构锦旗三十余面、感谢信百余封，保险行业的知名度、口碑得到有效提升，社会效应明显。

四　天津租赁业机构发展

2016 年，在经济发展新常态形势下，中国融资租赁业发展强劲。在一系列利好政策的推动下，2016 年天津租赁业继续保持快速发展，吸引了大量投资者，尤其是大批外资企业在天津设立。截至 2016 年 12 月底，已在天津设立总部的各种融资租赁公司（不包括单个项目的融资租赁公司、分公司和海外收购的公司）为 1185 家，比 2016 年初的 697 家增加了 488 家。在业务模式创新方面，天津一直走在全国的前列。天津东疆自贸区为中国目前最大的融资租赁聚集区，全国约 60% 的工程机械、70% 的船舶、80% 的大飞机、90% 的公务机、100% 的钻井平台的融资租赁业务，是在以东疆为主的天津滨海新区完成的。

2016 年，渤海金控海外兼并取得进展，海外收益超过总收益的 80%。在此背景下，天津渤海租赁年内完成两次增资，注册资金达到 218.7 亿元，成为中国注册资金首超 200 亿元的租赁企业。

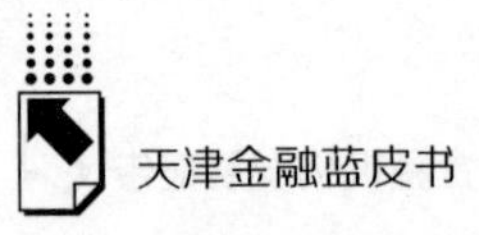

1. 天津已发展成为全国最大的融资租赁聚集区

据中国租赁联盟和天津滨海融资租赁研究院公布数据，2016 年全国融资租赁企业前十名中，天津共有三家，依次是天津渤海租赁、中金国际融资租赁（天津）和工银金融租赁。其中，天津渤海租赁有限公司以 221.01 亿元居首（见表 5）。

表 5　中国租赁十强企业排行榜（截至 2016 年 12 月 31 日）

单位：亿元

名次	企业名称	注册时间	注册地	注册资金
1	天津渤海租赁有限公司	2008 年	天津	221.01
2	中金国际融资租赁(天津)有限公司	2016 年	天津	147.62
3	国银金融租赁有限公司	1984 年	深圳	126.42
4	远东国际租赁有限公司	1991 年	上海	125.35
5	工银金融租赁有限公司	2007 年	天津	110.00
6	郎丰国际融资租赁(中国)有限公司	2016 年	珠海	103.50
7	平安国际融资租赁有限公司	2012 年	上海	93.00
8	建信金融租赁有限公司	2007 年	北京	80.00
9	山东晨鸣融资租赁有限公司	2014 年	济南	77.00
10	浦航租赁有限公司	2009 年	上海	76.60

注：外资租赁企业注册资金按 1∶6.9 的平均汇率折算为人民币。

资料来源：中国租赁联盟、天津滨海融资租赁研究院。

2. 天津融资租赁企业数量持续增长

据天津租赁协会和天津滨海融资租赁研究院统计，截至 2016 年底已在天津设立总部的各种融资租赁公司（不包括单个项目的融资租赁公司、分公司、和海外收购的公司）达到 1185 家，比年初的 697 家增加了 488 家。

金融租赁方面，中铁建金融租赁公司、天银金融租赁有限公司落户东疆，使天津金融租赁公司达到 9 家，较上年底增加 2 家。内资租赁方面，自从内资租赁企业从事融资租赁试点业务确认工作于 2016 年 4 月下放到自贸区后，天津商务委和市国税局抓紧工作，于 2016 年内在全国率先审批 12 家企业，使天津内资试点融资租赁企业达到 30 家，融资租赁企业数量超过北京，居全国首位。外资租赁方面，天津和广东、西安一样，没有停止对外资租赁企业的审批，从而吸引了大量投资者，外资租赁企业增长速度进一步加快。截至2016年底达到1146家，较上年底增加了474家（见表6）。

表6　2016年天津融资租赁企业概况

单位：家

分类	2016年底企业数	2015年底企业数	比上年增加
金融租赁	9	7	2
内资租赁	30	18	12
外资租赁	1146	672	474
总计	1185	697	488

资料来源：中国租赁联盟、天津滨海融资租赁研究院。

3. 天津融资租赁合同余额继续保持高速增长

据天津相关部门统计，截至2016年12月底，天津融资租赁合同余额共计1.91万亿元，比上年增加5000亿元，增长35.5%，约占全国融资租赁合同余额的三分之一。其中，金融租赁合同余额为7800亿元，比上年增加1950亿元，同比增长18.8%；内资租赁合同余额为5400亿元，比上年增加1500亿元，同比增长38.5%；外资租赁合同余额约合5900亿元人民币，比上年增加约1550亿元人民币，同比增长35.6%（见表7）。

表7　2016年天津融资租赁业务发展概况

单位：亿元，%

分类	2016年底业务总量	2015年底业务总量	比上年增加	比上年增长	业务占比
金融租赁	7800	5850	1950	18.8	40.8
内资租赁	5400	3900	1500	38.5	28.3
外资租赁	5900	4350	1550	35.6	30.9
总计	19100	14100	5000	35.5	100.0

资料来源：中国租赁联盟、天津滨海融资租赁研究院。

4. 聚集航运市场主体，积极发展新型航运金融业务

为了支持和优化航运服务业发展，天津应加快引进和建立一系列在航运领域有涉足的银行机构、保险机构、租赁机构或私募基金公司，加快引导和协助中国进出口银行在天津设立金融租赁公司；积极推进其他金融租赁公司在天津设立航运租赁专业子公司；积极推进天津内具有实力的金融机构，如渤海租赁公司、泰达控股公司等与国际知名金融机构建立合作伙伴关系，以此提升自身在航运金融领域内的竞争力；引导和鼓励国内的金融机构设立航运金融服务部门，以此更高效地为航运企业提供贷款、支付结算、发行债券、融资租赁等服务。除此之外，还应设立一系列经纪中介、法律事务所、会计事务所、公估公司、船舶检验等航运金融专业中介服务机构，推动中介服务机构、银行业金融机构和航运企业三者之间开展合作，更好地服务当地航运服务业。

为了积极推进航运融资租赁业务更好更快地发展，天津应该引导和推动符合条件的各类社会资本在本市内建立金融租赁公司，并且积极鼓励在天津已经成立的金融租赁公司开拓业务领域范围，建立专门为交通运输或者航运领域提供金融服务的专业子类公司。依托东疆保税港区，积极推动特殊目的公司单船相关融资业务，推动航运金融租赁业务更加专业化、国际化，把天津打造成为国际顶尖水平的全球飞机租赁中心和船舶、海洋工程结构物租赁基地。除此之外，天津应积极推动航运产业基金的建立，以此丰富航运企业融资渠道。

5. 借助“一带一路”，天津航空租赁业取得突出成就

在目前实施的“一带一路”倡议当中，飞机租赁业务作为“一带一路”沿线国家航空市场的重点开发对象，将引领我国航运、贸易、旅游、金融等领域的企业走出国门，向国际化迈进。据相关部门统计，截至2016年12月末，在天津东疆保税港区设立的融资租赁公司已超过650家（不含特殊目的公司），通过融资租赁方式操作落地的飞机数额已达800架，注册资本已达2000亿元人民币，租赁资产规模超过500亿美元，而天津融资租赁公司关于飞机融资租赁业务的规模约占全国的90%。

工银租赁支持和配合国家相关指示，以飞机租赁业务为重点发展方向，与“一带一路”沿线国家在多个项目中开展了密切合作。截至2016年底，工银租赁在沿线13个国家和地区，完成了72架飞机的融资租赁业务，融资租赁资产规模为330亿元人民币；天津渤海租赁企业的飞机租赁起步虽晚，但大步赶超，截至2016年底，天津渤海租赁公司积极拓展公司规模，已在我国境内的天津东疆、广州南沙、深圳前海和海南海口保税区共设立38家SPV公司，通过SPV方式完成了20架飞机操作落地。除此之外，渤海租赁公司还以渤海租赁本体为平台，将两架通航直升机通过租赁业务成功落地，总业务规模突破90亿元人民币。

天津将继续鼓励融资租赁公司开拓进取，提高在国内外市场的知名度，力争将自身打造成为全球知名的飞机融资租赁基地，引领中国航空租赁业务更好更快地发展。

6. 天津自贸试验区成为全国融资租赁政策实验基地

2016年，天津主动把握时机，开拓进取，积极响应国家先行先试的政策。为了使天津自贸试验区内的融资租赁业实现可持续发展，天津专门为区域内租赁业出台了一系列的利好政策，如净化行业环境、健全行业保障措施，逐步形成融资租赁行业群，这将对全国租赁业起到一定的模范作用。

天津人大常委会通过并实施了《中国（天津）自由贸易试验区条例》（以下简称《条例》）。《条例》指出，天津首先应该支持和引导自贸试验区内的租赁公司采用国家外汇储备开展大型机器设备方面的融资租赁业务，准许自由贸易试验区内符合标准的租赁企业收取以外币支付的租金。其次，天津应该支持和鼓励租赁公司利用自贸区交易平台优势，采用以人民币为计价的结算方式来完成跨境租赁交易。再次，天津应该支持和引导自贸区内符合条件的内租赁公司主动在国外开立人民币结算账户，从而有利于跨境人民币租赁业务的发展。在一定额度之内，准许租赁公司可以将同名账户的人民币资金自由划转。最后，天津将统一内资、外资融资租赁企业准入标准、审批过程和事中事后监管，从而推动自贸试验区内的内资融资租赁企业与已设立的内资融资租赁试点企业享有同等待遇。

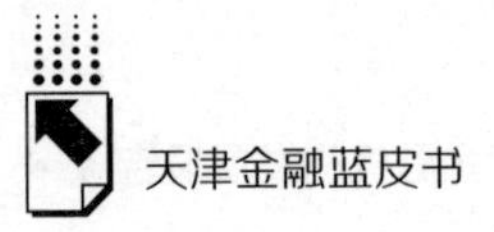

五　天津其他机构发展

1. 信托机构运行情况

2016 年，中国宏观经济发展缓中维稳，供给侧结构性改革不断深化，信托业在不断扩大信托资产规模的同时，发挥自身独特优势，不断深化信托业的供给侧结构性改革，成为服务实体经济的重要力量。坚决避免该行业发展“脱实向虚”，发挥好自身多层次、多领域、多渠道配置资源的优势，去通道、去链条、去杠杆为实体经济提供有针对性的服务。通过开展投贷联动、并购基金、债转股、资产证券化等业务，支持实体经济兼并重组去产能。

截至 2016 年底，全国有 68 家信托公司名下管理的信托资产数额已超过 20 万亿元，比上年同期增长 24.01%，比上月增长 11.29%。从经营收入角度来看，2016 年我国经济增长速度有所下滑，经济发展迈入新常态阶段，信托产品投资收益率增长速度下降幅度较大，在此背景下，信托公司想要通过灵活的制度安排来追求“短平快”短期套利模式已经不是长久之计。因此，信托业营业收入和信托项目年化综合实际收益率都出现下滑趋势。与此同时，信托公司开始加大对风险专项整治的力度，在合理范围内降低经营成本，以及以信托本源为总抓手，主营业务经营业绩凸显，信托业净利润也由此逐渐上升。

2016 年，京津冀协同发展战略和“一带一路”倡议的进一步加快推进，使得支持政策和重大项目不断增加，为天津信托业带来发展机遇。

2. 商业保理机构运行情况

2016 年商业保理行业发展环境总体有利、增长动力强劲。国家提出在适当扩大总需求的同时，更加注重推进供给侧结构性改革，着力振兴实体经济，大力发展应收账款融资，总体环境更加适宜商业保理行业的发展。

截至 2016 年底，全国已注册商业保理公司共计 5584 家，比上年同期增长 102%，是 2012 年数量的 61 倍。其中，2016 年当年新增注册商业保理企业共计 2817 家，较 2015 年同期增长了 92%。天津有 430 家，注册数量排名全国第三。

天津被称为全国商业保理之都，2004 年我国第一家商业保理企业就设在天津滨海新区。2012 年，我国商务部批准天津为商业保理试营试验区以来，天津商业保理业保持高速发展。

2016 年 4 月 22 日，由天津商业保理协会、东疆保税港区、天津东疆保税港区管理委员会联合主办的“2016 天津商业保理高峰论坛”在天津顺利举行。此次论坛的主题是“扬创新之帆助力供给侧改革”。天津商务委、自贸区东疆港区管委会、天津外管局滨海新区中心支局、中国服务贸易协会商业保理专委会的多名领导，南开大学的专家学者，保理行业知名企业代表以及北京宜信致诚信用管理有限公司代表受邀出席了本次峰会。会上，来自天津高等人民法院审判委员会及国内知名律所的代表，为与会的保理企业进行了最新保理法律法规的解读和保理业务法律风险管理的案例分析，从法律法规的维度指出了保理行业的风险点以及对风险的防范。

此次会议的召开为政府及企业搭建了一个交流互动的平台，也为天津保理行业的发展做出了有益的总结和指导。未来，保理行业将会与电子商务、互联网金融、供应链金融、资产证券化业务进行更深入的融合与创新，逐步成为贸易融资与风险管理领域不可或缺的重要产业。

3. 小额贷款公司运行情况

2016 年，天津小额贷款公司一共有 110 家，从事该行业的工作人员有 1445 人，实收资本为 130.7 亿元，小额贷款公司提供的贷款总额为 131.7 亿元。从全年来看，天津小额贷款公司财务状况良好，营运能力明显增强，在解决中小企业融资难问题和帮助农村经济快速发展等方面起到了很好的促进作用。除此之外，天津小额贷款公司应该加强与其他银行业金融机构之间的业务合作，如银行、保险、租赁、担保机构等，拓宽小额贷款公司再融资的渠道。

4. 互联网产业运行情况

近几年，互联网金融在我国发展迅速，它是在传统金融领域中发展出的一种新业态，对于提高资金使用效率、降低融资成本和提高金融服务水平发挥了积极的重要作用。互联网金融融资模式较新颖，其成本较低、无须抵押、更方便快捷等特点，吸引了很多融资客户。该模式使得金融市场层次和产品更加多样化，更有助于解决小微企业融资难问题，更有助于提高大众创业、万众创新的积极性。

《中国互联网络发展状况统计报告》（以下简称《统计报告》）显示，我国网民数量在 2016 年末已达到 7.31 亿人，互联网普及率已经上升到 53.2%，新增网民数量为 4299 万人，增长率为 6.2%。我国网民数量已经与欧洲总人口数相当，并且比全球平均水平高出 3.1%。而电脑的使用率呈现下降趋势，手机则不断侵占其他个人上网设备的使用。

线下经济与移动互联网之间的联系越来越密切。《统计报告》显示，2016 年我国手机支付用户数量为 4.69 亿，年增长率为 31.2%，网民通过手机支付的使用比例由 57.7% 提高到 67.5%。在线下支付领域中，手机支付作为一种方便快捷的方式，使用率极高，使用场景丰富，如大约有 50% 的网民表示，在线下实体店购物时，不用银行卡或现金支付，而倾向于采取手机支付的方式进行结算。

党中央和国务院非常注重互联网金融的发展。李克强总理在 2016 年的《政府工作报告》中，重点提到要“规范发展互联网金融”。2015 年 7 月，中国人民银行等十部委共同公布了《关于促进互联网金融健康发展的指导意见》。为保障互联网金融业健康有序发展，天津市委、市政府也做出相应部署。2015 年 11 月，天津市政府印发了《天津金融改革创新三年行动计划(2016—2018 年)》，2016 年又在全市范围内启动了互联网金融风险防范专项整治工作。天津互联网金融协会的成立，正是对党中央、国务院关于互联网金融政策精神的坚决贯彻，是对天津市委、市政府关于推进互联网金融健康发展决策部署的有效落实。

天津互联网金融协会的成立，必须努力执行党中央、国务院关于互联网健康发展的相关决策部署，在积极维护行业合法权益的同时，规范相关从业机构的市场行为，并致力于促进区域金融改革创新，引领互联网金融行业走向新的阶段。

B.3
2016年天津金融市场发展报告

王文刚　张慧省*

摘　要：　2016年，天津的经济发展稳字当头，产业升级，经济结构调整完善，金融作为其中的缩影体现出制度更加完善、体系不断优化、监管愈发全面的特点。在这一年的发展中，天津更加注重创新推动，无论是制度创新还是产品创新，都为原有的金融框架注入了新的血液。本报告通过对2016年天津各细分金融市场的数据归纳、表格整理以及绘图展示，完整地呈现天津金融市场在2016年提交了一份满意的答卷，向服务全方位、监管理性全面、交易模式多元化的理想型金融形态又迈出了坚实的一步。

关键词：　经济发展　金融市场　创新推动　制度完善

2016年作为我国发展的重大战略之年，对全面建成小康社会和实现"十三五"规划目标具有重要意义。天津认真贯彻中央部署，积极适应经济发展新常态，秉承创新、协调、绿色、开放、共享五大发展理念，工作坚持稳中求进，努力创建金融创新运营示范区，大力推动自贸试验区金融创新，着力推动人才引进工作，完善制度改革与产品创新，在继续落实京津冀协同发展的基础上大力推动国际化建设，不断提高金融业发展的效益与质量，彰显金融在天津经济发展中的核心作用。

凭借政策方针的推动指引，2016年天津在创新推动发展的基础上，金融领域取得了不俗的成绩。2016年天津金融领域增加值为1735.33亿元，同比

* 王文刚，银监会天津监管局副局长，高级经济师，研究方向为金融创新与金融监管；张慧省，天津财经大学硕士研究生，研究方向为货币金融。

增长有9.1%（见图1）。不过在社会融资方面却没有体现出增长的态势。2016年社会融资总额累计为3594.4亿元，相比上年同期减少879.4亿元。细分来看，有人民币贷款2821亿元，公司债券1297亿元。从融资结构来看，2016年银行业的表外业务数额有所减少，仅有1338亿元，相比上年同期下降了886亿元。总体来看各金融机构的信贷方面，本外币贷款为2759.4亿元，同比增加94.5亿元。人民币贷款、委托贷款和债券融资占主导地位。全年非金融企业债券融资工具发行金额为1125.9亿元，较上年减少14.8%（见图2）。

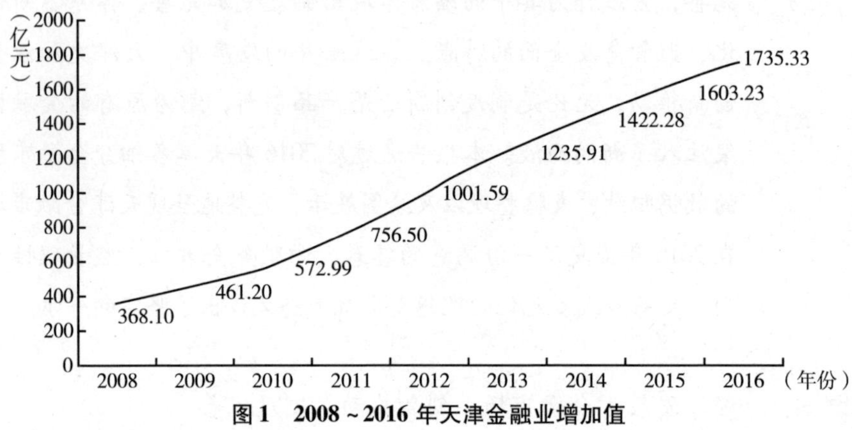

图1　2008～2016年天津金融业增加值

资料来源：历年天津统计年鉴。

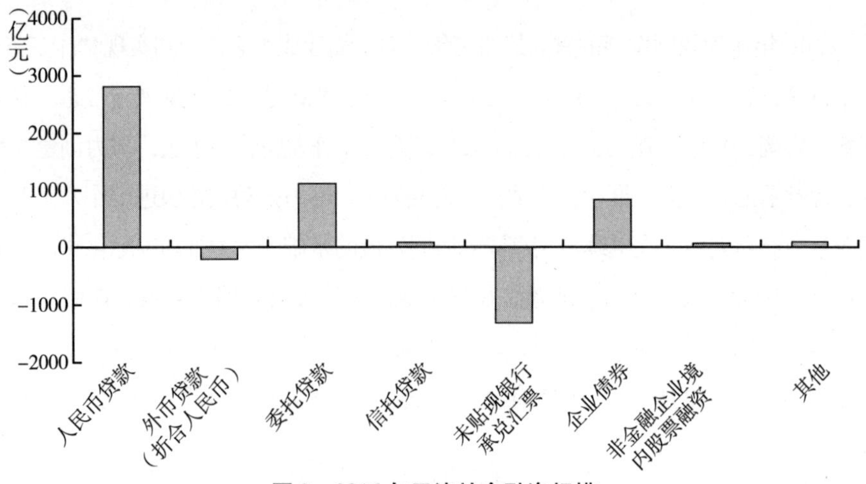

图2　2016年天津社会融资规模

资料来源：中国人民银行天津分行。

一　货币信贷市场发展

（一）信贷市场发展

2016 年天津信贷市场总体情况平稳，其中数额有明显增长的是中期贷款、长期贷款和票据融资等，而短期贷款总额则呈现下降趋势。本外币存款总额为 30067.03 亿元，较 2015 年提高了 6.81%；贷款余额为 28754.04 亿元，同比增长 10.62%。而各类存款全年增加 1917.66 亿元，同比少增 1051.47 亿元。其中，非金融业务的存款总额增加 604.66 亿元，同比少增 745.25 亿元；住户存款增加 464.63 亿元，同比多增 60.61 亿元；广义政府存款增加 666.83 亿元，同比多增 524.21 亿元；而非银行业金融机构存款总额增长 91.95 亿元，同比少增 966.82 亿元。同时，非金融企业及机关团体贷款增加 1184.07 亿元，同比少增 924.28 亿元，保持了良好的发展态势；住户贷款增加 982.30 亿元，同比少增 1494.48 亿元；非银行金融机构贷款减少 0.74 亿元，不过与上年同期相比还是止住了些许颓势，同比少减 12.91 亿元。其中，2016 年各月天津金融机构人民币贷款增长变化趋势见图 3。

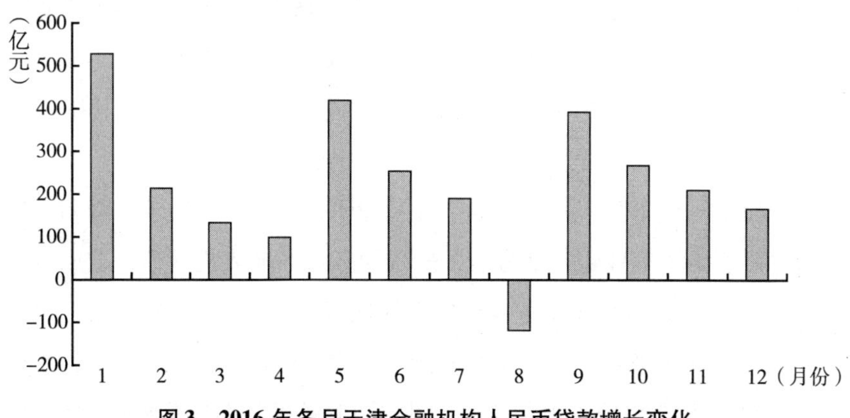

图 3　2016 年各月天津金融机构人民币贷款增长变化

资料来源：中国人民银行天津分行。

信贷服务对象方面重点突出。小微企业本外币贷款比年初增加 838.8 亿元，同比多增 120.6 亿元。租赁和商务服务业本外币贷款比年初增加 654 亿元，同比多增 200.9 亿元。制造业本外币贷款比年初增加 449 亿元，同比多增 435.6 亿元。其中，2016 年各月天津金融机构本外币存、贷款增速变化见图 4。

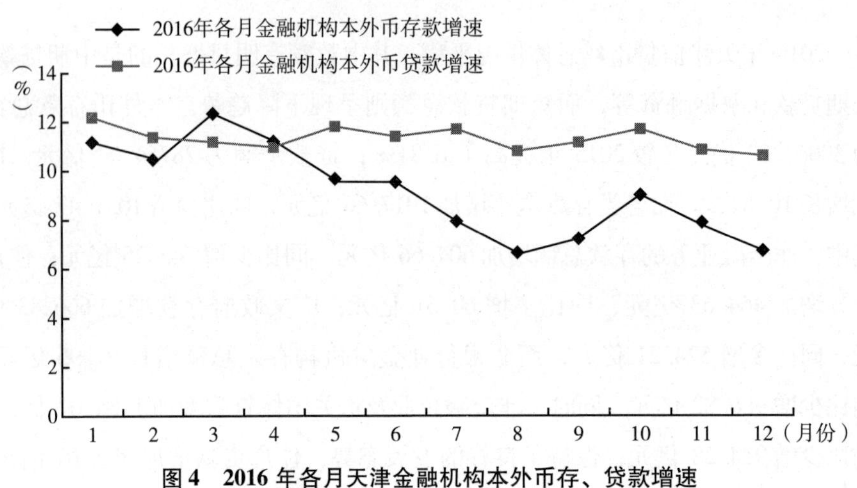

图 4　2016 年各月天津金融机构本外币存、贷款增速

资料来源：中国人民银行天津分行。

外币在信贷方面的表现不尽如人意，无论是存款还是贷款都有所减少。截至 2016 年底，外币存款总额 147.9 亿美元，增速为 -4.3%，比年初减少 6.7 亿美元。其中，住户存款同比多增，非金融企业存款下降。外币贷款余额 199.8 亿美元，增速为 -13.1%，比年初减少 30.2 亿美元。其中，短期贷款下降较多，中长期贷款有所下降，融资租赁增加。

表外融资规模下降，承兑汇票下降尤为明显。受融资需求下降和表外业务监管加强影响，商业银行部分表外融资业务逐渐向表内转移，造成表外的融资总数有所减少。2016 年，银行的表外项目数额下降了 78 亿元，同比少增 886 亿元。细化来看，委托贷款在比上年增幅提高 335 亿元，达到 1120 亿元；信托贷款则相较于上年增幅减少了 14 亿元，不过总数仍达到 99 亿元；银行承兑汇票之中还没有贴现的相比上年减幅有所提高，达到 1207 亿元，情况继续恶化，总额最终减少 1297 亿元。

存、贷款的利率数值依然低迷。从天津金融机构利率市场分析，人民币贷款的平均利率约为4.93%，较上年同期减少了0.8%。从过程来看，利率的数值在2月达到顶峰，在年底降到低谷；利率在贴现和转贴现方面的表现则持续低迷。另外，人民币存款的利率平均数额相较于上年减少了0.62%。金融机构逐步完善利率定价机制，天津利率市场运行平稳。

表1　2016年天津人民币贷款各利率浮动区间占比

单位：%

月份		1月	2月	3月	4月	5月	6月
合计		100.0	100.0	100.0	100.0	100.0	100.0
下浮		18.4	11.7	19.4	22.4	29.8	31.8
基准		23.1	27.5	31.6	27.2	23.1	28.4
上浮	小计	58.5	60.8	48.9	50.4	47.1	39.8
	(1.0-1.1]	27.7	23.7	24.2	22.9	20.5	18.8
	(1.1-1.3]	19.7	19.3	13.3	15.7	15.6	11.3
	(1.3-1.5]	7.1	10.0	7.2	7.6	6.8	5.9
	(1.5-2.0]	3.4	7.5	3.0	3.4	3.2	2.8
	2.0以上	0.5	0.4	1.1	0.8	1.1	1.0
月份		7月	8月	9月	10月	11月	12月
合计		100.0	100.0	100.0	100.0	100.0	100.0
下浮		40.1	28.3	26.2	30.3	36.4	34.7
基准		17.0	25.0	30.7	34.2	21.6	33.3
下浮	小计	42.9	46.8	43.1	35.4	42.0	32.0
	(1.0-1.1]	18.5	18.6	19.4	14.0	16.2	13.7
	(1.1-1.3]	13.0	12.6	13.4	11.3	11.8	9.3
	(1.3-1.5]	7.9	8.2	5.7	6.4	7.6	4.5
	(1.5-2.0]	2.1	5.7	3.0	2.0	4.2	2.9
	2.0以上	1.3	1.6	1.5	1.7	2.2	1.6

资料来源：中国人民银行天津分行。

（二）货币市场发展

货币市场发展态势良好，资金融通市场平稳运行。银行间同业拆借市场方面，2016年全年的信用拆借总额达到1914亿元，较上年同期下降了0.62%；资金总额是11058.6亿元，同比增长29.3%；净融入资金9365.1

亿元，同比增长30.0%。

在2016年的同业拆借市场上，天津无论是融入金额还是融出金额较往年都有较大提升。除个别月份，全年数值小幅波动，在12月达到全年峰值。2016年，天津同业拆借融入金额平均值为1209.8亿元，融出金额平均值为1345.35亿元（见表2）。

表2 2016年天津同业拆借情况

单位：亿元，%

月份	融入金额	市场占比	融出金额	市场占比
2016年1月	1037.73	1.1164	1238.01	1.3318
2016年2月	622.10	1.0293	799.90	1.3234
2016年3月	1337.46	1.1793	1490.66	1.3144
2016年4月	1037.72	1.0774	1131.35	1.1746
2016年5月	879.08	0.8845	989.13	0.9952
2016年6月	1015.56	0.9385	1228.34	1.1351
2016年7月	1201.90	1.0423	1327.74	1.1515
2016年8月	1357.72	0.9883	1594.77	1.1609
2016年9月	1271.99	1.1370	1414.50	1.2644
2016年10月	1067.10	1.0933	1182.50	1.2116
2016年11月	1806.44	1.4710	1821.57	1.4833
2016年12月	1882.88	1.6360	1925.73	1.6732

资料来源：中国外汇交易中心。

（三）票据市场发展

票据市场没有展现出良好的发展态势，其业务总量较上年有所减少。在已经过去的2016年中，票据贴现数额同比下降31.1%，银行承兑汇票承兑累计发生额较上年同期下降了37.5%（见表3）。2016年天津金融机构各季度票据贴现，转贴现利率见表4。

表3　2016年天津金融机构票据业务量统计

单位：亿元

季度	银行承兑汇票承兑		贴现			
			银行承兑汇票		商业承兑汇票	
	余额	累计发生额	余额	累计发生额	余额	累计发生额
一	5189.6	2137.0	1550.1	992.7	48.5	83.9
二	4459.9	3807.4	680.4	1602.2	36.8	148.5
三	4143.9	5445.5	670.0	2344.0	21.4	196.7
四	3143.0	6375.6	968.8	3494.9	18.7	68.2

资料来源：中国人民银行天津分行。

表4　2016年天津金融机构票据贴现、转贴现利率

单位：亿元

季度	贴现		转贴现	
	银行承兑汇票	商业承兑汇票	票据买断	票据回购
一	3.51	4.11	3.93	2.97
二	3.46	4.11	3.47	2.92
三	2.99	4.60	3.01	2.71
四	3.32	5.00	3.32	2.98

资料来源：中国人民银行天津分行。

二　证券期货市场发展

2016年，天津证券期货市场发展势头良好，机构数量规模不断扩大，营运能力不断增强。证券公司业务发展平稳，风险控制能力保持稳定。法人证券公司资产总额比年初增长14.0%，负债总额比年初增长3.3%，风险覆盖率338.8%，净稳定资金率203.7%。基金管理公司规模进一步扩大，管理的基金数量有所增加。法人基金资产总额和净资产比年初分别增长36.6%和22.1%，管理基金总数同比增加6只。2016年天津证券业基本情况见表5。

表 5　2016 年天津证券业基本情况

单位：家，亿元

项目	数量
总部设在辖内的证券公司	1
总部设在辖内的基金公司	1
总部设在辖内的期货公司	6
年末国内上市公司	45
当年国内股票(A 股)筹资	71.7
当年发行 H 股筹资	64.2
当年国内债券筹资	1826.1
其中:短期融资券筹资额	474.5
中期票据筹资额	651.4

资料来源：天津证监局、中国人民银行天津分行。

在已经过去的2016 年中，期货公司的总交易量增幅明显，资产总值稳中有升。数据统计到2016 年底，天津期货公司资产总额超过67.2 亿元，比上年增长了10.2%。净资产为21.4 亿元，较上年上涨4.4%。全年代理交易量9079.7 万手，同比增长27.0%，实现利润总额同比增长221.9%。

证券市场方面，2016 年上市公司规模与市值均有上升。截至2016 年底，天津上市公司累计45 家，上市公司总市值5285.14 亿元，同比下降15%；总股本592.25 亿股，相较于上年度同期增长8.7%。截至2016 年底，天津证券期货市场基本概况见表6。

表 6　截至 2016 年 12 月证券期货市场基本概况

类别	指标名称	单位	当期值	上年同期值
基本情况	证券公司	家	1	1
	证券公司分公司	家	19	15
	辖区证券营业部	家	146	132
	基金管理公司	家	1	1

续表

类别	指标名称	单位	当期值	上年同期值
基本情况	证券投资咨询公司	家	1	1
	证券投资咨询分工公司	家	3	1
	证券信用评级分公司	家	1	1
	独立基金销售机构	家	4	3
证券营业部	总资产	亿元	215.04	324.73
	净资产	亿元	16.45	24.45
	净利润	亿元	-0.11	0.47
	客户交易结算资金余额	亿元	179.20	290.02
	指定与托管市值	亿元	3820.38	3248.26
	投资者证券账户开户数	万户	438.96	378.44

资料来源：天津金融办。

（一）股票市场发展

天津证券行业不断做出结构调整，大力发展多层次资本市场，助力中国经济转型升级，投资需求进一步提升。2016 年天津上市公司的总市值总体走势平稳，年末达到峰值，相对而言稳中有升（见图 5）。

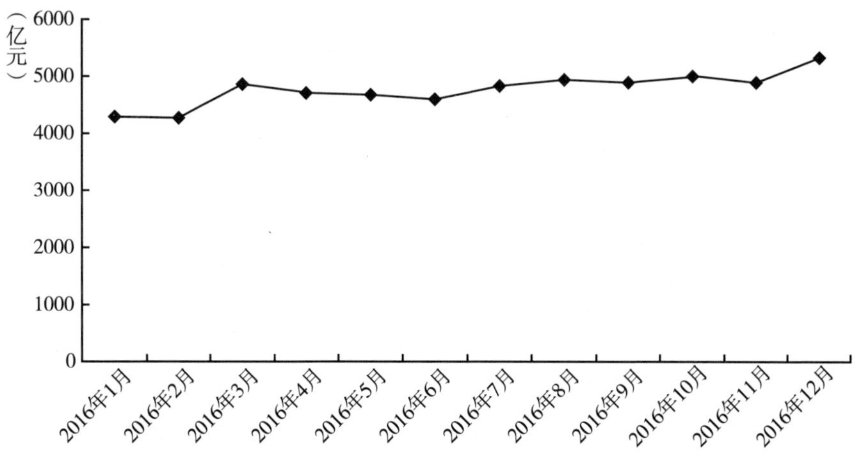

图 5　2016 年全年上市公司总市值变化趋势

资料来源：中国证监会。

2016 年天津股票市场运行平稳，总股本同比增长了 8.7%，不过总市值却下降了 15%。上市公司数量有所增加，这一变化来自 A 股公司数量的增加。除上交所公司与中小板公司与上年同期相比分别增加了 1 家和 2 家，其余多维持现状。值得一提的是，新三板挂牌公司相比 2015 年底的 92 家发展到 2016 年底的 171 家，增加了 79 家（见表 7）。

表 7　2016 年 12 月股票市场概况

指标名称	单位	当期值	上年同期值
上市公司	家	45	42
其中:A 股公司	家	40	37
AB 股公司	家	1	1
AH 股公司	家	3	3
AS 股公司	家	1	1
其中:上交所上市公司	家	23	22
深交所主板上市公司	家	7	7
中小板上市公司	家	8	6
创业板上司公司	家	7	7
新三板挂牌公司	家	171	92
上市公司总股本	亿股	592.25	544.8
上市公司总市值	亿元	5285.14	6221.4

资料来源：天津证监局。

（二）基金市场发展

2016 年，天津开放式基金份额与开放式基金资产净值均保持平稳增长状态（见图 6 和图 7）。相比 2015 年，这两项指标分别增长了 25.38% 和 25.57%。截至 2016 年底，开放式基金数量达到 52 只，相比上年的 47 只有所上升。

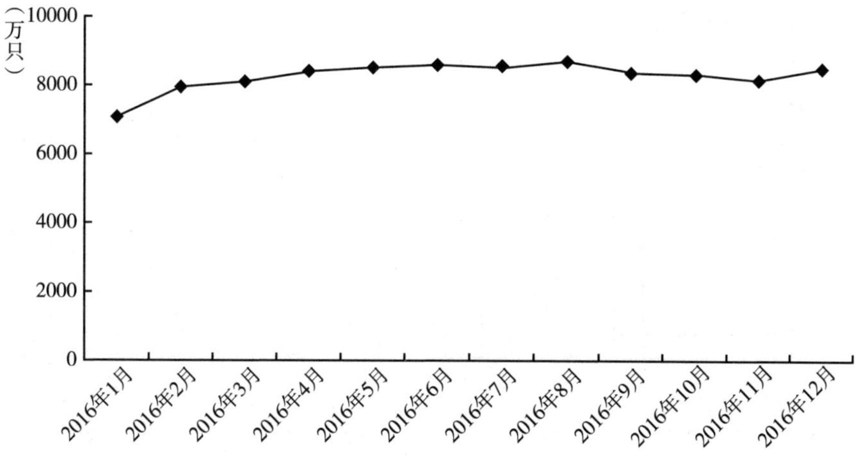

图 6　2016 年开放式基金份额走势

资料来源：天津证监局。

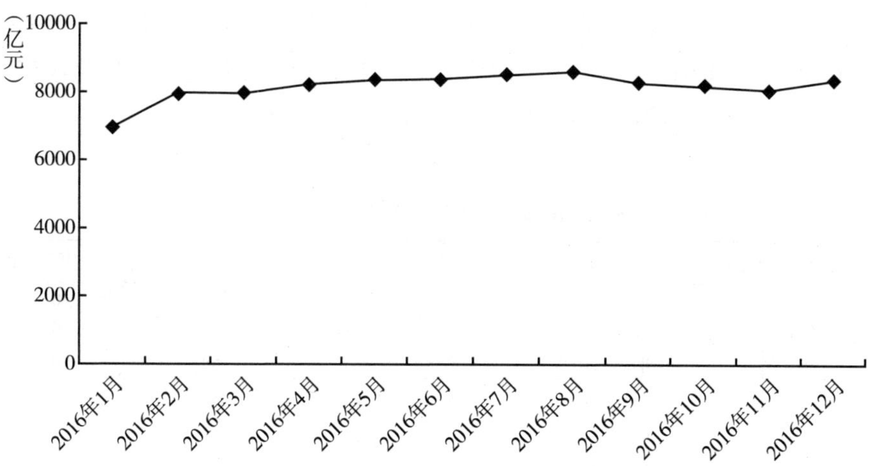

图 7　2016 年开放式基金资产净值走势

资料来源：天津证监局。

（三）期货市场发展

2016 年，天津期货公司代理交易额与营业部代理交易额均有波动。总体来看，期货市场总交易额在 3 月达到峰值，2 月最低（见图 8）。

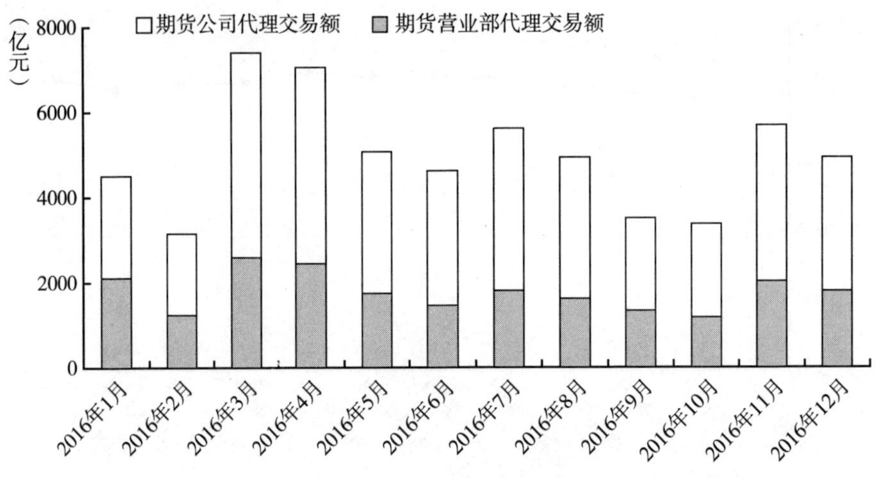

图 8　2016 年期货市场交易额

资料来源：天津证监局。

截至 2016 年底，天津辖区内期货营业部较上年底略有增加，代理交易额方面期货公司则体现出一定的增幅；而期货公司在交易量、期货营业部在交易额与交易量方面均有下降，个别下降较大（见表 8）。

表 8　2016 年 12 月天津证券期货市场概况

类别	指标名称	单位	当期值	上年同期值
基本情况	期货公司	家	6	6
	辖区期货营业部	家	30	29
	期货交割库	家	52	50
期货公司	代理交易额	亿元	3081.72	2815.64
	代理交易量	万手	539.64	687.90
期货营业部	代理交易额	亿元	1868.07	2647.96
	代理交易量	万手	302.15	683.15

资料来源：天津证监局。

三　天津保险市场发展

2016 年，保险行业发展稳中有进，经济补偿功能得到彰显。综观

2016 年，保费收入 529.49 亿元，同比增长 32.9%。细化来看，人身险收入为 401.93 亿元，同比增长 44.6%；财产险收入达到 127.56 亿元，增长了 6.1%。赔付支出 177.67 亿元，增长 27.3%。其中，人身险赔付支出 83.27 亿元，增长 14.0%；财产险赔付支出 94.41 亿元，增长 42.1%。

财产险公司业务险种发展平稳，企财险赔付显著提高。全年财产险公司共实现保费收入 127.6 亿元，同比增长 6.1%。受“7·21”暴雨、“8·12”事故等理赔服务的影响，全年赔款和给付支出 94.4 亿元，同比增长 42.1%，增速较上年上升 31.0 个百分点。其中，企财险赔款支出同比增长 329.4%，增速较上年上升 192.0 个百分点。

人身险公司产品结构调整效果显著，公司直销渠道保费收入增速明显提高。2016 年全年人身险公司共实现保费收入 401.9 亿元，同比增长 44.6%。从产品结构看，传统寿险业务继续有效发挥保险保障功效，普通寿险的保费总计 227.8 亿元，是人身险公司保费收入的 56.7%，同比上升了 0.8 个百分点；分红保险的保费总计 119.0 亿元，占比 29.6%，同比下降了 9.6 个百分点。从渠道结构视角来看，个人代理 162.1 亿元，同比增长 29.5%，增速较上年上升 10.7 个百分点；银邮代理的保费收入为 201.6 亿元，同比增长 65.1%，增速与上年基本持平；公司直销 28.9 亿元，同比增长 20.0%，增速较上年大幅上升 19.8 个百分点（见表 9）。

表 9　2016 年天津保险业基本情况

项目	单位	当期值
总部设在辖内的保险公司	家	6
财产险经营主体	家	2
人身险经营主体	家	4
保险公司分支机构	家	55
财产险公司分支机构	家	23
人身险公司分支机构	家	32
保费收入(中外资)	亿元	529.5
财产险保费收入(中外资)	亿元	127.6

续表

项目	单位	当期值
人身险保费收入(中外资)	亿元	401.9
各类赔款给付(中外资)	亿元	177.7
保险密度	元/人	3389.5
保险深度	%	3.0

资料来源：天津保监局、中国人民银行天津分行。

四　外汇市场发展

银行间外汇市场保持高速健康发展。2016年1～9月，银行间人民币外汇市场共实现成交额11.5万亿美元，较上年同期增长了23.2%。其中，衍生品市场成交7.5万亿美元，同比增长31%。此外，外币拆借业务发展迅速，日均成交量超过100亿美元。银行间外汇市场会员数量持续增加。截至2016年9月，人民币外汇市场会员580家，外币拆借会员386家，较上年底分别增长12%和35%。

近年来，我国不断坚持汇率与利率改革，推动人民币国际化，并且取得了不错的成绩，与此同时也面临现有交易机制和产品已不能完全满足投资者日趋多元和复杂的交易需求的困境。为此，中国外汇交易中心（以下简称交易中心）在2016年加快推动市场开放，拓展业务领域，加强产品创新，深度与广度双管齐下，推动外汇市场的发展。

（一）市场对外开放度日益提高

最近几年，人民币的国际影响力有了很大提高。尤其是人民币进入特别提款权（SDR）的货币篮子之后，境外投资者对人民币的投资需求有了很大的提升，进一步推动了人民币国际化。因此为适应日益旺盛的投资者需求，使交易更加便捷，2016年我国大力提高银行间外汇市场的对外开放程度，境外机构服务能力得到进一步加强。

1. 进一步引入境外机构入市

2016 年，银行间外汇市场继续对人民币清算行入市与境外央行类机构实行开放政策，让符合标准的境外行参与到人民币购售业务中来，包括期权、远期、即期、掉期等形式的交易，极大地加强了对境外交易主体开放的力度。截至 2016 年 9 月底，共有具备银行间外汇市场会员资格的境外主体 55 家，极大地丰富了境内银行间外汇市场交易主体类型。此外，2016 年 9 月，银行间外币拆借业务开始引入符合条件的境外机构。

2. 延长银行间市场外汇交易时间

为了使境外机构交易更加便捷，从 2016 年初开始，银行间市场的外汇交易截止时间变为北京时间 23∶30，从而使得欧洲的交易时间段被覆盖，而之前的做市商报价、夜盘交易时段、人民币的汇率中间价与浮动幅度等市场管理的政策制度仍将适用。从成效来看，交易时间延长后，市场的流动性总体趋于平稳，尤其在夜盘时段各类交易品种也都有成交。

3. 持续发展人民币外汇直接交易业务

人民币外汇直接交易业务的开展有助于促进我国与相关经济体双边贸易和投资，降低经济主体的汇兑成本，提高人民币在双边经贸结算中的地位。2016 年，人民币外汇直接交易业务继续平稳快速发展，该市场此前开展了人民币对南非兰特、韩元、沙特里亚尔和阿联酋迪拉姆四个货币对的直接交易业务。截至 2016 年 9 月，累计有 13 个直接交易货币对在银行间外汇市场上挂牌交易，币种基本上包括几大主要的国际货币，同时也有部分新兴经济体的货币。

（二）C-Forward 发展情况

C-Forward 即标准化人民币外汇远期交易，银行间外汇市场人民币远期会员均可参与，以双边授信为基础，报价自动匹配结合点击成交，由交易中心推出，大大提高了银行间外汇远期市场的成交效率。2016 年 5 月 3 日开市后，具有 C-Trade 前台权限的交易员用户可以对 C-Forward 产品进行报价和交易。在推出前，交易中心通过多项措施深入了解市场对该业务的需求，提早进行了市场推介，包括通过会员走访和座谈会深入调研市场需求、提供有针对性的业务培训，通过发布《银行间外汇市场标准化人民币外汇产品交易指引》和《外汇掉期评优补充规则》等规范该业务的交易秩序。这些都为该业务顺利推出并满足市场实际需求奠定了基础。

目前，C-Forward 提供的人民币对美元的远期交易品种共有两个，分别有固定期限和固定交割日两种。固定期限人民币外汇远期包括一天、一周和一个月共三个标准期限合约品种；固定交割日人民币外汇远期包括三个最近的连续日历月和随后三个最近的连续季度月共六个期限合约品种。现有人民币外汇远期会员无须另外申请，在完成授信、风控和清算等方面的准备工作后即可参与 C-Forward 交易。

C-Forward 交易能够在双边的授信限度范围内，采用时间优先和价格优先的双重原则完成订单的匹配，是一种全新的机制创新。首先，C-Forward 订单能够匹配成交的一大前提就是双边授信，事前的额度控制大大降低了有关参与者限额的管理压力，从而降低了操作风险。其次，其中的匿名报价机制不仅能够有效地对报价方交易信息进行保密，还能保证筛选出最优的市场价格，极大地提高了交易透明度和效率。最后，C-Forward 在交易确认、交易系统、收费和清算等方面都与之前的远期交易一致，参与者不需要做业务变更，从而达到节约交易成本的目的。

C-Forward 各固定期限品种和大部分固定交割日品种均有成交，其中一天、一周和一个月等短期限交易较为活跃。同时，随着市场流动性逐步增强，C-Forward 各期限品种的买卖报价点差也在逐步缩小，特别是一个月以下短期限品种的点差由上线初期的 30～70 个基点大幅收窄至 2～15 个基点，长期限品种的点差则稳定在 150 个基点左右。

（三）外汇期权市场创新情况

1. 推出期权组合交易

为了提高外汇期权市场的成交效率，2016 年 7 月 4 日，在前期推出的外汇期权产品基础上，银行间外汇市场又推出全新的期权组合交易。其主要包含六类产品组合：看跌期权价差组合、看涨期权价差组合、跨式期权组合、风险逆转期权组合、异价跨式期权组合以及蝶式期权组合。这一举动不仅有效地丰富了该市场上的交易品种，更有利于进行风险管理，提升了市场效率。

期权组合交易自上线到2016年9月底，共有33家会员银行参与交易，基本涵盖目前外汇期权交易活跃的会员。从交易量看，期权组合成交活跃，目前日均交易量超过25亿美元，在期权市场的份额保持在67%以上。从交易品种和期限看，参与者在组合品种上更偏好蝶式期权组合和异价跨式期权组合，在期限上则更倾向于一个月之内的短期限交易。

2. 上线期权定价模块

期权组合交易出现的同时，交易中心还和国际主流定价服务供应商Numerix完成合作，成功推出了期权定价模块。该项功能是向现有的期权交易系统嵌入定价模块，增强了期权交易的定价功能，有利于期权市场公允价值的形成。期权定价功能上线后，定价效率高，计算结果准确，得到会员机构广泛欢迎，对辅助期权交易发挥了积极的作用。

3. 进一步完善现有期权交易功能

隐含波动率曲面得到进一步完善。交易中心在原有25 Delta Put、ATM、25 Delta Call共三种波动率报价品种的基础上，新增了六种波动率报价品种：10 Delta Put、10 Delta Call、25 Delta Risk Reversal、10 Delta Risk Reversal、25 Delta Butterfly和10 Delta Butterfly。九种报价品种形成了与国际市场一致的波动率报价序列，以此形成的隐含波动率曲面可更好地为市场提供公允、统一的定价参数。同时，期权行权方面推出了批量行权功能，利用系统设置自动区分出价内和价外期权，并可采用批量行使的方式，提高了操作便利性和交易效率。

（四）外汇市场交易后业务发展情况

1. 交易确认规模稳中有升

2016年全年银行间外汇市场中的交易确认规模稳中有升，市场份额有所增加。以2016年前三季度为例，交易确认的业务处理总额为5.7万亿美元，比上年同期提高了46%；而市场份额为50%，比上年同期提高了8个百分点。2016年11月，外汇掉期交易的确认期限拓展到了"T+1"交易，从而市场份额也提高到约60%。与此同时，得益于银行间外汇市场的开放程度不断提升，交易确认主体也随之拓展到境外的央行类机构。

2. 交易确认接口服务水平得到提升

交易中心推出的ISO 20022（金融业通用报文方案）外汇交易后确认和交易获取报文于2016年2月正式发布，极大地弥补了外汇交易后相关业务的缺憾。外汇交易确认接口服务于2016年5月正式投入运营。现如今各接口使用机构的确认自动化程度都能高于90%，甚至有部分机构达到98%，成功实现了交易确认、交易执行以及资金支付的直通式处理，节省了大量时间与人力，降低了业务操作风险。

3. 开展交易冲销业务

2016年3月，交易中心经由国家外汇管理局批准成为开展银行间外汇掉期冲销业务的试点。2016年7月15日，交易中心顺利组织了第一轮外汇掉期冲销。截至9月底，银行间外汇市场交易中心共组织了三轮外汇掉期冲销，并提前终止了名义本金为46.4亿美元的外汇掉期交易，这有利于完善我国银行间市场交易后的基础设施建设，防范市场风险的同时提高了市场效率。

五　新型交易市场发展

（一）天津股权交易所

2016年，天津股权交易所（以下简称天交所）发展稳定，融资总额、挂牌企业数量等均有大幅度提升。截至2016年12月31日，该所累计挂牌企业达967家（见图9）。其中，A板挂牌企业697家，B板挂牌企业270家。挂牌企业覆盖31个省、自治区和直辖市，覆盖178个市，涉及18个行业71个子行业。

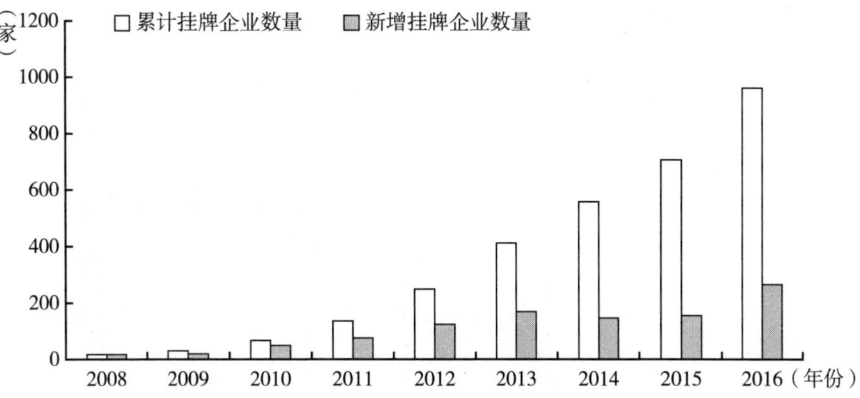

图 9　天交所挂牌企业数据统计

资料来源：天津股权交易所官方网站。

天交所累计实现各类融资总额合计 302.02 亿元。其中，直接融资 91.76 亿元（挂牌前私募 42.76 亿元，后续增发 49.00 亿元）；间接融资 210.26 亿元（股权质押融资 88.62 亿元，带动银行授信贷款 121.64 亿元）（见图 10）。另外，天交所 2010～2016 年各年度累计主要融资数据见图 11。

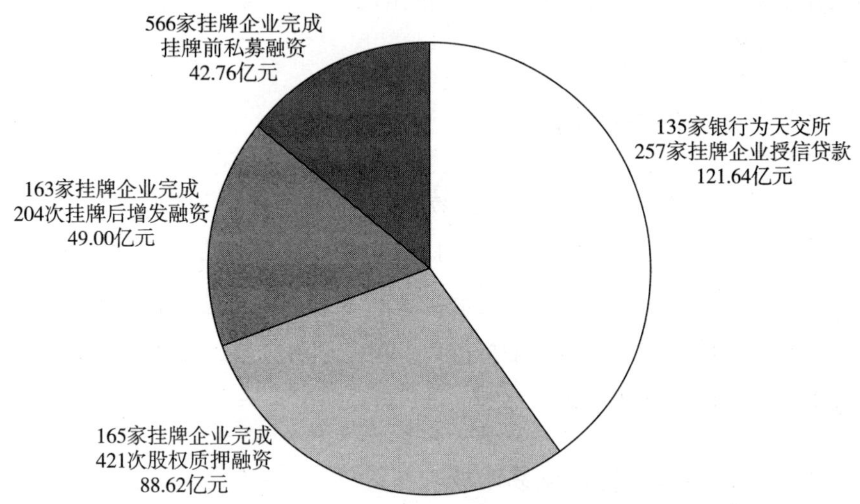

图 10　天交所累计实现各类融资情况

资料来源：天津股权交易所官方网站。

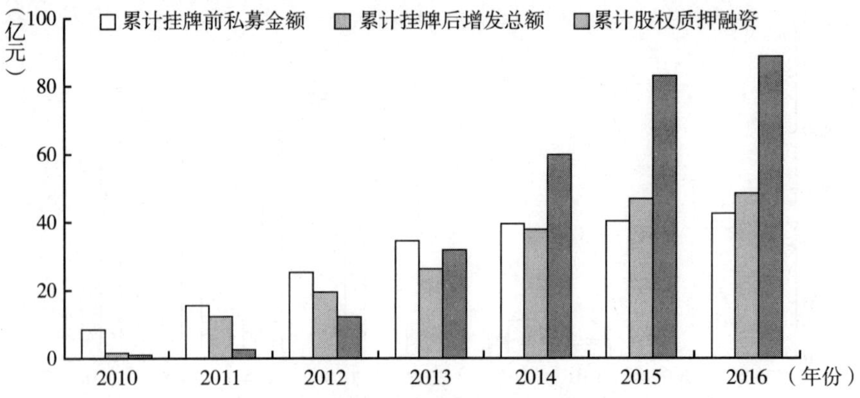

图 11　天交所各年度累计主要融资数据

资料来源：天津股权交易所官方网站。

（二）天津金融资产交易所

自 2016 年 7 月起，天津金融资产交易所通过腾讯理财通在线销售挂牌转让类“企业债”，并以“收益分享合约产品”命名。2016 年 7 月 28 日，由天津金融资产交易所和理财通共同推出的“支信通”开始向外界广泛出售。

（三）渤海商品交易所

2016 年 5 月 31 日，渤海商品交易所 P2C 战略布局“百城万店”“全球购”跨境商品交易展示中心落子津门。其运用顶层设计，借助专业的运营团队和电商技术平台，针对跨境电商平台制定了一系列包装规格标准、产品质量标准、仓储标准、物流运输标准以及配套服务标准，使将终端服务的优点能够在线下的实体店中得以体现。

（四）天津滨海柜台交易市场

2016 年天津滨海柜台交易市场发展状态良好，根据市场需求状况，共同开展股权和债权业务，在建设综合性柜台交易市场方面取得了较好业绩。

股权业务保持较快发展，在成长板和科技板之后，创新板和众创板也陆续开启，天津滨海柜台交易市场与政府和会员通力合作，建立营运中心。债权业务也积极开展业务，服从监管部门监管，在风险可控的前提下，为优秀企业提供高品质的融资产品，从而使得企业采用合理的融资工具融通资金。2016年天津柜台交易市场挂牌企业高达214家，企业数量在全国同类型交易市场中居首位。

（五）天津排放权交易所

2016年9月6日全国碳市场能力建设（天津）中心正式授牌，充分体现天津先期试点的经验优势，建设自身的同时积极发挥带动作用，扩大辐射范围，凭借建设服务方式与培训，帮助提高非试点地区企业的碳市场参与能力与低碳发展能力，致力于全国范围内的碳市场建设。

（六）天津贵金属交易所

天津贵金属交易所于2016年6月6日正式上线现货挂牌模式，这种模式是挂牌方听从交易所组织，借助交易所内现货交易交收系统，对外公布符合交易所相关要求的交收信息及产品交易信息，并由具有资格的摘牌方依据交易所规定选择自主交易交收。这一举动积极推动了现货的交易交收，与现货市场的供给侧改革前进趋势相吻合，能够有效地为实体经济服务。

六　天津金融市场展望

总体来说，2016年天津金融市场发展平稳，对实体经济也提供了有力的支持。此外，在改善市场结构、拓展市场规模、制度改革与金融创新等方面都取得了很好的成绩。未来，天津还要继续响应中央的号召，推动金融创新，优化发展环境，努力建成具备一定影响力的国际化金融市场体系。

2017年是实施“十三五”规划的重要一年，是供给侧结构性改革的深化之年，天津也遇到发展的历史性机遇，京津冀协同发展、自主创新示范区、自贸区等挑战与机遇并存，市场潜力不言而喻。

（一）京津冀三地保监局协同推进保险市场一体化建设

为了有效贯彻《中国保监会关于保险业服务京津冀协同发展的指导意见》，推进保险业更好地服务京津冀经济发展，京津冀三地保监局2017年4月共同公布了《关于保险公司和保险专业代理机构跨京津冀区域经营备案管理试点有关事项的通知》（以下简称为《通知》）。

《通知》对需要跨域区经营备案管理试点中涉及的七个方面提出了要求。如在经营管理方面，要在计划开展人身保险以及关系到公众切身利益的财产保险业务时，保险公司应该在备案地建立省级以下的分支营业部，要提供符合备案地监管要求的保险产品，而且分支机构主管负责人不可以跨区域兼任；在高管人员任职资格方面，采取京津冀三区域保险公司分支机构高级管理人员任职资格考试成绩互认制度。另外，《通知》还对跨区域经营保险机构的信息系统建设、举报投诉案件处理等方面提出了具体要求。为了监督《通知》的有效实施，京津冀三地保监局专门设立了监管联席会议制度、日常工作联系机制等，妥善解决发现的问题，督促各部门人员落实到位。

京津冀三地保险行业协会设立了京津冀区域车险反欺诈机制，在车险反欺诈工作方面实现合作管理，实现对车险存在的欺诈行为进行有效预防和打击，建立健全重大欺诈案情线索汇集和会商机制、重大欺诈案件预警机制和特大案件联合督办制度等，不断完善各种信息数据库。

（二）资本市场法治基础得到有效巩固

2016年两会期间，多层次资本市场稳步发展的观点得到越来越多的关注，许多专业人士都对资本市场的制度改革与顶层设计提出了建设性意见。在发展过程中市场监管更加严格、规范，相关法律法规持续推进，更好地完善证券登记、发行、交易、结算、退市等制度，优化发展环境，为多层次资本市场的发展打下良好基础。

（三）营造良好法制环境　做强融资租赁产业

1. 重构融资租赁交易规则

首先，要建立健全租赁物所有权公示机制。租赁物占有权和所有权的分离是融资租赁的一大特点，不过正是这一特性衍生了些许隐患。出租人凭借买卖合同取得了租赁标的的所有权，承租人则通过租赁合同获得了租赁标的的占有权。而对于善意第三方来说很容易将对标的占有的承租人误认为是标的物的所有人，进而产生“善意获取”。因此，除了以交付与占有公示动产物权之外，还应该采取等级机制来体现所有权，避免类似情况发生。再者，还需明确租赁物所有权的行使原则。当融资租赁发生后，《物权法》中所描述的所有权在此时已不再适用，有必要规定新的取回所有权的行使原则，完善权利的行使条件、限定条件、效力等。

2. 建立健全融资租赁税收政策

首先，要加强融资租赁税收政策的预见性。在制定税收政策时基本上没有对融资租赁做整体考虑，仅仅是当问题发生时将其作为弥补，进而进行修订，缺乏预见性。其次，提高融资租赁税收政策的法律层级。此前的相关法律文件大多停留在“批复”“通知”“复函”“补充通知”等形式，层级较低，有损税收政策的权威。最后，使融资租赁税收政策更加合理公正。现存的政策存在多处有待改进的地方，如营改增试点对融资租赁行业的消极影响并未完全消除，在租赁物加速折旧和投资税收抵免问题上均体现了先行政策的不完善之处。

3. 统一融资租赁行业监管

融资租赁市场可以说是一个统一体，向各类融资租赁从业者搭建了统一的竞争平台。然而与此不相对应的是，其监管没有实现统一化，这就造成了这些从业者之间人为的不统一、不平等，阻碍了我国融资租赁行业的发展。正因如此，需要对融资租赁实施统一监管，建立统一化的监管标准，设立官方权威的监管机构，推动融资租赁行业健康有序地发展。

（四）天津加速推进金融创新运营示范区建设

据天津金融局的发展规划，至2017年末，建成金融创新运营示范区初步架构；至2020年末，大致完成建设；至2030年末，主导金融开放创新，更好地服务区域经济，在全国范围内彰显更强大的作用和影响力。

想要成功设立金融创新运营示范区需要做出多项努力。顾名思义，首先就要深化创新推动发展的理念，强化创新意识，提高创新能力，使运营机制更加成熟、服务范围要更加广阔，还需兼备一定的辐射效应。此外，要发挥好模范带头作用，展现示范地位，大力推动制度创新、业务革新、产品创新等，始终不忘致力于服务实体经济。

一是在传统金融领域大胆革新。对于传统的金融机构要予以一定保留，并且进行优化，提高服务质量。有外资注入的金融机构需要增加，还要提高民营机构的数量，丰富其品种。在数量方面做足文章后，规模也要有所扩张。若想让天津发展为国际金融层面的中心城市，首先就要通过各种鼓励措施引进各金融机构的总部或重要组织部门来天津落户。其次，就应该使金融服务更加多元化，这同样需要创新来推动。再次，我们要意识到科技金融的发展已经是当前的热点话题，同样可用于区域金融建设。要鼓励科技金融的发展，要支持科技投融资平台在金融机构中建立，积极推动投贷保联动的试点顺利落成。最后，应该继续为机构注入新鲜血液，积极尝试对金融机构的资本运作和增资扩股。

二是着力构建一批适应新形势下新业态的新型一体化金融机构，能够满足客户融资租赁等多方面的需求。促进以东疆保税港为重点的金融创新示范区和国家租赁业创新示范区建设，努力推动租赁产业政策、税收环境、外汇管理和司法建设方面参考国际规章制度，在积极推动国外先进机器设备引进来的同时，帮助国内企业“走出去”，争取实现飞机、船舶等设备租赁保持全国领先水平。建立起一个完善的租赁资产登记流转平台，将各租赁企业和它们旗下子公司的资产公开透明的有序运作，为500多家租赁公司、承租方、融资方、第三方研究机构提供更优质的环境服务。加快推行一批保理试点，制定新的政策优惠，使商业保理企业走向市场。鼓励各国有银行和商业银行开展保理业务，应用先进的互联网技术，开展全方位、综合性的银行服务。建立全方位立体化的综合服务监管平台，对新兴的互联网金融企业予以资金上的帮助和政策上的支持。扩大现有登记平台的业务范围，构建一个大规模的全国性动产融资中心。

三是利用大数据和互联网技术规范要素资源市场，使金融要素市场更好地为金融市场服务。在股权交易市场上，积极开展业务学习等活动，努力寻求与上交所、深交所、新三板的合作机会，完善自身制度体制管理，与时俱进创新业务种类，充分发挥辐射效应。此外，还要采取相应措施尽力维护交易方的合法权利，可以效仿股权推出机制，让更多的基金投资者和企业投资者没有后顾之忧地加入股权交易市场。深化现货市场和期货市场的合作，让他们在市场中分别发挥自己的作用。着力整合提升大宗市场的交易能力，鼓励大宗商品市场与证券期货等机构的战略合作，在渤海交易所开展金融衍生工具交易的试点，推进交易中心积极健康、又好又快发展。乘着“京津冀一体化”的顺风车，加强天津各产权、资产交易所与北京河北的业务合作。

四是注重直接融资，融资的总体规模可以凭借发展多层次资本市场来实现。要积极促进创新型公司成功上市，上市之后资源储备的渠道需要进一步革新。要出台相应政策鼓励部分公司无论是在国内还是国外的资本市场都能够成功上市，小微企业也可以凭借股权市场等优质平台成功融资。大力推广诸如应收账款和信贷资产等形式的资产证券化服务，对于全新的投融资工具（如 PPP 模式）要大力鼓励。

五是为金融营造良好的发展环境。对已经建立起来的金融功能汇集区域的后续建设要足够重视，这些区域要在逐渐融合的过程中体现出合力，互相弥补，发挥各自特色，达到事半功倍的效果。在监管方面也要有足够的谨慎，要从区域的角度出发进行协调监管，适时、适当地使用监管手段，推动信息透明与公开披露，促进信息共享机制的建立，让信息的使用范围更加广泛，维护稳定、安全的金融发展环境。

B.4

2016年天津金融产品创新发展报告

李向前　舒　鑫*

摘　要： 金融产品创新作为对金融资源分配方式和交易载体的变化与革新，不仅满足了社会经济发展对金融资源的需要，又适应了投资者对投资风险管理的多样化。推动金融产品创新就要依照经济规律，抓住经济结构调整与转型升级过程中衍生的有效需求，使金融更加灵活、高效地服务实体经济。本报告介绍了2016年天津银行产品、证券产品、保险产品以及其他产品的发展状况。在适应经济新常态下，天津把促进京津冀协同发展、为实体经济提供金融支持当作目标，以自贸区为载体，依据统筹规划、先行先试、风险可控、有序推进的准则，大力推动金融产品创新，助力实体经济，实现天津金融业快速发展。

关键词： 金融产品　金融创新　银行　证券　保险

一　天津银行产品创新

（一）信贷市场产品创新

1. 天津滨海农商银行加强产品创新，助力“三农”经济发展

天津滨海农商银行创新“三农”产品，积极推广，建成特色产品。首

* 李向前，中国滨海金融协同创新中心副主任，教授，研究方向为货币政策、区域金融；舒鑫，天津财经大学硕士研究生，研究方向为货币金融。

先，为解决部分企业融资难的现状，推出“合意贷”。此外，该行还先后推出利民宝、大额存单、滨海汇赢等创新产品，极大地拓展了惠农金融产品的种类。其次，该行设立了“三农”金融服务委员会，以加大高层督导力度。董事长任主任委员，其他董事以及行长任委员，主要职责是制定“三农”金融服务发展的规划和战略部署。最后，建设整体的营销渠道，设立专属有特色的营销模式。该行积极与区县政府、商会和园区进行对接，进而实现了区域整体营销与行业系统营销。2016 年，该行与红桥区、滨海新区、静海区等政府机构、民间团体与行业协会等建立了友好合作关系，致力于对当地涉农中小企业提供金融支持。

2. 天津工商联与浙商银行天津分行共同打造支持中小企业发展金融平台

2017 年 4 月 13 日，天津工商业联合会与浙商银行股份有限公司天津分行签署战略合作协议，共同打造中小企业与金融机构沟通交流平台，支持中小企业发展。天津工商联长期与浙商银行天津分行进行合作，是深入探索和加强工商联为民营企业融资服务的重要举措；是充分发挥双方优势，共同破解民营企业融资难、贷款难的重要举措；也是不断创新服务模式，给企业送温暖、送服务、送希望、送机遇的重要举措。浙商银行目前在天津已设立包括滨海新区和天津自贸区两家二级分行在内的九家分支机构，自开业以来，始终关注中小微企业的发展，努力为其提供专业、高效、优质的金融服务。浙商银行天津分行将在未来三年，向市工商联推荐的民营企业提供不少于 100 亿元的融资支持，充分发挥“流动性服务”和资本市场业务两大特色，依托“互联网 +”和“池化”系列产品，通过服务模式创新，为天津民营实体企业降本增效，提供多层次、多领域的金融服务。

3. 工商银行天津分行推行“零碳”服务

工商银行天津分行在受理有关新申请办理信用卡的业务过程中，取消了纸质账单这一选项，让客户可以通过使用短信银行、手机银行、网上银行等渠道查询使用明细或者选用电子邮件核对账单。据初步统计，通过去纸化账单，平均每年能减少 40 万户纸质客户对账单，平均每月可节省 100 万张左右的纸张，此外还能每年节约 350 万元邮寄成本，可谓切实实现了“零碳”服务。

4. 建设银行天津分行“税务贷”渐成规模

2013 年底，建行天津分行自主研发了“工程贷”“税务贷”等新型产品。这是建行积极开发政府资源，凭借自身的数据掌握优势推出的金融产品创新。它凭借天津各区县政府推荐各自所辖范围内质量较高的中小企业，参考这些企业的包括实际纳税额在内的纳税记录，向其提供不高于 200 万元的纯信用、免担保贷款，在一定程度上解决了部分小微企业的融资难题，与政府政策导向相吻合。“税务贷”推出仅九个月，就为 93 户正常纳税的小企业发放贷款 1.49 亿元，受到纳税信用记录良好的小企业的普遍好评。目前已有 45 个扶持小微企业的“税务贷”平台建成。“税务贷”产品作为一种银行的产品创新，不仅丰富了银行产品种类，更加强了银行业与政府部门的合作，共同为服务实体经济，支持小微企业而努力。

5. 建行天津分行与天津物产集团携手推出“e 单通”网络信贷模式

传统银行贷款业务模式下，由于信息不对称，银行需要使用大量时间、人力进行审核，全部流程下来最快也要二十天左右，而且无法做到为异地企业提供融资服务。为破除瓶颈，建行天津分行与天津物产集团携手推出“e 单通”网络信贷模式：中小微企业登录“e 单通”平台提交申请材料，建行天津分行当即通过“天物大宗”平台提供的借款人历史交易数据，就能直观地看到借款人真实经营情况，并可实时远程监控抵押物市值及仓库状况，据此予以办理。而客户的合同签署、贷款支用、还款赎货等环节全流程在网上操作，且可随借随还，授信额度还可以循环使用，并能异地融资。建设银行网络融资服务系统、物产集团的物流信息系统、天物大宗网上交易平台三方的无缝对接，使贸易企业的融资难题得以迎刃而解，更让三方实现了共赢。

6. 天津银行荣获2016年“十佳金融产品创新奖”

2016 年 5 月 31 日，在《银行家》杂志与中央电视台、中国社会科学院金融研究所、中央财经大学共同举办的“2016 中国金融创新论坛暨中国金融创新奖”颁奖典礼中，天津银行“农乐贷”荣获“十佳金融产品创新奖”，成为天津唯一获奖的银行机构。

近年来，天津银行积极响应国家和地方支持“三农”发展的政策部署，强化金融创新，拓展服务手段，积极探索服务涉农经济发展的新路子。针对农村旅游度假经济快速发展的金融服务需求，量身打造专属产品——“农乐贷”，为“农家院”升级改造提供无抵押贷款，支持农村特色旅游项目发展。截至目前，天津银行已为特色旅游“农家院”累计提供信贷支持4000多万元。其中，蓟县下营镇郭家沟村年客流量增长了3万人次，已成为京津冀周边民众旅游休闲的首选地之一，农户经营收入大幅增长。

（二）理财产品发展创新

天津银行发行四档理财产品：汇富计划、聚富计划和创富计划、添富计划。汇富计划的产品主要投向期限在三个月之内的融出回购、国债、央行票据、政策性金融债、商业银行债、高信用等级企业债以及商业银行理财产品这些银行间各类投资项目。聚富计划产品的投资方向与汇富计划相同，不过期限是三至六个月。创富计划主要投向期限在六个月以上的投资工具，投资类别与上述两者大体相同。最后就是添富计划，它是用基础资产的收益作为保障，大胆进行产品创新，通过专业高效的投资管理策略以及合理的风险把控，为广大客户提供风险小、流动性好且收益率较高的人民币理财产品。

二　天津证券产品创新

1. 天弘基金推出“天弘信利债券型股票投资基金”

此产品作为一种债券类型的基金，其预期风险和收益都大于普通的货币市场基金，不过要小于股票型基金和混合型基金，是一种中低收益且风险相对较低的产品。在该种基金募集的过程中，只要是经由法律和相关规章规定批准可以买进基金的任何交易主体均可买入此产品。这一产品的募集总金额最低标准是人民币2亿元，底线份额是不低于2亿份。

2. 天津金城银行斩获2016年度企业资产证券化优秀产品奖

2016年8月，天津金城银行为原始权益人及资产服务机构的“金泰一期资产支持专项计划”资产支持证券成功发行，该资产支持证券为国内资本市场第一单民营银行资产证券化产品，受到资本市场合格投资者的普遍认可和广泛关注，优先级证券份额实现了超额募集。天津金城银行将继续坚持贯彻“资产驱动、交易型”银行的发展理念，为企业客户和投资者搭建起优质、高效的资产交易渠道和平台，一方面不断提升资产管理能力，做合格的资产服务机构，为投资者提供优质的资产证券化产品；另一方面继续立足京津冀，为区域企业客户提供全方位的金融服务。

三　天津保险产品创新

借助自贸区和京津冀协同发展战略，2015 年以来空港经济区各项经济指标取得了新突破，金融产业也获得了快速发展，形成了一定的聚集效果。经济区内共有 8 家正规金融机构落户，诸如融资租赁、小额贷款公司、商业保理、股权投资基金等类型的金融机构则达到 300 家以上。为了进一步发挥空港经济区的区位、产业、政策和配套优势，提升区域金融产业生态环境和知名度，推动形成具有区域特色的金融产业，空港经济区从 2016 年初开始打造保险产业园。

坐落于天津的空港保险产业园是我国第三个保险产业园，在自贸区内则是前无古人，其创新和示范意义重大。一是空港保险产业园不仅承担着聚集发展保险产业的任务，还承担借助保险推动科技产业优化、提升社会管理服务水平的使命。二是空港保险产业园在发展定位上，将着力服务于科技创新、企业“走出去”、京津冀一体化以及实体经济发展。三是在产业园管理上，将设立专门机构并组织专业队伍，负责园区建设运营，为入园企业落户经营提供全方位服务，同时推动搭建与保监部门及市政府相关部门的对接协同机制。

空港保险产业园自建成以来就积极推动各类金融产品的创新，助力经济社会全面、快速发展。作为具有示范意义的保险园区，努力尝试建立养老、科技、健康以及再保险等专业化、更贴合需求的保险公司。与此同时，建立健全保险、银行、政府三者之间的风险共担机制，服务中小微企业，助力实体经济；此外，该园区还鼓励保险机构和商业银行或非银行类机构展开业务合作，推动融合发展，甚至推动保险机构和社保、医疗等行业进行深度合作，谋求保险业与其他相关行业的共荣发展。

四　其他产品创新

1. 2016年天津应收账款融资服务平台，成交量增长两倍

中国人民银行建设运行的应收账款融资服务平台在天津取得新突破，2016年平台成交量增长两倍，天津50家企业与16家金融机构通过平台达成动产融资交易114笔，成交金额为273.18亿元，比2015年增长219.81%。

为解决中小微企业与资金提供方信息沟通成本高，发送质押、转让通知难，异地融资调查难等问题，中国人民银行征信中心建设了应收账款融资服务平台并在天津试点运行。该平台通过使用数字证书、电子签名、设定并公示回款账户，帮助金融机构防范信贷风险，有效拓宽了中小微企业融资渠道。

2. 天津融资租赁居全国优势地位，创新成果不断涌现

芯鑫融资租赁（天津）有限责任公司在东疆与江苏长电科技股份有限公司合作达成了第一笔无形资产的租赁业务，总资产为3.8亿元人民币，这对天津融资租赁行业的创新发展具有重大历史意义。它的创新之处主要体现这一业务中的标的物是由新型实用专利与江苏长电科技自主开发专利的组合，而且中国进出口银行天津分行在其中发挥了极大的作用，它利用其政策性银行的地位优势，对资产价值评估机制进行创新，使其以资产的实际应用为衡量指标，成功使授信审批和风险控制得以高效协作、同步并行，支持了这一项目的主要融资需求。这样一来不仅解决了金融支持缺失、无形资产融资困难等历史性难题，还有效地促进了一些科技创新型企业，尤其是具备大量商标权、专利权等各类无形资产的企业带动地区金融创新的发展。东疆国税局针对这一新型租赁物，勇于开拓思维、增强服务能力，钻研有关政策，从涉税政策方面给予政策支持，成为该项目成功落地的坚实后盾。这一成功案例为天津融资租赁创新示范区的无形资产租赁添上了浓墨重彩的一笔。

3. 天津推出九条措施，推动融资租赁创新发展

为推动天津融资租赁业创新发展，在2016年融资租赁业创新发展座谈会上，参会企业从业务实际出发，提出九条建议。一是争取税收突破。融资租赁发展关键在税收，希望出台支持租赁业发展的优惠税收政策。二是协调市场监管委，解决动产融资租赁标的物登记不明晰，造成标的物重复登记的问题。三是协调天津房地产管理局对售后回租不动产权属登记不明晰问题。四是尽快解决融资租赁行业属性不明确、税类归属不清问题，便于企业在纳税融资方面享受优惠政策。五是加快建立融资租赁资产交易平台，盘活大量融资租赁良性资产。六是建立融资租赁同业拆借市场。七是引导并培育租赁企业开拓国际化的融资渠道，积极协调有关部门对跨境租赁业务、外汇审批建立绿色通道，提高审批效率。八是明确通过融资租赁方式推动天津装备改造升级政策延续性，建议补贴政策向租赁公司倾斜。九是建议政府采购采取融资租赁模式。

上述九条建议是天津租赁行业协会在分析行业发展的总体情况，把天津与全国融资租赁的发展水平进行优势对比后提出的巩固天津融资租赁业发展优势的意见，全面推动了天津租赁业创新发展，为“十三五”期间融资租赁业更加健康发展奠定了良好基础。

五 金融产品创新展望

（一）天津金融创新和科技创业推进实验空间

1. 金融要素复合式创新空间

充分发挥天津金融局金融要素协调优势，通过线上、线下相结合的方式引入一批大型银行、证券、基金、租赁、保理、资管等各类投融资机构，会计师、律师事务所、顾问咨询等中介服务机构，天交所、柜台交易市场、金融资产等交易平台，深度对接相关融资需求，量身定制金融产品，提供较为完备的配套服务。组建金融服务创新专业团队，实现专家会诊、复方解题、资源整合、资本助推，形成满足融资需求的多个产品一并打包，组团决策、同进同出。充分发挥金融机构聚焦优势，打造形成金融机构间资金融通和权益转让机制，把“金融荟创新空间”打造成金融要素复合式创新孵化器。

2. 创新创业集群式助力空间

通过对接天津运营及在建的众创空间，动态采集众创项目，将有融资需求的创新创业项目归集到“金融荟创新空间”中，并实时开展对接与发布。聚集各类金融投资机构，针对众创项目融资需求，开展集群式的对接服务，协调多机构、多元素提供个性化的金融产品，满足项目发展需求，整体提升天津各区县及大专院校众创空间的孵化和培育能力，持续推动众创空间在科技企业、专利技术等方面的成果转化进程。

3. 融资需求拓扑式采集空间

充分利用天津科委科技研发扶持等优势，动态采集科技型企业、小巨人、高新技术企业的融资需求；利用天津金融局金融创新等优势，动态采集拟上市企业、上市公司后备资源库企业的融资需求；利用天津国资委深化国有企业“四个一批”改革的战略机遇，动态采集国有企业注销、出让、混改、上市相关的融资信息；利用天津市财政局和市发改委推动 PPP 项目的工作安排，动态采集各层财政入库的 PPP 项目融资需求；利用融洽会的区域合作机制，动态采集其他省市的相关融资信息；利用专业机构、协会的市场影响按照市场化原则，动态采集相关融资信息。由“金融荟创新空间”负责将上述融资需求信息梳理转化为可评估、可对接的融资产品，提供给金融机构或金融机构联动体，有针对性地开展融资方案设计并联动解决融资需求。

4. 信息数据汇集式共享空间

建立信用信息采集、查询和使用空间。充分利用中国人民银行征信中心的信用信息查询终端查询企业和个人银行信用信息。利用各部门政务信息，查询企业和个人纳税、教育、工商、执法等奖惩信息。引入专业征信机构按照市场化原则采集企业信息，结合人行和政务信息依法出具企业征信报告供相关方使用，最终建成融资需求产品化、金融产品规范化、信用信息标准化的信息共享空间。同时，“金融荟创新空间”将打造为天津金融局相关政策

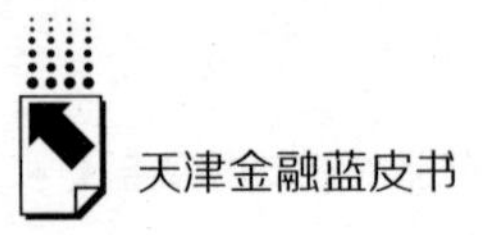

发布、数据解读以及融洽会对外情况、信息发布的固定场所。

5. 金融政策箱体式研究空间

金融政策对实体经济的敏感性、传导性强，金融政策要求适时、稳健、连续。“金融荟创新空间”力图打造一个金融政策箱体式研究空间，让已发布的如小微企业贷款风险补偿机制等金融政策或研究拟出台的新政策，在一个狭小但金融机构和业务门类齐全的空间里研究试行，既可以有效观测政策影响，又可以充分评估政策效果，使箱体式空间为金融改革创新试验制造配套政策提供足够的实践样本。

6. 金融监管封闭式探索空间

在当下开放型的经济背景下，金融监管制度的制定应具有一定的前瞻性，要适应金融业未来的发展和变化趋势。如何破解金融创新与金融监管隔岸相望的现实窘境，拟通过与相关行业协会沟通，将目前在新金融业态中运行发展规范的企业或机构（如互联网金融企业等）引入“金融荟创新空间”，同时会同金融监管部门，对引入企业或机构的经营活动进行全方位的检测、分析，为建立金融监管风险预警系统、加强金融体系安全性监测、探索实施地方金融监管体制，提供安全有效的封闭式探索空间。

（二）天津金融发展创新思路

积极贯彻国家重大发展战略，落实中央及天津市委、市政府的决策部署，秉承五大发展理念，坚持四项原则，推动金融创新和制度改革，营造良好的发展环境，聚焦小微企业，服务实体经济，促进天津经济高效、健康、平稳发展和京津冀地区协同发展是天津一直以来的发展思路。在主动适应经济新常态下，大力发展自贸区和金融创新运营示范区是当前的主体任务。要积极贯彻创新推动发展的思维理念，除了继续推进普惠金融、政策性金融、开发性金融与商业性金融的发展，还应在不忽略传统金融的基础上着力鼓励创新型金融的发展，这是推动地区经济发展的一大动力。对传统金融的革新的同时继续规范要素市场，服务实体经济。

1. 结合改革创新积极促进自贸区发展建设

要使跨境的投融资交易更加便利化，可以通过多种方式，譬如通过开设银行清算户头或是外币户头等渠道来达成目标。按照目前的发展态势，预计到2018年底，横跨国内与国外的人民币清算总额将会冲破1.7万亿元大关，大大提高金融国际化水准。

（1）拓展人民币交易的渠道

提倡自贸区里面的公司与机构都能够从海外借入人民币，令其在境外发行的人民币债券以及募集资金能够调回到自贸区中使用。为了有利于人民币国际化，让人民币债券在自贸区内部的公司的海外分支中得以发行，筹集的金额无论是在国内还是在国外都能够使用，完全依靠差异化的个体需求。

（2）推动外汇管理制度的改革创新

可以让能够供交易主体兑换的资本项目积极获得尝试与探索，这样一来对各资本项目能够允许兑换的程度具有重大意义。无论是面对国内公司还是国外公司都能采取一致不变的外债方针，牢牢把握管理领域的宏观审慎标准，使外债资金能够按照其自身的意愿办理结汇。此外，还要循序渐进地提高自贸区内部的企业向国外借提中长期贷款以备商用的特定限额。

（3）便捷跨境投资

鼓励自贸区内的投资者对境内外的期货证券产品进行双向投资，逐步放宽外汇管制。全力促进合格的境内个人投资者进行境外投资的试点建设，支持外资证券投资或创业创新基金等项目。提倡自贸区内部的证券期货公司推动国际化进程，积极开展各类跨国服务。挖掘仓单质押融资功能，与此同时通过自贸区这个能够联系世界的平台让更多的国外交易主体也能够满足投资某些交易工具的需求。

（4）完善自贸区的监管体系

自贸区的正常运转需要具备完善的内部监管机制以对该区的交易进行妥善的监督管理。功能监管是值得一试的全新监管模式。排除事前烦琐的、没有必要的准入事项以及审核批准程序，全面增强事件的解析水准与解决能力。监管部门可以在按照规章条文规定的条件下，适当地去除烦琐的审批过程，放松准入门槛，对高级管理人员资质以及区内金融业务准入采用备案制。

2. 巩固融资租赁优势地位

天津的融资租赁行业实力在全国范围内是有目共睹的，数量庞大，创新涌现不断，在国内始终保持领先地位。巩固这一优势地位对天津的金融行业来说意义重大，最重要的还是需要将创新摆在首位。要建立健全有关政策制度与监管体系，创新业务模式，加大力度建成服务功能完备、政策制度健全、租赁机构集聚的国家租赁创新示范区。希冀至 2018 年底，天津的租赁资产能有机会突破 1 万亿元。再将这一伟大蓝图拆分开来，相关公司的租赁资产要努力突破 3000 亿元大关，而金融租赁公司的租赁资产则要努力达到 7000 亿元以上。

（1）持续发展租赁行业

积极设立关于融资租赁的两个基金品种，主要包括股权投资以及产业基金。持续发展融资租赁也就是要保证天津在全国范围内的领先地位。这就需要租赁行业的机构总部能够在规模上有所扩张，服务质量也有所提高。而且此前一直保有的对租赁企业的收税方针要继续健全并沿用。通过政策指导与方针指引，引领天津各租赁企业把握发展机会，充分利用政策优势，努力推动创新发展，机构间展开和谐的沟通与协作，让融资方式有更多的选择。

（2）把握互联网金融的发展契机

要从政策上予以指引，给有发展潜力与价值的互联网公司提供肥沃的生长土壤和良好的成长环境，支持鼓励在互联网的平台上展开信贷和支付交易业务并大力推广。除了互联网公司本身，也要提倡传统机构合理利用网络平台和技术开展产品创新以适应新需求，促进产业转型升级。保险方面也可努力尝试与网络进行一定程度的融合。与此同时监管也要跟上，对互联网金融进行规范，尽可能降低风险。此外，外力同样需要内力与之结合，要建立自律性组织，比如互联网协会。

（3）健康培育商业保理

在政策上要努力创新，尤其是在财税以及外汇调控等宏观方面，同时要对商业保理的路径施行开发和拓展。提倡中征应收账款融资等渠道为商业保理公司有效利用，加大应收账款项目的流转量，开发抵押融资与质押融资。本土的商保协会需要和世界保理组织积极进行沟通，对好的经验要主动借鉴，加强人才队伍建设，为天津商业保理提供良好的发展土壤。

3. 发展几大类新兴金融

围绕天津的几个重点规划项目，在创新型制造行业、现代化农业、航运外贸等方面都有着长远的战略计划，由此衍生出农村金融、航运金融等金融形势，体现出金融领域的新活力。加大力度支持创新创业、经济结构调整和产业转型升级，借此契机完善现有的金融体系，使之运转更加有效率、安全，能够满足日益扩张的金融需求。

（1）政策性金融

政策方针的直接引导作用对市场的发展方向有着重要影响。在继续创新推动这一基本理念的基础上，要用政策来引领资金更多地流向国家的重点规划项目与行业，惠农政策的颁布与实施就是一个很好的例子，农商行通过其引导加强了与涉农中小企业的信贷往来，促进城乡一体化发展和农村经济的良好运转。再如，为了鼓励出口，让进出口银行向出口方提供出口信贷，这些都很好地诠释了政策性金融的主要地位。

（2）科技金融

科技金融是近两年该领域较为火热的焦点。科技金融的技术性较强，如果能有效地利用起来，将会对区域发展有非常大的益处。要积极开发科技金融，挖掘其服务职能，让金融业务更加多样化，金融体系更加体现层次性。支持并提倡各类金融机构能够加强彼此之间的沟通与交流，发现合作机会，实现共赢。对于科技创新型中小企业要给予一定程度的政策倾斜，方便其获得融资。同时也要做好监管工作，严密把控风险。

（3）航运金融

还是要有效地引导广大闲置资金流向港口、机场的基建，同时金融机构要创新金融服务方式，与航运有机结合，探索航运方面抵押融资、出口买方信贷等方面的产品创新。以融资需求为导向，合理利用航运产业投资基金和

飞机租赁基金。提倡在自贸区内开展优质的离岸业务。此外，保险公司也可多开发航运方面的保险产品，形成产品多元化格局。

（4）普惠金融

普惠金融就是利用一定的政策倾斜来引导社会闲散资金流向小微企业，为其提供金融服务。让金融机构放宽对发展前景好、有暂时资金困难的小微企业的贷款标准，担保体系也需要更加完整、优化，必要时可由政府部门出面，保证融资担保的有效性。支持小额贷款公司、贷款公司和村镇银行的发展，鼓励商业银行在农村和社区积极设立网点。

（5）绿色金融

天津的绿色金融在全国范围内发展得比较早，绿色信贷占比较大，在国内处于领先地位。而且天津本身就是国家绿色金融战略部署的一大试点，要引导金融机构积极探索创新型绿色金融产品，改进服务模式，大力推动利用国开行贷款实施国家储备林基地建设试点的工作进程。

B.5
2016年天津金融人才发展报告

王学龙　倪　鑫*

摘　要：　天津建设金融创新运营示范区是京津冀协同发展的重要组成部分。创新所需要的因素一是人才，二是丰富的知识与新型的理念。通过研究不同金融政策，思考所需要的金融人才规模，丰富良好的金融人才培养环境，提出有针对性的建议，深入开展对优秀金融人才队伍建设的思考与活动，调整不同层次金融人员的规模和结构，合理地利用资源，最终使人才的能力更加完全地被挖掘和发现。

关键词：　金融人才　人才规模　创新示范区

作为建设金融中心的基础，足量的金融人才是不可或缺的，其中重要的方面就是金融中心的综合吸引力能够充分体现。2016 年既是“十三五”规划的开局之年，也是充分利用国家战略来加快建设金融发展的关键一年。

为实现“十三五”规划发展目标，天津在 2016 年全面贯彻并且落实党在十八届五中全会所体现的精神，认真学习并且贯彻落实习近平总书记在讲话中所做出的重要指示，根据天津金融特色进行全方位的部署。严格按照天津市委十届八次全会和中央经济工作会议所提到的具体工作，进一步明确适应经济发展的新常态，进而坚定稳中求进的步伐，宣导创新、绿色、开放、

* 王学龙，天津财经大学金融系主任，教授，研究方向为国际结算、金融教育；倪鑫，天津财经大学硕士研究生，研究方向为国际金融。

协调、共享的发展理念。具体的行动主线是建设金融创新运营示范区，载体为自贸试验区，以健康、全面的持续发展为既定目标，并将立足服务实体经济落到实处，进一步保障人才队伍建设，从而加强党的建设。通过不断深化金融改革，对金融业的形态、服务模式加以创新，努力打出规划先行、金融保障和促进人才吸纳与培养的“组合拳”，不断提高金融业的发展速度及水平，更加充分地体现金融业在天津经济社会发展中的核心作用。

一 天津金融人才基本概况

经济社会能够充分发展的首要资源就是人才的数量和质量。由于经济全球化和世界多极化的深入发展，日新月异这个词也体现在了科技的进步与创新上面，如今金融实力的核心支撑就是人才，因此加快金融人才发展成为天津一大机遇和战略发展方向。

为使金融业更好地服务实体经济、促进京津冀协同发展，政府出台了《天津金融改革创新三年行动计划（2016—2018 年）》，该计划对金融改革创新进行了统筹规划，提出让自贸试验区先行先试，有序推进金融制度、产品、模式创新，聚集金融资源，预期在 2018 年初步建成一个金融机构人才聚集、金融产品种类丰富、金融市场规范完善、金融监管服务完备到位的金融创新运营示范区。该计划提出尽快拟定天津人才引进培养计划及相应的激励机制，目前的“一张绿卡管引才”政策对户籍住房、医疗教育方面起到了激励作用。与此同时，还要寻求国家金融监管部门及央企的人才支持，选派优秀金融人才以各种任职方式充实政府及市企等高级管理层。

近年来，天津市委、市政府制定了一系列规章、制度，意图加强对全市金融人才资源的整合和分配，以推动体制和机制的创新与改革为目标，优化人才服务模式，通过制定完善的人才引进政策，不断以良好的金融环境来吸纳或培养各层次的专业人才，充分做到物尽其用、人尽其才，以人才队伍的充分建设为促进天津特色金融发展的坚强后盾。目前金融人才不断涌现，但我们必须清醒意识到人才结构布局并不合理，高层次领军人才的缺乏导致现有人才队伍无法适应经济社会发展的需要。同时，金融业目前仍存在一些无法消除的体制障碍，有关人才资源开发的配套体系也不能够完全与经济发展相匹配。因此，需要认清当前的经济形势并加以分析，不断增强对人才引进工作的紧迫感和责任感，加大创新改革的力度，解放老旧腐朽的固定思维，把人才引进政策真切实际地落到实处，进行全面的统筹规划，加快高素质人才队伍的建设速度，进而使天津特色金融优秀的金融人才在良好的经济环境中如雨后春笋般源源不绝。

（一）天津金融人才总量提升

截至 2016 年，天津各类银行机构的营业网点已达 3174 家，3122 家中资机构中有 42 家是法人机构，外资机构只有 52 家，其中只有 1 家法人机构。截至 2016 年末，银行业从业人员已经达到 64859 人，资产规模为 47038.1 亿元（见表 1）。

表 1　天津银行业机构数及从业人数

	2016 年营业网点			2015 年营业网点			2016 年法人机构	2015 年法人机构
	机构数（家）	从业人数（人）	资产总额（亿元）	机构数（家）	从业人数（人）	资产总额（亿元）	法人机构数(家)	法人机构数(家)
大型商业银行	1253	28867	12295.8	1234	28843	11731.6	0	0
国家开发银行和政策性银行	13	530	2810.2	13	515	3317.5	0	0
股份制银行	418	11167	9663.0	315	10942	9788.9	1	1
城市商业银行	336	7837	9251.9	320	7914	8281.5	1	1
小型农村金融机构	571	8707	4473.5	587	8564	3816.7	2	2

续表

	2016 年营业网点			2015 年营业网点			2016 年法人机构	2015 年法人机构
	机构数（家）	从业人数（人）	资产总额（亿元）	机构数（家）	从业人数（人）	资产总额（亿元）	法人机构数（家）	法人机构数（家）
财务公司	7	216	439.2	5	174	313.4	6	4
信托公司	2	296	88.1	2	302	87.6	2	2
邮政储蓄	416	2733	941.6	416	2667	951.3	0	0
外资银行	52	1155	847.6	56	1415	869.2	1	1
新型农村机构	93	1458	341.5	80	1285	285.5	18	18
其他	13	1893	5885.7	11	1563	5462.8	12	10
合计	3174	64859	47038.1	3039	64184	44905.9	43	39

资料来源：2016 年和 2015 年天津市金融运行报告。

（二）天津金融人才需求特征

实现天津城市定位的重要支点就是加快实施金融创新运营示范区的建设进程，不断创新、深化发展，努力完成规划中的工作。金融创新运营示范区顺利建成取决于金融人才队伍的建立。金融创新运营示范区对人才队伍的需求体现在以下几点。

1. 全面发展金融人才

天津不断积极完善人才政策，形成优秀的金融产业链。想要不断推动混合经营的模式，就更加需要全面型人才对金融机构的未来业务发展加以掌控。也就是说现代天津金融需要的人才不仅能够在理论上具有超出常人的知识与理论，更要具备一定的实际操作能力，这就需要对互联网的应用、会计学的运用以及相关法律等领域都具有一定的了解。

2. 多样化金融人才需求

金融创新运营示范区建设的推进，使得天津逐渐成为金融创新由区域向周边扩散的中心枢纽，这不仅需要推动资本市场的多层次发展，更需要稳定金融市场存在的必要因素，进而形成更具深度与质量的交易平台，并且大胆寻求创新，进一步完善金融大数据技术，以此支撑天津金融全方位的均衡发展。

3. 扩大顶尖金融人才储备

美国作为金融创新的典范，拥有华尔街这一汇聚了全世界金融精英的圣地。我国正处于起步阶段，起步初期最重要的就是对于金融人才的培养与吸纳。金融人才作为新改革的中流砥柱，也可以被称为原始积累。伴随原始积累的不断加强，吸引过来的资金规模也日益可观，在这种情况下就需要领军型的、具有创新思维的金融人才来带领天津进行创新与发展。

（三）金融人才国内城市分布情况

CDI-CFCI 是比较金融中心竞争力所形成的评价指标体系，适用于比较各个地方对金融人才的吸引和汇聚能力有所不同的原因综合评价我国 31 个金融中心城市，包括在三大全国性金融中心和六大经济区域的 28 个区域金融中心城市。首期 CDI-CFCI 指数发布于 2009 年 5 月，之后每年都会更新。2016 年底发布的报告为最新的第八期指数。

根据第八期 CDI-CFCI 指数，31 个城市完全占据了全国性金融市场，对金融增加值的贡献达到 54%，银行业资产规模占比达到 81%，证券业、保险业资产占比均已达到 96%。从某种意义上来讲，我国金融业的改革创新都发生在这 31 个金融中心并对金融中心的竞争力产生深刻影响。

我国金融中心城市竞争力继续提升。从综合竞争力得分来看，排名前十的城市名单没有变化，但是个别排名略有浮动：天津下降 2 个名次，成都、杭州分别上升 1 个名次。大连、天津、杭州、广州、武汉和成都继续在六大地区区域（东北地区、北部沿海、东部沿海、南部沿海、中部区域、西部区域）的区域金融中心中保持领先，区域核心地位得到进一步巩固。

金融资源的中心集聚效应不断加强。我国现有的三大全国性金融中心以及六大区域的领先金融中心占据了全部 31 个金融中心城市金融总量的绝大部分，也就是说九大金融中心城市是我国金融业发展最良好的区域。

金融机构资源集聚呈现“强者恒强”的马太效应。四个一线城市京、沪、深、穗所占据的金融机构资源和综合实力超过了其他区域金融中心的总和。蓉、渝、杭、津、宁则逐渐与排名靠后的区域金融中心拉开距离。

五个城市拥有全国性金融市场。上海充分发挥资源集聚效应，成为最大的全国性金融市场。深圳凭借多层次资本市场的优势保持第二，但与上海的差距正在扩大。北京在“新三板”落户后，具备了全国性金融市场功能，随着新三板挂牌公司的大幅增长，市场规模已稳做第三并有追赶深圳之势。大连和郑州具有全国性期货市场，分别排名第四和第五。

金融生态环境分项竞争力与城市发达程度存在很高的相关性。北、上、深、广四个一线城市充分体现了整体生态环境的优良，得分也遥遥领先；杭、宁、津、苏、渝、蓉、汉等区域金融中心，依靠其在经济总量、行政地位、发达程度、知名度等各方面的优势，也取得了较好的竞争优势（见表2）。

表2　第八期 CDI-CFCI 金融生态环境排名

城市	CFCI 排名	CFCI 得分
北京	1	151.18
上海	2	128.15
深圳	3	113.54
广州	4	107.76
杭州	5	82.76
南京	6	79.53
天津	7	77.70
苏州	8	76.69
重庆	9	76.66
成都	10	74.40

资料来源：中国（深圳）综合开发研究院2016年11月4日发布的第八期“中国金融中心指数”。

金融生态环境可细分为金融人才环境和金融商业环境。北京依然拥有最吸引金融人才集聚的人才环境；深圳金融人才环境表现不理想，与其金融中心地位不匹配；宁、汉、渝的人才环境具有较强的比较优势，与沪、穗差距在缩小（见表3）。

表3　第八期 CDI-CFCI 金融人才环境排名

城市	CFCI 排名	CFCI 得分
北京	1	124.11
上海	2	103.46
广州	3	97.56
南京	4	89.39
武汉	5	87.25
重庆	6	85.81
西安	7	78.70
深圳	8	78.46
杭州	9	75.44
沈阳	10	75.12
昆明	11	73.63
成都	12	72.90
长沙	13	72.41
济南	14	71.69
大连	15	69.25
天津	16	67.66

资料来源：中国（深圳）综合开发研究院2016年11月4日发布的第八期“中国金融中心指数”。

金融商业环境与城市经济基础也有很强的相关性，北、上、广、深作为一线城市带来的基础优势十分明显；杭、苏、津作为强二线城市，其金融商业环境也在得到显著改善，已经与其他区域金融中心拉开差距。

其中，天津在北部沿海地区金融中心综合竞争力排名中表现一枝独秀，综合得分及增速均远远高于区域金融中心的平均水平，在区域保持绝对领先地位。2014年金融业增加值为1422亿元，超过区域内济南、青岛和石家庄三者总和。受交易场所整顿、天津港口爆炸、宏观经济调整等内外部影响，天津金融业高速发展势头正在趋缓，2015年金融业增加值同比增速为11.7%，增速连续三年下滑，较2012年累计下滑13.4

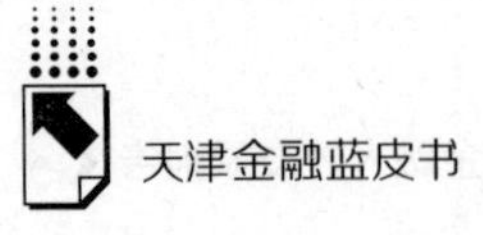

个百分点。

通过对金融中心竞争力的分析评价，CDI-CFCI 为深入观察和系统研究我国金融业改革和创新发展提供了一个全新的视角。我国几乎所有重大的金融改革创新都发生在这 31 个金融中心并对金融中心的竞争力产生深刻影响。CDI-CFCI 则借由金融中心评价，“忠实记录”和全方位反映我国金融改革创新的动态进程和重要特征。

二　天津金融人才发展桎梏

伴随着天津金融人才数量的不断增加，不同层次金融人才的综合素质也相对提升，对人才队伍的建设和挖掘有了显著进步，这完全离不开对良好环境的完善和塑造。但相对排名在前的金融中心城市，天津的金融人才队伍建设还存在一些问题。

（一）金融人才综合质量尚需提高

地区的金融实力相当一部分取决于当地金融人才的质量。尽管政府一直致力于人才战略部署，出台相关人才引进政策及激励机制，营造良好的人才发展环境，并且目前金融人才资源已经得以充实，但必须清醒意识到目前天津人才结构布局并不合理，高层次领军人才的缺乏导致现有人才队伍无法适应经济社会发展的需要，同时金融业仍存在一些无法消除的体制障碍，有关人才资源开发的配套体系也不能够完全与经济发展相匹配。

天津缺乏金融行业人才交流的平台，这就导致了一定数量的金融人才不能够得到充分展示或被发掘的机会。通过人才交流平台的展示或沟通，可以更深层次地了解金融方面专业性的信息和相关就业方面的岗位，也能够将不同层次的金融人才通过平台来进行良好的交流和沟通，进而形成良好的人际关系。通过对别人的了解和学习，取其精华、去其糟粕，不断完善自身的不足之处，同时激发不同层次金融人才对知识隔阂培养兴趣，从而对之前不了解的知识产生兴趣，形成不同知识间的学科交叉及融合，以此来进行金融的创新创造。天津本地的“原始”金融人才，也就是应届生数量较少，远远不能满足对金融创新建设的需求。由于高层次的金融人才相对紧缺，中下层次的普通员工所占比例相对较大，导致金融人员的分配结构不合理。不均衡的金融人才结构制约了金融创新的深入发展，综合型人才尤为缺乏，而未来市场需要的就是能够进行一体化、全面性工作的综合型人才。

（二）金融教育环境尚需改善

良好的教育环境才能培养出优秀的学生，金融人才的筛选需要一层一层地细细打磨，要想获得中流砥柱般的金融人才，就必须营造良好的金融教育环境来聚集更多的人才进行选拔性培养，通过不同的教育和实践尽量培养出更多的综合型金融人才。

教学内容的陈旧和环境的老化都与国外先进的教育条件形成了鲜明的对比，我国现有的金融教育相对国际金融中心城市所拥有的教育水平落后很多，这也直接导致了我国无法培养出大量优秀金融人才的不利局面。对于金融人才的筛选方式也相对较为单一，往往仅通过应试教育来“一考定终身”，但“尺有所短寸有所长”，金融人才也分为不同层次且同样重要。因此，我国目前的教育机制与金融市场之间形成了严重的脱节。

（三）对金融人才的聚集能力尚需增强

天津金融资源配置的不合理造成对人才的吸引能力相对较差，人才大多流向外地也就成为必然趋势。北京作为首都，相对天津而言拥有更多的金融发展要素和优秀的地理条件，从而可以聚集到大量的金融人员来进行筛选和培养。同时首都具有一个国家的核心金融功能，也拥有其他城市所不能比拟的号召力与影响力。天津虽然也意识到了这一点，但相对而言也无力去改变这种现实，导致金融人才分配难以均衡。发生这种现象，一是因为从业人员的平均薪酬没有足够的吸引力。获得的薪酬不能完全代表一个人能力的大小，但它是一个人在社会中价值的侧面体现。拥有一份高昂的薪酬不仅仅是社会对个人能力的认可，更是对心理上的一种满足，可以调动金融人才的积极性。二是金融人才的交流平台极其缺乏，可被发掘的人少之又少，一些怀才不遇的人就会因此被逐渐埋没，也造成我国优秀金融人才的巨大损失。三是基础设施不完善。基础设施的完善与否决定了生活质量的优劣。便捷化的服务不仅可以节省相当多的时间，也会给思维的发散性和创新性提供物质保障。四是生活环境的不同，良好的生活环境可以使人工作顺心，但严重的雾霾给人们的生活造成了巨大的影响，制约了天津作为新兴金融中心对外界金融人才的吸引力。

人才市场机构不健全直接导致金融服务机构发展滞后，服务水平相对较低，不能够满足日常的需要，现阶段的金融服务主要依靠政府提供的公共性服务，如校园招聘会。但我国现有的资源水平较低，仅仅可以作为一个初级的平台提供给金融机构进行筛选和针对性培养也无法在短时间内吸纳有一定金融经验的高层次金融人才。

（四）金融人才服务体系尚需完善

现阶段天津没有完善的经营管理类策略，不健全的金融机构内部规模导致低端人才无法流出、高端人才无法吸纳的不利局面，这样就不能够满足金融创新业务发展需求。

三　天津金融人才发展重点方向

天津应该充分利用自身独特的地理优势和政府政策的大力扶植，不断加强自身对金融人才的吸引能力，让更多外界的高层次金融人才到天津任职，带动金融平台的交流与发展，打造出天津独有的金融影响力，与此同时也不能放弃发掘本土的金融人才，对于一些可培养的年轻金融人才加大培养力度，并且适当给予其一定的锻炼机会，丰富自身，提升金融核心的竞争力。

1. 加强金融高端人才队伍建设

实施更积极、更开放、更有效的金融人才培养、交流和引进政策，对符合天津引才条件的纳入“一张绿卡管引才”政策范围，培养出一支结构合理的高端人才队伍。不断扩大北方新金融研究院影响力，打造覆盖我国北方的新型金融智库。积极争取国家金融管理部门和中央金融单位支持，积极使用金融交流平台，让更多的高层次金融人才各司其职，帮助和培养更多业务能力精通的金融人才，再通过不断地实践与积累为天津金融创新贡献自己的力量。

2. 完善机构内部的激励机制

完善内部的激励机制，对低层次的人才加以肯定，建立市场化人才评选机制，在职称评定、资格认定、人才选拔中引入市场评价、行业认证等方式，为金融人才成长搭建梯级平台，促进优秀人才充分发挥个人能力和热情。逐步完善政府和金融机构共同投入的多重激励机制，鼓励高端金融人才在政府金融管理领域参政议政，探索推动为驻津金融机构高端人才发放政府津贴，支持金融机构在政策范围内建立市场化的股权、期权、企业年金、职业年金等激励制度。

将对年轻金融人才的培养作为主要目标，尽可能地提供多元化空间来激励和培养其成为中高层次的金融人才，同时也使金融人才的能力更加全面，不断拓展能力广度和深度，做到均衡发展。

3. 营造人才聚集的优良环境

要营造有利于人才聚集的良好环境，首先需要加强在金融领域的方针及政策的宣传，提高金融领域在人们心中的影响力，使人们了解到优秀的金融人才对金融领域的重要性。针对金融领域的工作人员制定一系列的优惠政策，加大对金融领域的各项产出经费；与国际相接轨，吸收国外的有益知识，提升金融人才的综合素质能力；适当减少对人才中介机构的限制，加快金融交流平台的建设，营造出有利于金融人才间沟通与交流的良好氛围，同时带动高层次金融人才的加入，通过政策扶植大力进行改革创新，从不同的层面来完善各项制度，健全金融从业人员奖惩机制，从而吸引越来越多的人员关注金融服务行业。

B.6

2016年天津金融生态环境发展报告

王学龙　杨春波*

摘　要：　金融生态环境是金融综合竞争力的重要影响因素，对实现金融定位的目标、推进金融市场的发展具有重要的作用。本报告通过数据解读2016 年天津金融业法规体系、基础设施、服务体系以及整体金融市场的发展现状，展望未来金融生态环境的发展方向及前景。

关键词：　金融市场　金融中心　金融生态环境

目前金融业处于现代经济的核心地位，引导社会经济的发展方向，资金流动的差异在一定程度上导致地区间经济发展的差异。金融市场良性运行的取决于这个地域的金融生态发展情况，这也是导致资金“洼地效应”形成的先决条件，对经济的持续稳定发展有重大影响。天津作为金融创新、改革开放先行先试的试验区，在北方经济发展中占据主导地位，因此在这个机遇与挑战的社会中，营造良好的金融生态环境，吸引聚集人才，促进天津经济社会发展就成为重中之重的任务。

一　天津金融生态环境概况

（一）金融生态环境定义

金融生态环境广义上来讲是各类金融机构及整个金融市场进行发展创

---

* 王学龙，天津财经大学金融系主任，教授，研究方向为国际结算、金融教育；杨春波，天津财经大学硕士研究生，研究方向为资产定价、金融市场。

新时所处在的外部经济环境，狭义上则可具体到会计、法律、企业、银企等不同层面上。中国人民银行行长周小川在2006年和2009年都对金融生态环境做出了较为详细的解释，他强调金融生态环境与区域经济发展之间存在一定的必然联系。因此，地方政府对该区域现有的金融政策或行政干预都可以理解为评价该区域金融生态环境是否良好的一个重要指标。地方政府除了对金融环境的概念进行宣传和指导，也需要进一步监督执行或自我执行，以此来带领群众更加了解并充满信心地建设良好的金融生态环境。

（二）金融生态环境现状

天津近年来不断创新、稳扎稳打，金融生态环境的建设得以稳步前进具体表现为以下几个方面。

第一，在更多不同的领域上都有所体现，保持稳步增长的态势。天津经济快速健康的发展模式，增强了金融业的整体实力，抵御金融风险的能力大大提升。截至2016年底，全市生产总值为17885.39亿元，相比上年增长9.0%。截至2016年12月末，天津的金融机构各项存款余额为30067.03亿元，同比增长了6.81%，增幅相比上月末则是下降了1.17个百分点；现有的各项贷款余额为28754.04亿元，同比增长了10.62%，增幅相比上月末回落0.14个百分点。

第二，提升金融机构的存在数量，将风险均摊，使得中介服务核心业务获得相对稳定。截止到2017年初，天津现有上市公司45家，法人证券公司1家，基金管理公司1家，期货公司6家。截至2016年末，天津保险市场共有总公司6家，分公司55家，保险密度为3389.5元/人，保险深度为3%，初步形成结构合理的保险市场体系。

第三，相对提升对外开放水平。截至2016年底，自贸试验区新设外商投资企业1547家，占全市企业的近60%，95%以上通过备案设立，注册资本为3075亿元，初步建立了对外投资合作“一站式”服务平台和“走出去”服务联盟。自贸试验区自挂牌以来到2016年底，区内企业设立境外机构数量达到151家，占全市机构的40%以上；中方投资额为176.3亿美元，占全市投资额的54%。

第四，京津冀协同发展和扩大开放取得全新突破。既要不断积极主动地加强自身谋划，也要主动融入国家现有的重大经济战略，形成深度合作的良好局面。围绕天津独有的地理位置进行调查分析，制定一系列可以加强基础设施建设的实际性建议，然后切实有效落到实处，稳步前进坚持创新。主动承接更多的北京非首都功能，加强对金融创新人才的吸引力，尽快建立并完善人才交流平台。

一个良好金融生态环境的营造需要稳扎稳打，在保证自身持续进步的基础上，进行大胆的金融创新，建立完善的信用体系，使得信用市场稳步发展。

二　天津金融生态环境完善进度

截止到2016年末，针对天津的信用体系已初步建设完成，金融法治体系建设日趋完善，第三方中介机构的作用也进一步显现。天津支付体系得以稳健发展，金融消费权益保护基础设施也进一步完善。总的来讲，金融生态环境的建设日益优化。

（一）金融法治体系不断完善

金融交易的顺利完成，需要预防金融风险的发生，合理利用金融法律制度的力量来维持金融秩序。因此促进金融法制体系的不断完善成为保证天津金融改革顺利进行的一项基本任务。

为了充分发挥市场机制，推动供给侧结构性改革，要将对年轻金融人才的培养作为主要目标，尽可能地提供多元化空间来激励和培养其成为中高层次的金融人才，同时也使金融人才的能力更加全面，不断拓展能力的广度和深度，做到均衡发展。

为了更好地认清现代社会存在的错综复杂的社会形势，了解并实践

《国务院关于促进外贸回稳向好的若干意见》，使外贸竞争的新优势得以不断加强和提升，天津颁布了一些能够促进外贸回稳向好以及体系结构转型升级的详细措施，共有六个大方向：一是全力开拓国际市场增大出口贸易的往来，完善并开拓新兴市场；二是利用相关的福利政策，增加进口的贸易往来；三是积极推动新兴产业的基础设施建设，进而影响本市外贸服务企业的综合发展；四是提升现代化的服务水平；五是加大财税方面相关金融政策的支持力度；六是充分发挥财政资金引导作用，促进外贸市场稳定发展。2016年天津发布的一系列金融政策见表1。

表1　2016年天津重要金融政策

发布时间	文件名称
2016年2月7日	《关于支持企业通过融资租赁加快装备改造升级的实施方案》《天津市支持企业通过融资租赁加快装备改造升级项目管理办法》《天津市支持企业通过融资租赁加快装备改造升级专项资金管理暂行办法》《融资租赁机构参与支持企业装备改造升级及公示平台管理办法》
2016年3月18日	《天津市工业科技开发专项资金管理暂行办法》
2016年4月14日	《武清区落实天津市金融改革创新三年行动计划实施方案》
2016年4月26日	《东丽区支持企业上市融资加快发展的有关政策》
2016年5月13日	《关于我市融资担保机构支持重大工程建设的实施意见》
2016年6月16日	《天津市降低实体经济企业成本第二批政策措施》
2016年6月24日	《企业国有资产交易监督管理办法》
2016年6月28日	《天津国际班列发展专项资金的管理和使用办法》
2016年7月26日	《天津市促进外贸回稳向好和转型升级的工作措施》
2016年8月17日	《天津市〈外经贸发展专项资金管理办法〉实施细则》
2016年8月26日	《天津市商业发展资金管理办法》
2016年9月13日	《天津市融资租赁业发展“十三五”规划》

资料来源：天津政务网。

（二）金融基础设施建设力度加大

近年来，天津金融基础设施不断完善，2016年在政府和金融机构的协作下建设力度再次加大，采取多项举措进一步完善金融基础设施建设。

1. **全面推进社会信用体系建设**

天津多措并举，全面推进社会信用体系建设。建立社会信用体系建设工作组织领导与推进机制、京津冀区域信用合作协调机制；开展互联网金融创新企业信用体系建设、民营中小企业信息征集及评定工作；在全国率先开展天津劳动关系和谐企业信用体系建设工作，建立劳动关系和谐企业信息共享机制；依托涉农金融机构，为农户建立电子信用档案，开展农户信用评价；持续开展融资担保机构和小额贷款公司信用评级。

落实《天津社会信用体系建设规划（2014—2020 年）》，推动政务诚信、商务诚信、社会诚信和司法公信建设。完善市场主体信用信息公示系统，打造全市统一、全面覆盖的信用信息共享交换平台。完善“信用天津”网站，加强与国家统一的信用信息共享交换平台、“信用中国”网站互联互通。推进统一社会信用代码信息和行政许可、行政处罚等数据信息上网公示。推进守信联合激励和失信联合惩戒制度建设。创建信用示范城市，推进京津冀社会信用体系合作共建，联合打造“信用京津冀”品牌。

2016 年，天津市场监管委深入贯彻落实“放管服”改革要求，创新监管方式，完善了监管机制。截至 2016 年末，天津信用信息公示系统已收录 56 个市级行政单位的 83.38 万市场参与者登记许可、处罚情况等信息共 5013 项。同时政府办公厅开展的“双随机”抽查联合检查活动中，更新市级、区级 404 个部门，共计 8986 名执法人员的信息数据库，并全面组织开展 2016 年度双随机联合检查工作，下发《市场监管委关于转发国家工商总局做好严重违法失信企业名单管理工作的通知》，对充分认识此项工作的重要性、明确工作内容和责任主体、落实协同监管联合惩戒措施以及做好异常名录及行政处罚案件的信息归集工作提出要求。

2. **支付体系稳健发展**

天津支付体系稳健发展。一是支付系统处理业务量平稳增长。大、小额支付系统处理支付业务量同比分别增长 10% 和 5.7%。二是新兴支付业务发展迅速。移动支付业务量、电子商业汇票业务量、支票圈存业务量均同比高速增长。三是支付市场有序发展。积极推动个人银行账户分类管理制度实施，促进各类账户协调发展；各银行机构协助公安机关拦截电信诈骗，打击治理电信网络新型违法犯罪专项行动成效明显；妥善处置无证机构，有效维护了天津支付市场秩序。四是金融 IC 卡覆盖交通医疗、保障生活等多个领域，累计发行 3485 万张。

集中支付电子化体系进一步完善。天津市财政局与中国人民银行、集中支付代理银行协作开发部署了集中支付电子化三方对账系统，实现了市财政局、中国人民银行与代理银行三方之间“无纸化”对账，极大地提升了支付业务流程的便捷性和安全性。一是系统上线当日平稳运行。2016 年 11 月 21 日，集中支付电子化三方对账系统正式上线，当日发生授权支付与直接支付业务共计 1031 笔，涉及金额 4.7 亿元，三方核对准确，对账系统运行平稳，业务运转流畅。二是工作效率进一步提升。电子化对账实施以后，使对账由纸质报表变为电子报表，由人工核对变为自动核对，上千笔的业务数据量，在一分钟内由系统自动完成对账，不仅减少了工作量，而且有效地提高了对账的完整性、时效性和准确性。三是数据利用能力明显增强。集中支付电子化三方对账，通过利用财政、中国人民银行和代理银行的数据信息，对支付明细进行核对，保障三方数据的一致性，实现了支付数据的全流程监控核对。此外，电子化对账系统可于每月底通过系统自动生成财政、中国人民银行和代理银行间的集中支付业务月对账报表。

（三）中介服务体系不断壮大完善

1. 传统金融服务机构

中国人民银行天津分行的金融运行报告数据显示，2016 年天津金融机构共 3174 家，就业容量达到 64859 人，资产规模为 47038.1 亿元。银行业内中资机构占较大比重，共 3122 家，法人机构仅 42 家；外资机构共有 52 家，只有 1 家是法人机构（见表 2）。

表 2　2016 年天津金融机构情况

机构类别	营业网点			法人机构(个)
	机构个数(个)	从业人数(人)	资产总额(亿元)	
大型商业银行	1253	28867	12295.8	0
国家开发银行及政策性银行	13	530	2810.2	0
股份制商业银行	418	11167	9663.0	1
城市商业银行	336	7837	9251.9	1
小型农村金融机构	571	8707	4473.5	2
财务公司	7	216	439.2	6
信托公司	2	296	88.1	2
邮政储蓄银行	416	2733	941.6	0
外资银行	52	1155	847.6	1
新型农村金融机构	93	1458	341.5	18
其他	13	1893	5885.7	12
合计	3174	64859	47038.1	43

资料来源：中国人民银行天津分行。

2. 证券基金机构

天津证券期货市场进一步壮大。截至 2016 年 12 月，当年新增 4 家证券分公司。天津辖区内共有证券公司 1 家，分公司 19 家，营业部 146 家，信用评级公司 1 家；独立基金销售机构 4 家，当年新增独立基金销售机构 1 家；当年新增营业部 14 家；基金管理公司 1 家；证券投资咨询公司 1 家，证券投资咨询分公司 3 家，当年新增证券投资咨询分公司 2 家（见表 3）。

表 3　2016 年天津证券业发展情况

单位：家，亿元

项目	数量
总部设在辖内的证券公司	1
总部设在辖内的基金公司	1
总部设在辖内的期货公司	6
年末国内上市公司	45
当年国内股票(A 股)筹资	71.7
当年发行 H 股筹资	64.2
当年国内债券筹资	1826.1
其中:短期融资券筹资额	474.5
中期票据筹资额	651.4

资料来源：天津证监局、中国人民银行天津分行。

期货业务品种不断发展创新，资产规模持续增长。截至2016年末，设立在天津的法人期货公司共6家，资产总额为67.2亿元，比年初增长10.2%；净资产21.4亿元，比年初增长4.4%。全年代理交易量9079.7万手，同比增长27.0%；实现利润总额同比增长221.9%。全市期货营业部增加至30家，较上年同期增加1家。

3.保险业机构

保险行业发展稳中有进，经济补偿功能得到彰显。财产险公司业务险种发展平稳，企财险赔付显著提高。全年财产险公司共实现保费收入127.6亿元，同比增长6.1%。人身险公司产品结构调整效果显著，公司直销渠道保费收入增速明显提高。人身险公司全年共实现保费收入401.9亿元，同比增长44.6%（见表4）。

表4　2016年天津保险业基本情况

项目	数量
总部设在辖内的保险公司(家)	6
其中:财产险经营主体(家)	2
寿险经营主体(家)	4
保险公司分支机构(家)	55
其中:财产险公司分支机构(家)	23
寿险公司分支机构(家)	32
保费收入(中外资:亿元)	529.5
其中:财产险保费收入(中外资,亿元)	127.6
人身险保费收入(中外资,亿元)	401.9
各类赔款给付(中外资,亿元)	177.7
保险密度(元/人)	3389.5
保险深度(%)	3.0

资料来源：天津保监局、中国人民银行天津分行。

4.融资租赁机构

据中国租赁联盟测算，截至2016年底，全国融资租赁总部企业超过7000家，比上年增加约2500家；全国融资租赁合同余额达到5.33万亿元，比2015年底的4.44万亿元增加约8900亿元，增长20%。其中，金融租赁合同余额同比增长17.9%，为2.04万亿元；内、外资租赁合同余额差距不大，分别为1.62万亿元（同比增长24.6%）、1.67万亿元（同比增长18.4%）。2016年，渤海金控海外兼并继续取得进展，海外收益超过总收益的80%。在此背景下，天津渤海租赁年内完成两次增资，注册资金达到218.7亿元，成为中国注册资金首超200亿元的租赁企业。

（四）金融市场健康发展

1. 社会融资结构进一步优化

2016年天津社会融资规模为3594.4亿元，受表外融资萎缩影响，比上年减少879.4亿元。从融资结构看，人民币贷款、委托贷款和企业债券占主导地位（见图1）。非金融企业债券融资工具金额在2016年较上年减少了14.8%，全年发行金额为1125.9亿元，并且通过9单永续票据及全国首单债权融资计划创新了融资工具。

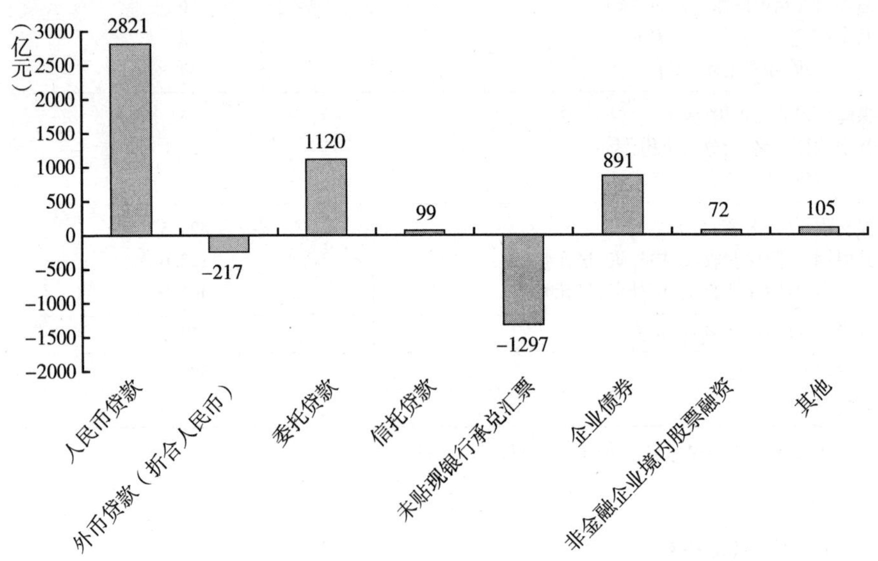

图1 2016年天津社会融资规模

资料来源：中国人民银行天津分行。

2. 货币市场交易平稳增长

2016 年天津银行间同业的拆借市场共完成 1914 笔信用拆借，比上年减少了 0.62%，但金额同比增长 29.3%，为 11058.6 亿元；净融入资金达到 9365.1 亿元，同比增长 30.0%。

3. 票据融资大幅下降

2016 年末，天津的银行承兑汇票的承兑累计发生额较上年同期下降 37.5%，票据贴下降了 31.1%（见表 5）。

表 5　2016 年天津金融机构票据业务统计量

单位：亿元

季度	银行承兑汇票承兑		贴现			
			银行承兑汇票		商业承兑汇票	
	余额	累计发生额	余额	累计发生额	余额	累计发生额
一	5189.6	2137.0	1550.1	992.7	48.5	83.9
二	4459.9	3807.4	680.4	1602.2	36.8	148.5
三	4143.9	5445.5	670.0	2344.0	21.4	196.7
四	3143.0	6375.6	968.8	3494.9	18.7	68.2

资料来源：中国人民银行天津分行。

三　天津金融生态环境未来方向

金融生态环境是发挥机构人才集聚效应、提高金融市场运行效率、加快金融产品创新发展的基础，金融环境恶化将使金融资源外流，严重影响区域经济社会发展，因此不断改善金融环境将是一个长期的战略性任务。天津目前的金融环境良好，经济高速增长，随之而来的是金融风险。因此天津金融业的未来规划中，政府、企业、金融机构等应多方携手在原有财税、货币政策及法律环境支持上完善金融服务业的配套基础设施，为天津下一步的经济飞跃奠定基础。

（一）提高经济发展水平

1. 大力挖掘区位价值

（1）稳抓京津冀一体化机遇

天津是北方的重要港口，承担着京津冀对外开放的重任。多年来，港口经济的长足发展为天津做出了重大经济贡献，因此在京津冀协同发展的战略背景下，天津应充分发挥港口优势，大力发展旅游业，同时借鉴其他沿海城市对外开放经验，发展国际贸易，带动内陆经济发展，与北京、河北形成优势互补。除此之外，对内也要大力推进物流业发展进程，打造和北京、河北两地的物流快速通道，促进两地贸易发展，使京津冀协调发展、互利共赢。

（2）搭上“一带一路”的发展快车

在国家“一带一路”的建设背景下，天津作为东部沿海城市、北方重要金融中心，应把握政策机遇，实现得天独厚的区位价值。未来天津发展规划应与“一带一路”倡议充分契合，大力发展天津自贸园区及金融创新示范区，争取国家的政策支持，聚集更多金融资源及人才，促进天津经济的快速增长。

2. 产业结构全面优化

不良的产业结构会影响经济的发展，近十年天津的政策重心放在工业发展上，因此第三产业占比始终保持在46%左右。根据经济发展的现实经验，地区产业结构中第三产业占比越大，该区域经济发展水平越高。因此，政府应给予金融业、房地产、物流业等第三产业更多的政策支持，同时加强监管，提高服务业发展水平，大力引进金融机构及人才，优化天津的产业结构，实现更快的经济发展。

3. 协调区域之间经济状况

为实现区域经济协调发展，德国、美国采取了不同的政策：德国主要依靠政府力量，倡导企业私有化，对中小企业进行财政援助，促进其发展，补足社会经济短板；而美国由于是市场经济，所以主要依靠市场机制协调，辅之以间接财政手段，只针对个别区域之间的问题，具体详细地解决。天津可促进政府力量与市场互相配合，通过加大财政的转移支付以支持区域经济，与此同时尽可能提高市场效率，最大限度地发挥市场作用，尽可能保持区域均衡发展。例如要想实现城乡统筹发展，就需要政府的财政支持来进行农村金融的担保体系建设，同时需要金融市场的发展创新，提供更多农村融资渠道，达到经济一体化，合理配置金融资源。

（二）促进金融行业稳定持续发展

1. 优化配置金融资源

（1）完善创新金融体系

天津目前金融水平相对其他直辖市来说处于落后水平，因此亟须重视金融体系的构建，政府应出台更多促进金融发展的金融政策，各金融机构应对金融产品进行改革创新，形成多层次、规模大、安全规范的金融市场，提高天津的综合金融竞争力。

（2）大力引进各类金融机构

天津应尽快改善金融生态环境，出台地方金融资源引进政策，并充分利用自身优势争取国家的政策支持，吸引各类金融机构在天津设立分公司，尤其鼓励各银行将总部设立在天津，促进银行、证券、期货等金融业态的发展，增强金融市场的流动性，更好地服务实体经济。

（3）加强金融的深化程度

与北京、上海和深圳相比，天津的金融深化水平相对较低，这严重影响其经济发展速度。未来天津应加强金融深化程度，实行金融深化战略，完善对货币市场的调控机制，保障货币市场的稳定健康运行。除此之外，要适当实行宽松货币政策，放松信贷规模限制，缓解金融抑制现象，激活金融市场的活力。

2. 促进金融的法治建设

（1）建立健全的金融法律体系

天津应从三个层面对现有的金融法体系进行进一步完善：金融主体层

面，《商业银行法》中认为金融市场主体是商业银行，以此法律规范金融市场，保护参与者的合法权益，赋予金融机构“企业本性”；金融业层面，由于信贷管理是金融业务的核心，因此需要进一步完善有关信用方面的法律法规，更好地处理债权债务关系，保护借贷双方的权益，维护金融市场秩序；金融法律渠道层面，主要指立法对于金融市场的监管，需要不断完善，促进金融市场更加健康稳定地发展。

（2）提高金融执法的效率

目前天津的金融法律环境并不规范，地方保护严重阻碍了金融执法工作，难以保证法律的公正性，对金融市场的规范效果也大打折扣。除此之外，金融案件的处理周期过长，成本也相对较高，影响了金融的执法效率。因此立法、执法部门应对案件的审理程序进行简化，缩短审理期限，大大提高案件处理效率，同时要加大执法力度和加强地方执法保护，避免权势干涉执法公正，维护金融法治环境。

3. 优化金融的信用环境

（1）提高社会信用意识

提高社会信用意识有三个途径：一是通过各种媒体平台进行信用知识的宣传；二是定期组织信用领域的专家就信用问题在线上线下的各种平台进行答疑，可以和咨询者互动，也可以更有针对性地进行信用知识普及；三是通过开展信用相关的现场活动来进行信用、金融相关知识的普及。

（2）建立完善的信用数据库

通过各金融机构搜集市场参与主体的信用记录，录入数据库并开通对外渠道，可供金融业内及公众查询，解决信息不对称问题，减少信用风险，避免不良信用导致的经济损失，维护金融市场秩序。

（三）建立完善的金融生态保障体系

要使金融生态环境良性发展，就必须建立相应的生态保障机制，其中舆论导向机制是前提条件，政策机制是运行保障，完善法律惩处机制是对金融生态环境的监管，资金则给金融市场带来丰富的活力。

1. 建立健全的舆论导向机制

舆论导向机制为金融生态环境提供舆论支持。事前宣传是舆论的一种表现方式，可利用电视、互联网等多种电子媒体进行相关内容的宣传，在宣传中使人们意识到经济发展的重要性以及诚信的重要性，了解自己在金融生态建设中的责任，最终提高自身金融素质，共同改善金融生态环境。

2. 优化政策扶植机制

良好的政策机制是金融生态环境运行的保障，是经济、金融良好发展的保证。政策有意识地向经济落后地区倾斜，有利于促进经济协调发展，改善整体金融生态环境。同时为引入更多金融机构、人才、资源，在天津整体发展规划下，各区可根据自身具体情况，适当降低机构入驻、人才引进的门槛，给予政策引导，提供政策及资金支持以扶植入津金融机构，形成规模效应，促进实体经济与虚拟经济共同发展。

3. 完善法律惩处机制

金融业法律规范主要是针对信用风险，目前惩处机制主要有三个层面：政府层面，通过口头执行行政性惩戒；市场层面，主要包括各类金融机构、商业公司及服务中介等进行市场性惩戒；社会层面，形式相对自由多变，主要通过信息披露造成社会性惩戒，最终都将使具有不良信用的人受到惩处，维护了一个相对公平、公正、公开的金融生态环境。

4. 严格控制资金的流入流出，开创经济与金融相协调的良好局面

资金能够给金融市场带来丰富的活力。经济金融相协调需要从三个方面入手：一是成立高水平的协调组织，保障市场健康竞争，秩序良好，促进经济金融的协同发展；二是建立多层次的经济金融协调机制，优化资源配置，缩小地区性差异，实现全面发展；三是建立财政金融的政策协调机制，对经济发展水平较低的地区提供信贷支持、财税优惠等政策支持，促进社会公平发展。

B.7
2016年天津金融改革创新发展报告

刘 玚 邱 兰*

摘 要： 随着近年来天津不断加大金融改革创新力度，金融业已经发展成为天津国民经济社会的中流砥柱，极大地促进了实体经济的转型与发展。本报告重点阐述2016年天津在银行、证券等方面天津取得的重要成果。

关键词： 金融改革 金融创新 京津冀协同发展 金改30条

截止到2016年，天津总体金融业增加值为1735.33亿元，较上年同期增长9.1%；而天津金融业占GDP的比重由2006年的4.1%上升到近10%。天津自贸区坚持改革创新，积极尝试本币的跨国境交易，大力推动利率市场化进程，在外汇的管理方面也取得一定成绩。最具天津特色的则是2015年底推出的"金改30条"，其中近八成的政策已在稳步推进，取得显著成绩的措施有23项。天津自贸区正飞速发展，贸易与投资也更加便捷，为天津金融发展、经济腾飞起到了很好的助推作用。

一 天津金融改革创新总体成就

天津滨海特区改革发展的重点是近年来由天津市委、市政府确立的金融

---

* 刘玚，中国滨海金融协同创新中心研究员，天津财经大学金融系讲师，研究方向为货币政策、区域金融；邱兰，天津财经大学珠江学院。

改革创新。2016 年政府继续深化这一重点工作，在许多方面齐头并进，成效显著。

（一）金融机构体系日益完善

2016 年落户在天津的新金融机构数量大幅增加。中民投旗下融资租赁运营平台——中民国际融资租赁股份有限公司（以下简称中民投租赁）在 2016 年 12 月 7 日和 12 月 14 日分别与江苏银行北京分行和上海浦东发展银行天津分行签订长期战略合作协议。两家银行将分别为中民投租赁提供 100 亿元授信额度，这也是中民投租赁多渠道拓展资金来源、建立良好的银企合作关系促进银企共同发展的积极实践。

2016 年 12 月 20 日，天津同创云科技术股份有限公司（以下简称同创云科）成功登陆新三板。同创云科注册在华苑产业区，成立于 2009 年 4 月，2015 年 10 月完成股份制改造，注册资本 500 万元，主要从事安防产品的研发、生产、销售以及技术服务，同时依托公司的研发实力，为客户提供高清监控可视化管理、垃圾智能分类平台、气象远程监测系统等多领域整体解决方案。截至 2015 年末，该公司总资产 1092. 42 万元，净资产 638. 29 万元。2015 年全年实现营业收入 1568. 31 万元，净利润 93. 12 万元。

此外，天津互联网金融协会于 2016 年底召开了首次会员大会，标志着协会的正式成立。该组织第一次会员成员由八十多个单位组成。这一机构是在互联网金融行业规范发展和全国互联网金融风险专项整治的背景下成立的，它是天津进入互联网金融全新发展的里程碑，为天津在金融创新领域的创新改革和健康发展提供助力。

（二）设立金融创新改革基地

天津自由贸易试验区总面积约 120 平方公里，辖区涵盖机场、中心商务区以及天津港，于 2014 年 12 月 28 日获批建设。天津将“一带一路”、京津冀协同发展和试验区的发展相结合，在实现更高水平的对外开放道路上不懈前行。

天津港片区以及滨海新区金融体制改革、涉外体制的核心是东疆保税港区。其中22项创新试点政策可分为航运金融、国际船舶登记制度、租赁业务、国际航运税收政策等四大类；自贸试验区挂牌至2017年4月，东疆片区新增企业5289家，总注册资本4420.25亿元，注册资本过亿元的企业967家，落户项目质量是东疆片区自成立以来的最高水平。从企业结构看，航运、物流、租赁、贸易结算及保理等五大支柱型产业占总注册企业的76.40%。

中心商务区的金融业发展为保理业的发展提供沃土，汇聚天津金融改革的创新力量，着力于金融创新；租赁、保理、基金等业务发展速度飞快。从试验区挂牌开始，市场主体数量增加1.3万个，为整体自贸区的45.7%；外资企业269家，有1513家企业注册金额达到了5000万元以上，总注册资本为3801.3亿元。

（三）改革创新不断拓展

自贸区改革创新的不断深入提高了投资和贸易的便捷程度，将负面清单等方式作为管理外商投资的应用模式算是其中的亮点。2016年，外商投资新增1.36万户，2501亿美元的外资被直接利用，新设立846家外资企业。创建国籍贸易单一平台，获得跨境电商综合试验区的批准。“金改30条”中成功实施的已超过70%，跨境业务有了喜人的成果。船舶、飞机等租赁业务在全国保持领先地位。

京津冀协同发展方面，天津与河北省签署完成“1+4”合作协议，与北京签署建设滨海中关村科技园合作协议，对口帮扶承德市工作也已启动运行，这些举措都显示了天津承接北京非首都功能的决心。全市实际利用内资1994.09亿元，引进京津冀投资项目2701个。为推进自贸区的产业结构升级，天津成立京津冀产业结构调整引导基金100亿元，签约中船重工融资租赁等众多业务。困扰天津多年的交通问题也得到解决，京唐铁路开工建设，京秦高速天津段建成通车，京津冀首个海铁联运集装箱中心站开通运营。环境保护成效也有显著增加，空气污染指数近年来连续下降。

（四）投融资额稳步提升

2016 年，有 1193 家融资租赁公司的总部设在天津，另有 9 家金融租赁企业及 30 家内资融资租赁试点企业。2016 年有 15 家内资试点企业在中国成立，天津占 66%，有 12 家；外商投资融资租赁企业增幅达 81.7%，为 519 家，总数为 1154 家。各项资金增长情况如下：内资租赁增加 234 亿元，增长 123.8%，为 419 亿元；外资租赁增加 2028 亿元，增长 91.9%，为 4235 亿元；金融租赁增加 74 亿元，增长 25.4%，为 365 亿元；资金总额增加 2336 亿元，增长 87.06%，为 5019 亿元。

社会融资 3594.4 亿元，企业债券 890.95 亿元，人民币贷款 2821.13 亿元（见表 1）。整体投资固定资产金额为 14626.22 亿元，与上年同期相比增长了 12%。具体来看，第一产业的投资达到 289.15 亿元，较上年同期增长了 19.5%；第二产业为 3940.48 亿元，增幅为 6.5%；第三产业为 10376.56 亿元，增速为 14.0%；总占比达 71.0%，较上年提高 1.3 个百分点。实体投资完成总额达 9590.06 亿元，增长了 17.2%，占固定资产投资的 65.7%，这显示了实体投资在投资总额中不可取代的主体地位；基础设施投资为 2716.12 亿元，占固定资产的 18.6%。

表 1　2016 年天津社会融资规模情况统计

单位：亿元

社会融资规模	人民币贷款	外币贷款	委托贷款	信托贷款	未贴现银行承兑汇票	企业债券	非金融企业境内股票融资
3594.4	2821.13	-216.61	1120.03	99.20	-1296.74	890.95	71.74

资料来源：Wind 资讯。

（五）外汇改革继续前进

“金改 30 条”在深化外汇管理改革方面提出了五条十一项具体支持政策，截至 2016 年底，已推动八项措施落地，自贸试验区外汇管理的制度创新、简政放权进一步深化，服务实体经济的能力不断增强。“金改 30 条”中关于外债宏观审慎监管、A 类企业货物贸易收入不入待核查账户、直接投资外汇登记下放银行办理、外汇资本金实行意愿结汇、外债资金意愿结汇、放宽跨国公司外汇资金集中运营管理准入条件等六项政策已在全国推广实施。而“金改 30 条”中深化外汇管理改革部分还有三项措施未落地实施，主要是受当前经济金融形势等因素影响，对限额内资本项目可兑换、提高对外放款比例等政策，尚未出台具体实施意见。

二 天津金融改革创新分项成果

天津贯彻落实国家政策，在金融领域发挥了带头作用，全面推动改革创新，秉承科学健康发展理念，大力扶持实体经济，取得了不俗的成绩。金融三驾马车发展迅速，以融资租赁业尤为突出，具有举足轻重的地位，天津正在根据自身情况特点，探索具有天津特色的发展之路。

2016 年金融业增加值为 1735. 33 亿元，增长 9. 1% 。2016 年底，金融机构本外币各项存款余额较年初增加 1917. 66 亿元，总额达 30067. 03 亿元。另外，贷款总量达 28754. 04 亿元，增加了 2759. 37 亿元（见表 2）。金融创新运营示范区进入发展与扩张的快车道。全国首批“投资联动”试点将天津银行和天津滨海国家自主创新示范区纳入其中。2016 年铁合金交易所成交 13. 3 亿元，股权交易所成交 7. 61 亿元，渤海商品交易所成交 1822. 13 亿元。

表 2 2010 ~ 2016 年天津关键金融指标统计

单位：亿元

项目	2010 年	2011 年	2012 年	2013 年	2014 年	2015 年	2016 年
金融业增加值	560. 7	701. 8	959. 0	1202. 0	1389. 5	1588	1735. 33
银行业总资产	23934. 4	28110. 7	35115. 2	41000	44100	45000	48000
存款余额	16499. 3	17586. 9	20293. 8	23316. 6	24777. 8	28149. 4	30067. 03
贷款余额	13774. 1	15924. 7	18396. 8	20857. 8	23223. 4	25994. 7	28754. 04
保费收入	214. 0	211. 7	238. 2	276. 8	317. 8	398. 34	529. 49

资料来源：天津金融工作局。

挂牌上市的企业明显增加。全年新增新三板挂牌企业和上市公司83家，累计220家，作为打破天津金融企业上市率为零的天津银行于2016年3月30日在香港联合交易所主板成功上市。证券交易额减少34.6%，为43811.79亿元；账户增长16.0%，为438.94万户；股票交易额为26160.21亿元，下降幅度为48.9%；期货市场成交额60286.78亿元，相较于上年同期下降55%；债券交易总额也达到15702.39亿元，同比增长近20%；基金交易总额为1926.83亿元，下降了近30%。

保险行业发展迅猛。从保费方面来看，2016年人身险保费总额为401.93亿元，较上年同期增长44.6%；财产险保费总额为127.56亿元，较上年同期也增长了6.1%。赔付总额为177.67亿元，较上年同期提升了27.3%。其中，人身险赔付总额为83.27亿元，增长了14.0%；财产险赔付总额为94.41亿元，增加了42.1%。

金融业已经成为天津经济社会持续发展的中流砥柱，是发挥天津经济特区示范作用和北方经济中心服务作用的核心产业，更是带动区域经济结构优化、有效提升经济运转效率的重要手段。

（一）银行业

1. 坚定创新思路，优化城市定位

天津银行业秉承“一基地三区”宗旨，积极发挥带头作用，在产品创新与提升服务质量方面加大力度，健全管理体制，优化操作流程。截至2016年末，天津银行为促进京津冀协同发展，增加了491亿元专项贷款资金，使贷款余额达到4365亿元。

（1）着力于产业升级，助力“全国先进制造研发基地”建设

积极落实《中国制造2025》规划，加快产融结合，重点扶持十大支柱产业、先进制造业等重点行业，推动创新节奏加快前进。在此基础上，先后成立了京津冀三地引领产业转型基金以及天津的引导海河产业专项基金，基金总额分别为100亿元与200亿元，为合法地介入产业投资的相关基金项目提供产业支持。2014～2016年，全市共生产总值850.7亿元的

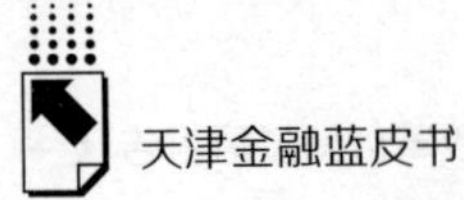

大型空客飞机 147 架，十大支柱产业集群总产值占全市工业比重总值的 77% 以上。

（2）推动航运金融发展，支持“北方国际航运核心区”建设

设立完善的航运金融体系，可以从东疆港保税区开始，凭借于家堡和天津港的优势来完成。此前，世界范围航运的税收制度已率先试点，融资租赁领域的改革创新、航运金融相关制度也已先行，船只、客机成为突击点以使航运金融在融资租赁领域与世界接轨，保持天津在全国范围内的优势地位。我国第一个飞机租赁交易就是在天津完成的。此外，天津船舶、海工离岸等租赁方面的革新都取得了不俗成绩。

（3）构建“大金融”体系，推动“金融创新运营示范区”建设

外向型、全牌照、多层次的金融机构体系的构建工作在相关部门的督促下顺利开展。已经有 2273 家金融及金融服务机构在天津落户，有 67 家持牌法人金融机构，其增加值占 GDP 的 9.4%。十多家跨越传统金融和新兴业态的金融机构在天津成立了数据和科技核心区。

（4）践行改革开放理念，全力开展“改革开放先行区”建设

在鼓励辖区银行发展的基础上注意兼顾规范监管，强化风险防范意识，使银行系统健康良性运转。在监管方面同样要注重法律法规的创新以应对新情况，使监管更加有效。在税收与登记制度化的革新方面也不容忽视。推进租赁公司的国际化进程在一定程度上也可以提高我国在租赁领域的国际地位。截至 2016 年底，天津租赁行业资产总量达到全国的三分之一。积极开发投资联动的新型业务模式，同时出台政策辅助监管。此外，鼓励金融机构登陆境外，也是“走出去”方针的具体体现，对这部分企业应给予信贷上的支持。2016 年上半年商业银行提供信贷支持总额达到 2953 亿元，相比上年同期增长了 38.7%。

2. 促进协调发展，提供金融聚力

银行、企业与政府应该形成合力，协调起来形成一个稳定长期的合作机制，使京津冀三地的金融资源，尤其是资金自由流动，通过互补互助带动协同发展，也让金融资源得到更有效、更充分的利用。

（1）银政企协调联动

京津冀三地政府与国家开发银行总行签发了2015～2017年融资总额为2.1万亿元的合作协议。同时，浦发银行总行与滨海新区政府签订了1500亿元信贷的协定。为了引导天津银行业服务产业的转移对接和提供承接优质企业和项目名单，市政府积极和有关部门联络。天津于2016年成功着手多个优质项目，各商业银行通过优惠政策促进产业转移的项目数量为141个，商定的投资总额约为3000亿元，提供贷款支持总额达244.3亿元。

（2）银行内外协同工作

不仅要在行内拧成一股绳，也要加强银行之间的有效合作，从两方面同时入手，通过一系列手段达到整体战斗能力提高的目的。有关数据显示，天津有京津冀协同发展专业部门13个，总行或分行级别的京津冀协同发展领导小组24个。为了满足京津冀一体化项目对资金的需求，三地之间的银行业协同合作，截止到2016年9月贷款金额为902.8亿元。

3.切换动能供给，发展绿色金融

京津冀协同发展离不开生态环境的支持，环境因素同时也是实现协同发展的关键。京津冀三地要联合起来，对大气、水污染等严格治理，全力提升生态质量。世界银行“京津冀大气污染防治融资创新”项目于2016年6月正式落户华夏银行，该项目将通过世界银行4.6亿欧元和华夏银行的等量自有资金，以较低利率水平支持京津冀及周边地区的能效、可再生能源及大气污染防治项目。兴业银行则通过积极参与碳金融活动，让融资租赁更具绿色效应，并相继投入700亿元资金支持，占所有业务总额的1/3。截至2016年底，天津各家银行共发放绿色信贷总额占总体投放信贷金额的9%，为绿色金融发展添砖加瓦。

4.坚持开放发展，促进协作共赢

天津自贸区是京津冀对内开放的新引擎，具有强烈的向心发展动力，同时也是京津冀对外开放最具竞争力的平台。

（1）坚持简政放权，积极推出监管服务新措施

出台《关于简化中国（天津）自由贸易试验区内银行业机构和高级管理人员准入方式的实施细则》，专注创新机构的准入方式，将部分审批事项

的批准机制更改为事后报告制。通过行政许可服务大厅集中受理银行业行政许可事项来推新监管审批机制。2016 年设立创新目标九项中有八项成功开展，完成率为 88%，有 110 家银行业营业机构在自贸试验区成立。

（2）充分利用关联资源，满足三地企业需求

积极贯彻党中央的精神与指示，充分利用相关政策优势，提升京津冀三地企业的综合跨境金融服务需求。截至 2016 年底，自贸区内银行业跨境外币支付结算总额 1018 亿元，人民币 565.5 亿元。浦发、交通、招商和平安四家自贸分行为京津冀企业满足了离岸金融需求，提供了跨境融资渠道。

5. 坚持共享发展，缩小地区差距

（1）构建“同城金融圈”，实现区域共享

工商银行率先在三地开通了抵押资产池，实现三地的个人客户在一处做抵押、其他两处皆可贷款的便利服务。三地农商银行推出“京津冀农银通”借记卡，实现了自动取款机免费跨行和农信系统内通存通兑。

（2）发展普惠金融，实现成果共享

截止到 2016 年末，天津辖内银行业为 81111 户小微企业提供贷款总额为 6459.7 亿元，企业申请贷款成功率为 92.6%。金融支持农业发展方面，2016 年末天津辖内银行业涉农贷款余额 2666 亿元，实现涉农地区基础金融服务全覆盖。

6. 银行间融资业务逐渐完善

截止到 2016 年底，天津金融机构（含外资）本外币各项存款总额为 30067.03 亿元，较上年同期增长 6.81%，环比下降 1.17%；贷款总额 28754.04 亿元，较上年同期增长 10.62%，环比下降 0.14%。

住户存款和非银行业金融机构存款增长幅度不大，非金融企业存款和广义政府存款降幅较大。2016 年 12 月，天津金融机构本外币各项存款减少 248.42 亿元，比上年同期减少 321.43 亿元。非银行业金融机构存款增加 17.37 亿元，同比少增 288.67 亿元；广义政府存款减少 140.36 亿元，同比少减 168.90 亿元；住户存款增加 32.15 亿元，比上年同期少增 91.62 亿元。2016 年全年本外币各项存款增加 1917.66 亿元。其中，非金融企业存款增加 604.66

亿元，比上年同期少增745.25亿元；广义政府存款增加666.83亿元，比上年同期多增524.21亿元；非银行业金融机构存款增加91.95亿元，比上年同期少增966.82亿元；住户存款增加464.63亿元，比上年同期多增60.61亿元。

（二）证券业

1. 天津股权交易所

（1）挂牌企业3C线上路演会

2016年3月26日，天交所组织的挂牌企业3C线上专场路演会举行。此次参加线上路演的是宁夏银熠物质循环利用股份有限公司和福建世野食用菌股份有限公司。路演过程中，多家投资机构与两家企业董事长进行了深入沟通，线上路演会取得良好效果。

2015年以来，天交所不断探索企业服务模式，创新性地利用线上资源丰富挂牌企业融资渠道，持续受到企业和投资机构好评。天交所市场将继续开发各类线上和线下资源，不断完善融资服务功能。

（2）“天津众创板”

为扶持天交所市场众创空间，为创新型创业企业提供服务，共青团天津委联合天交所推出“天津众创板”，融合多家创投和风投机构，搜集了创新创业项目信息，成为天津“大众创业、万众创新”的关键一环。

2016年3月，国务院发布《关于发展众创空间推进大众创新创业的指导意见》，明确指出推进互联网众筹试点，加大对大众创新创业的金融支持。由一系列的政策支撑，天交所与共青团天津市委合作的“天津众创板”应运而生。天交所将继续发挥金融综合服务平台功能，为更多中小微创新创业型企业提供全方位的综合金融服务。

（3）天津自贸区首个互联网金融平台

2016年7月7日，天津第一个由天津自贸区的天津股权交易所牵头的互联网金融平台成立。业务由“添金投”和“添金融”两个平台组成。其中，前者为固定收益平台，发行天交所挂牌中小企业的私募债券，业务开展以来共有34家企业的69只私募债券进行备案，发行97期，发行金额为

49.18亿元，全部完成149次到期兑付兑息，信誉管理良好；后者为股权融资平台，为天津众创板内的企业提供产品众筹、股权转让等服务。

这两个平台的对象主要是国内中高端投资者，创新性地采用P2F2B（Person to Finance to Business，其中Person代表个人投资者，Finance代表金融机构，Business代表企业用户）模式，灵活运用其自身优势，力争将其塑造为国内先进的互联网金融平台。

（4）“大投行”服务模式

2016年，天交所与天津中天联合节能建设发展股份有限公司共同签订战略合作协议，协议规定“大投行”是天交所灵活运用其特点为中天联合提供资本市场服务的主要思想依据。位于天津北辰区的中天联合主要研发生产新型建筑外保温材料和门窗，于2015年在天交所挂牌上市，并在这一年时间里取得了长足的发展。在协议规定时间里，两家企业将深入进行战略合作，通过经营管理改革、企业并购重组等方式来让中天联合更上一层楼。

（5）生态产业板

2016年10月，中国投资协会和天津股权交易所签署了关于打造天交所生态产业板的战略合作协议，助力生态产业企业更好地发展，在天交所市场挂牌。这一板块由生态创业创新板以及生态产业孵化板组成拥有生态产业创投基金，中国投资协会内部也为其成立孵化基地来提供一系列针对性辅导。

（6）自贸创新板

2016年9月26日，由紫荆花科技孵化园和天交所共同成立的自贸创新板成功挂牌，为挂牌企业提供融资渠道拓宽、股权交易流转、优势资源整合以及发展战略、品牌策划等适合企业当前发展的培训。作为特色行业板里的新成员，自贸创新板从创立之初就吸引了众多企业的关注。

（7）天交所融资额

2016年，天交所市场融资额持续增长。截至2016年12月31日，天交所累计挂牌企业967家（见图1）。其中，A板挂牌企业697家，B板挂牌企业270家。

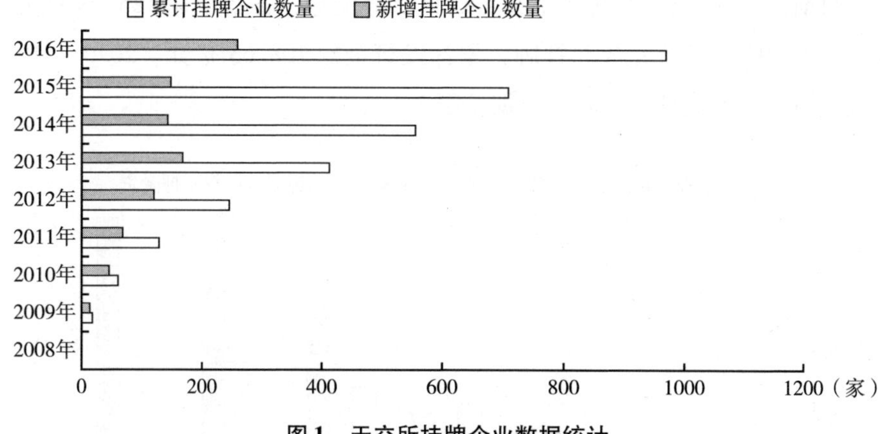

图 1　天交所挂牌企业数据统计

资料来源：天津股权交易所。

天交所累计实现各类融资总额合计 302.02 亿元。其中，直接融资 91.76 亿元（挂牌前私募 42.76 亿元，后续增发 49.00 亿元）；间接融资 210.26 亿元（股权质押融资 88.62 亿元，带动银行授信贷款 121.64 亿元）（见图 2）。这标志着天交所市场融资功能不断增强。

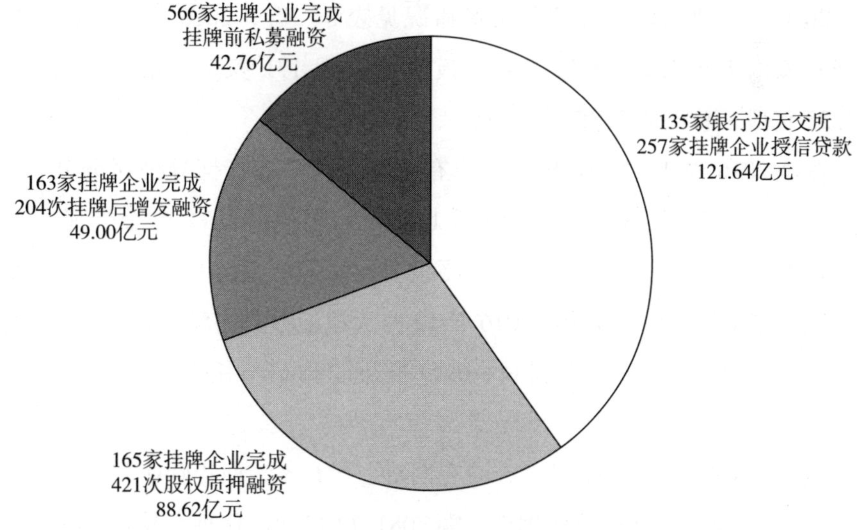

图 2　天交所累计实现各类融资情况

资料来源：天津股权交易所。

目前已有60家企业共计备案170只私募债券，备案金额185.78亿元，其中已有291期发行完成并挂牌，累计发行金额108.63亿元。2010～2016年天交所各年度累计主要融资数据见图3。

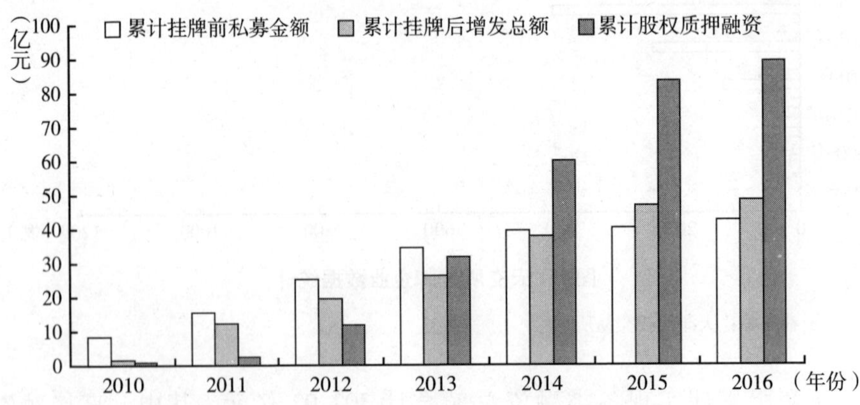

图3　天交所各年度累计主要融资数据

资料来源：天津股权交易所。

2. 天津证券期货市场

2016年天津辖区证券期货市场概况见表3。截至2016年12月31日，天津有境内上市公司45家，新三板挂牌公司171家。上市公司总股本592.25亿股，总市值5285.14亿元。

截至2016年12月31日，天津有证券公司1家，证券公司分公司19家，基金管理公司1家，证券营业部146家，登记注册私募基金管理人379家，证券投资咨询公司1家，信用评级公司1家，证券投资咨询分公司3家，独立基金销售机构4家。2016年12月天津证券营业部总资产215.04亿元，净资产16.45亿元，净利润－0.11亿元，指定与托管市值3820.38亿元。

截至2016年12月31日，天津有期货公司6家，期货营业部30家，期货交割库52家；期货公司代理交易额3081.72亿元，代理交易量539.64万手；期货营业部代理交易额1868.07亿元，代理交易量302.15万手。

表3　2016年天津辖区证券期货市场概况

类别		指标名称	单位	当期值	上年同期值
上市公司指标		上市公司	家	45	42
		其中:A股公司	家	40	37
		AB股公司	家	1	1
		AH股公司	家	3	3
		AS股公司	家	1	1
		上交所上市公司	家	23	22
		深交所上市公司	家	7	7
		中小板上市公司	家	8	6
		创业板上市公司	家	7	7
		新三板挂牌公司	家	171	92
		上市公司总股本	亿股	592.25	544.8
		上市公司总市值	亿元	5285.14	6221.4
证券公司、证券营业部指标	基本情况	证券公司	家	1	1
		证券公司分公司	家	19	15
		辖区证券营业部	家	146	132
		基金管理公司	家	1	1
		私募基金管理人(已登记)	家	379	499
		私募基金产品(已备案)	支	1274	383
		证券投资咨询公司	家	1	1
		证券投资咨询分公司	家	3	1
		证券信用评级公司	家	1	1
		独立基金销售机构	家	4	3
	证券营业部	总资产	亿元	215.04	324.73
		净资产	亿元	16.45	24.45
		净利润	亿元	-0.11	0.47
		客户交易结算资金余额	亿元	179.20	290.02
		指定与托管市值	亿元	3820.38	3248.26
		A股证券账户	万户	435.21	374.74
		B股证券账户	万户	3.75	3.70
基金管理公司指标		开放式基金	只	52	46
		开放式基金份额	亿份	8453.12	6732.00
		开放式基金资产净值	亿元	8449.67	6739.30
期货公司、期货营业部指标	基本情况	期货公司	家	6	6
		辖区期货营业部	家	30	29
		期货交割库	家	52	50
	期货公司	代理交易额	亿元	3081.72	2815.64
		代理交易量	万手	539.64	687.90
	期货营业部	代理交易额	亿元	1868.07	2647.96
		代理交易量	万手	302.15	683.15

资料来源：证监会天津监管局。

（三）保险业

1. 天津探索完善医疗风险分担机制

2016 年，天津保险业在前期充分调研基础上，不断完善医疗风险分担机制，取得初步成效。一方面将医疗意外引起的风险纳入保障范围，扩大了风险覆盖范围；另一方面通过强化患者及其家属的风险意识，有效降低了医疗纠纷的发生概率，助力化解医患矛盾。在此基础上，通过降低医疗责任保险赔付水平，减轻了医院压力，最终保障医疗风险分担机制持续健康运行。截至 2016 年底，天津医疗意外险共为 1908 台次手术提供风险保障 2.01 亿元，试点医院投保率在 90% 以上，解决医疗意外事件 35 例，累计赔付金额 135.15 万元，均未产生投诉。下一步，天津保监局将积极指导相关保险公司继续扩大试点范围，不断完善医疗风险分担机制。

2. 天津保险业发展正大力引用新技术

2016 年，保险业正在不断深入引入云计算、大数据、互联网等新兴技术。在云计算方面，保险全行业已有 50 余家机构与第三方社会化云平台展开合作，这一举措降低了运营成本、加快产品的迭代更新。在电子保单方面，共有 104 家机构（财产险 46 家，人身险 58 家）签发了 3.61 亿张电子保单，其中财产险 1.98 亿张，人身险 1.63 亿张。从互联网保险来看，117 家保险机构（财产险 56 家，人身险 61 家）开展互联网保险业务，实现签单保费 2347.97 亿元，其保费分别为 403.02 亿元、1944.95 亿元。互联网保险保单数额 2016 年增长 61.65 亿件，占全部保单数增加量的 64.59%；退货运费险签单的数量为 44.89 亿件，同比增长 39.92%；签单保费数额为 22.36 亿元，同比增长 24.97%。

3. 天津保险业服务国家战略取得积极成效

2016 年，天津保险业主动履行社会责任，服务国家战略发展，取得积极成效。服务“一带一路”建设上，通过支持出口信用保险公司建立多个信息库，扶持企业开展国际化经营，提升企业开放水平；支持京津冀协同发展方面，通过大力发展航运保险，进一步提升天津港作为北方国际航运核心功能区的重要地位；助力天津自贸区建设方面，累计支持1989家企业获得融资额度5.22亿美元，其中支持1673家小微企业融资1.14亿美元，在此基础上还通过融资租赁保险累计撬动4亿美元高新技术船舶以海外租赁形式开拓东南亚市场。

4. 天津保险市场发展势头良好

总体来看，保险市场增长势头很强劲，结构调整显然有效，对风险的防范起到了很好的作用，同时对经济实体和保障民生有很大的好处。具体来看，保险市场的运行具有以下特点。

业务规模快速增长。截至2016年，天津保险公司机构共计674个，比2015年增加31个，其中法人机构仍然是6家。天津全市保费收入在2016年上升至529.5亿元，同比增长32.92%，增速高于全国平均增速5.42个百分点，排名全国第六位。其中寿险业务增长迅猛，取得原保险保费349.6亿元，同比增长47.71%。从产品结构看，传统寿险业务继续有效发挥保险保障功效，普通寿险实现保费收入227.8亿元，占人身险公司保费收入的56.7%，同比增加10.8个百分点；分红保险实现保费收入119.0亿元，占人身险公司保费收入的29.6%，同比减少9.6个百分点。从渠道结构看，银邮代理渠道实现保费收入201.6亿元，同比增长65.1%，增速与上年基本持平；个人代理162.1亿元，同比增长29.5%，增速较上年增加10.7个百分点；公司直销28.9亿元，同比增长20.0%，增速较上年增加19.8个百分点。财产险业务则增长平稳，取得原保险保费127.6亿元，同比增长6.1%（见表4）。

保险保障的范围进一步扩大。具体来看，2016年天津保险市场的保险密度达到3389.5元/人，环比指数为1316；保险深度达到3%，环比指数为1250。其中寿险的保险密度达2259.60元/人，寿险保险深度达到1.95%，较上年提高0.52个百分点。天津财产保险密度达到824.56元/人，较上年增加39.38元/人，财产保险深度达到0.71%，较上年下降0.01个百分点。

在风险保障方面，天津保险业共承担风险保障15.55万亿元，同比增长29.2%；累计赔付177.67亿元，同比增长27.34%。其中，财产险业务赔付支出达到 94.41 亿元，比上年增长 42.06%；人身险业务赔付支出达到 83.27 亿元，比上年增长 13.96%。

表 4　2016 年天津保险市场统计数据

单位：万元，%

项目	金额	增幅
原保险保费收入	5294869.34	32.9
1. 财产险	1275594.45	6.1
2. 人身险	4019274.89	44.6
寿险	3495614.24	47.71
健康险	446959.32	31.70
人身意外伤害险	76701.33	2.82
赔款、给付	1776732.54	27.3
1. 财产险	944050.59	42.06
2. 人身险	832681.95	13.96
寿险	664414.53	—
健康险	146638.05	—
人身意外伤害险	21629.07	—

资料来源：天津保监局。

（四）融资租赁业

天津的融资租赁行业拥有较好的集聚效应和比较优势，这得益于天津对租赁业的重视和扶持、积极良好的政策环境以及良好的业务创新氛围，内资租赁和外资租赁之间形成了彼此补充、协调进步的全新局面。天津的带动发展效应体现得十分明显，产品业务趋于多元化，融资租赁业将会成为金融改革创新工作中不可忽视的新星。

1. 天津租赁市场飞速发展

2016 年起，一系列鼓励政策相继出台，国家相关部门大力支持并激励产融之间的结合，助推融资租赁业实现快速发展的伟大目标。截止到

2016 年 3 月末，全市存有总部型的法人租赁公司比上年同期增加 460 家，达到 773 家。其中，受到银监会监管的租赁公司有 9 家，受到商务部门监管的内资融资租赁公司 18 家，外资融资的租赁公司 746 家。注册资本总额达到 3233 亿元，同比增加了 2021 亿元。全部租赁公司总资产则超过 7700 亿元，同比增加 1600 亿元，占全国总量的四分之一。天津飞机、国际航运船舶和海工平台的租赁业务分别占全国 90%、80% 和 100% 的市场份额。工银金融租赁、民生金融租赁、兴业金融租赁、渤海租赁等一批行业龙头租赁企业不断发展壮大。中铁建设金融租赁公司作为拥有大型制造业央企背景的租赁公司以及作为全国首家民营租赁公司的华运金融租赁先后在天津落户。天津率先开展了数十种创新业务模式，包括 SPV 租赁、保税租赁、跨境租赁、离岸租赁、转口租赁、联合租赁、基础设施租赁、批量中小企业租赁、租赁资产交易等，大部分模式已向全国推广。天津现有的租赁业业务规模、创新成果和机构实力都已连续多年位居于全国首位，对全国的租赁业发展起到了示范带动作用。

2. 有力服务实体经济，推动产业转型升级

目前，天津以航空、航运、海洋工程为特色，汽车、能源设施、轨道交通、高端装备、节能环保、医疗服务、基础设施等领域全面发展的租赁业格局已经形成，为政府融资平台、服务类企业、制造类厂商、农村和中小微企业主体分别提供了多元化和差异化服务，打通了分别存在国际、国内两个市场的两种不同资源，成为仅次于资本市场和传统信贷的重要融资渠道，进而支持了实体经济的快速发展和产业经济的转型升级。工银租赁利用保税区政策，通过 SPV 公司开展飞机保税租赁业务，打破了外国租赁公司对我国航空租赁市场垄断；开展服务中小企业的“租易通”业务，通过与银行和制造商合作，降低中小企业获取设备门槛，累计投放设备融资超 100 亿元。兴业租赁开发了绿色公交、污水处理、集中供热、清洁能源、固体废物五大类核心绿色租赁产品，在绿色租赁领域投放超过 500 亿元。渤海租赁注册资本增至 218.7 亿元人民币，成为全国注册资本排名第一的租赁企业，其 36 亿元空客总装线厂房融资项目成为通过租赁方式参与基础设施建设投资的成功

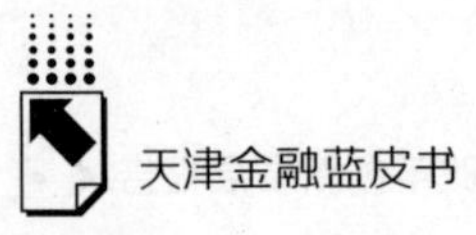

案例。

自2016年3月开始，天津逐步开展“支持企业通过融资租赁加快装备改造升级”的思想工作，将其列为全市“促惠上”活动之一。在天津的良好发展前景下，充分发挥技术水平高的优势，挖掘充满潜力的中小企业市场，利用高新技术企业和科研院的优秀成果，通过融资租赁的方式来进行先进的生产、研发、监测设备的采购，借以真正提高企业的智能制造水平。天津财政也给予了充分支持，共筹集资金30亿元，并提供给企业的综合融资租赁利率五个百分点的补贴，预计在两年内改造近1000家企业的技术装备，拉动投资600亿元以上，将大幅提高天津企业研发制造水平。这是天津建设全国先进制造研发基地和国家自主创新示范区、提高先进制造研发水平和创新成果产业化水平、扶持战略新兴产业和高端制造业发展的重要抓手；也是降低新设备和中小企业新技术引进门槛，有效缓解企业融资贵、融资难，并促进创新和创业精神的重要举措，将有效促进租赁业与实体经济共赢发展。仅四个月，天津就有672个合格的设备升级项目，总投资603亿元，融资需求达219亿元。

（五）外汇市场

中国人民银行于2015年12月9日发布《关于金融支持中国（天津）自由贸易试验区建设的指导意见》（以下简称“金改30条”）。2015年12月18日，天津出台《推进中国（天津）自由贸易试验区外汇管理改革试点实施细则》，这一细则也成为天津自贸试验区“金改30条”发布后出台的首个实施细则。“金改30条”颁布一年以来成效显著，外汇市场发展势头良好。

1. 外汇管理改革进一步深化

“金改30条”在深化外汇管理改革方面提出了五条十一项具体支持政策，截至2016年底，已推动八项措施落地实施，自贸试验区外汇管理的制度创新、简政放权进一步深化，服务实体经济的能力不断增强。

一是贸易投融资更加便利。例如，推动外债宏观审慎管理，逐步统一境内机构外债政策；推动实施外汇资金意愿结汇政策。截至 2017 年 3 月底，天津自贸试验区企业开展跨境融资全口径宏观审慎管理业务，累计债务 16 笔，累计金额 2.8 亿美元；中国企业之间借款 13 笔，金额 2.6 亿美元，实现了跨境融资政策的外商投资企业平等，有效拓宽外资企业融资渠道和规模。区内企业办理外债资金结汇 6.5 亿美元、资本金结汇 4.3 亿美元，企业能够更好地管控汇率风险，降低汇兑损失，满足资金运作需要，促进贸易投资便利化。

二是资金使用效率显著提升。例如，大力支持发展总部经济，放宽外汇资金结算中心政策，进一步简化资金管理池，对人民币外汇衍生品业务银行发展的支持。2017 年 3 月底，在七家跨国企业的地区开展外汇资金集中运营管理，跨国企业在国际和国内外汇资金主账户收取外汇资金，有利于跨国企业充分利用国际国两种内市场，促进资源的有效配置，使得平均资金周转率显著提高。

三是金融服务的效率和水平显著提高，简政放权力度不断加大。比如自贸试验区内货物贸易 A 类企业的贸易收入可以直接下放银行办理其投资外汇登记业务，而不用再开立待核查账户。截至 2017 年 3 月末，区内 A 类企业办理贸易收汇 134.3 亿美元，均未经过待核查账户，区内企业直接到银行办理外商直接投资和境外投资项下各类外汇登记 580 笔，涉及金额 447.8 亿美元，简化贸易投资的行政审核程序提高了金融服务效率。

四是金融政策复制的初步实现。创新政策可以复制，新的发展可以推广。截至 2016 年底，“金改 30 条”中的六项政策，包括未列入对一类企业的外债宏观审慎监管以及商品贸易的收入、外汇资本金实行意愿结汇、外债资金意愿结汇、直接投资外汇登记下放银行办理以及放宽跨国公司外汇资金集中运营管理准入条件等已在全国范围内施行推广。

与此同时，“金改 30 条”中深化外汇管理改革部分还有三项措施未落地实施，主要是受当前经济金融形势等因素影响，总局对于限额内资本项目可兑换、提高对外放款比例等政策尚未出台具体实施意见。下一步，天津将加大对创新政策的宣传力度，指导市场主体用好、用足、用活政策，不断增强自贸区金融改革创新森林绿地效应。同时，密切跟进政策变化，加强沟通协调，推动尚未落地政策尽快实施；还要采取有力措施，切实防范创新试点风险、保安全、保稳定、促发展。

2. 支持金融租赁公司的跨国公司外汇资金集中支持

2016 年 11 月 25 日，外汇局天津分局印发《关于民生金融租赁股份有限公司开展外汇资金集中运营管理业务的备案通知书》。民生租赁作为主办企业，通过开展境外外汇资金境内归集、境内外汇资金集中管理、外债和对外放款额度集中调配、经常项下集中收付业务、集中管理六家境内外成员公司外汇资金的运营，实现境内外成员公司外汇资金的归集、互通与统一管理，提高资金使用效率，降低资金运营成本。下一步，民生租赁将凭备案通知书在其业务合作银行开立账户，并开展相关业务。外汇局天津分局将继续做好对企业、银行的政策指导，确保实际业务合规、有序开展。

3. 大力支持天津跨境电商综合试验区建设

为支持天津跨境电子商务综合试验区（以下简称综试区）的建设工作，落实国务院和天津市政府关于综试区建设的工作安排，天津外汇管理分局与天津商务委多次沟通，在充分了解天津实际业务需求的基础上，经请示总局原则同意后，拟定多项支持综试区建设的便利化外汇管理措施。

天津分局拟定简化名录登记办理流程、取消 A 类企业待核查账户、简化跨境电商综合服务企业贸易信贷报告流程、允许委托综合服务企业出口的电商自行收汇、允许在综试区登记备案的个人开立个人外汇结算账户、推动银行实现网上结算、实施主体管理等七项支持综试区建设的便利化外汇管理措施，经请示总局经常项目管理司原则同意后，于 2016 年 11 月 3 日印发《国家外汇管理局天津市分局关于支持中国（天津）跨境电子商务综合试验区建设外汇管理措施的通知》（津汇发〔2016〕110 号）。

上述措施解决了制约跨境电商业务发展的收付汇问题，便利了电商企业办理外汇业务，完善了跨境电商外汇收支风险防范管理，加大了部门间协同监管工作力度，对促进综试区发展具有积极作用。

（六）金融创新基地

1. 国家自主创新示范区

示范区建设将围绕京津冀协同发展国家战略，围绕天津第十一次党代会精神，从产业协同、创新协同、体制机制协同、环保协同、基础设施建设协同五方面推进京津冀协同发展，努力开创创新发展示范区新发展观。一是要以“棋局”思想，进一步推动北京、天津、河北的协调发展，紧紧围绕缓解北京非首都功能，充分发挥天津优势，加快事业载体建设，深化卫生部与城市、医院与城市、学校与城市的合作，推进载体建设、联合攻关、成果共享，促进创新研发项目在天津落地；充分发挥改革开放先行区作用，推动北京、天津全面创新改革试点深入开展，推动各地区要素自由流动，有效配置资源。二是要积极打造创新驱动新引擎，要建设高水平的大创新平台，推进以“三合一”创新载体建设为出发点，集中引进高端资源。促进主导产业发展，形成高新产业聚集区；加快科技型企业，特别是高成长企业的发展壮大，大力培育科技领军企业，支持科技型企业“走出去”，推动科技型企业创新发展；优化创新生态环境、推动政策创新与落实、健全工作机制，进一步加快建设完成天津自主创新示范区。

国务院《关于同意支持天津滨海高新技术产业开发区建设国家自主创新示范区的批复》显示，天津将集聚国内外的创新和科技资源、完善科技体制改革，推进中小企业的发展，建立具有战略意义的新兴产业集群，争取建立一个具有领头羊效应、影响力广泛的国家区域创新中心。天津国家自主创新示范区将力争在2020年完成“创新开发区”格局的建立，成为拥有极强自主创新能力、高端和新兴产业、高素质创新人才聚集的知识产权创新和服务体系，并能够提供良好的自然环境和创新环境的全新动态创新园区。

2. 天津自贸区

“十三五”时期是天津金融定位与发展的重要转折点，而天津自贸园区金融改革则是天津“十三五”规划中重要的一环，为天津金融业充分发挥自身比较优势，打造金融环境国际化、金融运作市场化、金融机构集聚与要素市场，金融的运行和管理与监管数据化的现代化金融中心城市奠定基础。

天津自贸园区努力尝试、大胆创新，一方面强调金融对实体经济的支撑，在多领域提供金融对相关产业的配套服务；另一方面明确政府在金融改革与金融服务中的地位与职能，特别是“三个清单”的设计，成为天津金融改革的亮点内容，为其他地区的金融发展提供了借鉴。

自2016以来，地区内的对外投资继续增加，占全市总投资的八成以上，对城市的增长率贡献超过90%。截至2016年底，自贸区《中国（天津）自由贸易试验区总体方案》的90项改革任务中，有72项已经完成，占比80%；两批创新制度的175项中，有151项投入施行，占比86%。在对外投资方面，天津自贸试验区对外投资外汇登记完成27笔，同比增长17.4%，而中方协议投资额达到71.3亿美元，同比增长120%，汇出投资资额为25.1亿美元，同比增长335%。

3. 东疆保税港区

作为北方国际航运中心以及国际物流中心核心功能区的天津东疆港区面积30平方千米（包括东疆保税港区面积10平方千米）。天津东疆港区将航运物流、国际贸易、融资租赁等现代服务业作为发展的重点。该港区金融创新政策包括四大类、22项创新试点政策，如国际船舶登记制度、国际航运税收政策、航运金融和租赁业务等；自贸试验区挂牌至2017年4月，东疆片区新增企业5289家，总注册资本4420.25亿元，注册资本1亿元以上的企业967家，落户项目质量是东疆片区自成立以来的最好水平。从企业结构看，航运、物流、租赁、贸易结算和保理等五大支柱型产业，占总注册企业的76.40%。

4. 于家堡金融区

兼任天津金融改革创新集聚区和滨海新区核心区的滨海新区中央商务区总面积达46.8平方千米（含天津港保税港区和保税物流园区4平方千米）。其现代服务业中，金融创新为发展的重中之重，是区域金融中少数全牌照地区；其基础设施发展快速，在建商务用楼共有63座，10座商业建筑已投入运行；基金、保理、融资租赁、资金结算业务发展迅猛。中心商务区规划充分践行“创新、协调、绿色、开放、共享”五大发展理念，借鉴世界各金融中心规划经验，在众多国内外顶级规划团队的全力配合下，世界一流商务区的版图轮廓已经初现。中心商务区区域规划先进，目前已开工建设63栋商务楼宇，可用面积608万平方米。截至2016年底，已累计竣工26栋，建筑面积272万平方米，可用楼宇总体租售率达到52%。较早投入使用的旷世国际、浙商大厦、滨海国泰大厦租售率已近100%，自贸区大厦、新金融大厦、双创大厦等租售率已超过90%。

三　天津金融改革创新发展前景展望

2016年是全面建成小康社会决胜阶段的开局之年。在2016年初，启动“十三五”规划，国家战略机遇期为天津的发展创造了良好的条件，这一年注定是天津经济发展的奠基年。

为了确保“十三五”规划在2016年有一个好的开始、好的起步，学习贯彻党的十八大和十八届三中、四中以及五中全会精神，领会习总书记讲话精神，根据中央经济工作会议和天津市委的部署，天津财政将以全市中心为纲紧密开展工作，顺应经济发展的新常态，将创新、和谐、绿色、开放、共享的五大发展理念落到实处，稳中求进、协同发展。并将金融创新示范区和自贸试验区作为主线和载体，树立实体经济可持续发展的战略方向，以党和人民的安全为重，深化金融政策体系和服务模式的改革，创造良好的金融生态发展环境，打好人才政策的“组合拳”，打造金融改革和金融创新平台，推动投资和融资的便利化，真正提高金融业的发展效率，充分体现金融在经济发展中的核心作用。

（一）完善自由贸易试验区建设

大胆创新利率市场化、发展金融租赁业务是天津自贸区建设的新方向。起着“制度高地”作用的自由贸易试验区为全国的创新发展提供了良好的榜样和借鉴作用。自贸区的建设和京津冀协同发展的重大战略紧密结合，促进“一带一路”建设，推进国际贸易规则体系的完善，创造公平、高效、动态的商业环境，经济社会发展与开放更上一个台阶。

准入前国民待遇和负面清单管理模式将在自由贸易试验区内开展，国际化、市场化和法制化的商业发展环境的培育势在必行。试点贸易和通关便利化措施等各项新举措为自贸区发展提供了政策支撑。通过离岸金融、跨境人民币使用以及航运金融等领域促进外汇改革创新，能够从深层次带动实体经济进出口的发展。

（二）大力支持特色金融运营

第一是大力推进产业金融，转变经济发展方式。打造财政职能、服务滨海新区开发开放为重点的金融服务体系，以天津泰达国际控股（集团）有限公司为重点，增强金融功能在控股集团有力发展中的积极作用。

第二是挖掘科技金融潜力，进一步实现科技与金融的综合效益。鼓励城商行分支机构发展，扩展中小企业金融服务团队；促进银行、保险、证券、信托、投资等金融行业的合作，扩大银行担保范围；支持天津创投之家有限责任公司等创新服务平台发展。

第三是深化农村金融建设，促进农业服务和农村经济的快速发展。制定明确的奖罚制度，激励更多的金融机构在农村设立分支机构或网点；进一步扩大农村可抵质押权属范围；深度探索并构建风险保障体系，即以政策性的农业保险为主、辅之以商业性的农业保险的风险体系。

第四是发展航运金融，全面推进北方国际航运中心核心区建设。同时，落实航运货物出口产品的出口退税政策，完善试点税收政策与融资租赁业务发展以及船舶的特殊情况登记制度试点发展；推进天津海事仲裁中心以及天津海损理算中心的进一步发展完善。

第五是发展商业金融服务。建立新型融资租赁模式，打造融资租赁中心；通过完善滨海商业保理试点工作来助推商业代理融通公司的进一步发展。

（三）建设完善股权投资基金中心，为直接融资提供便利的先决条件

创造私募股权基金的良好发展环境，完善对资金筹集、商业登记、托管账户、记录管理、投资运营和监管合规等方面的管理，进一步合理化合伙企业的公司治理模式。同时也要为中国企业及其他区域分支机构举办国际融资洽谈会。支持在国内和海外资本市场融资的企业通过该系统在天津股权交易所进行股份转让。

（四）深化管理体制改革，建立更多的外汇改革试点

深化经常项目外汇管理体制改革为经济体制改革中不可忽视的一环。天津将继续推进货物贸易外汇管理改革，完善个人外汇非现场监管业务，加强保险、证券公司的外汇业务管理工作。汇率改革基金、外汇资金的改革和外资小额贷款公司外汇结算都不容忽视，应对直接投资外汇管理政策进行全面改革实施。为促进滨海新区外汇业务进一步完善，研究加强北方航运中心外汇管理和发展离岸金融服务的政策非常重要。特许经营的建立、个人外汇业务特许经营发展、创新特许经营机构的经营类型以及建立系统的内部管理制度对经济发展起到了助推作用。利用特许经营机构来大力开展特许经营个人外汇业务并进一步促进跨境货币汇兑特许机构的建立，也同样有促进经济发展的作用。

（五）加快建设于家堡金融区

于家堡金融区的建设应严格遵循“一个基地、五个中心”（金融改革创新基地、市场中心、金融租赁中心、商业保理中心、股权基金中心、结算中心）的方针政策，推进各项试点发展，如外资股权投资基金、商业保理、融资租赁注册资本意愿结汇试点，并使其逐步发展成为国际金融服务区。洛克菲勒大厦、中国铁狮门等金融中心项目的顺利实施，可以完善金融市场的现行秩序，强化金融机构对人才的重视，使其成为现代产业发展的金融服务业集聚区，更成为我国面向世界金融发展开放的窗口。

分析与展望篇

Analysis and Forecast

B.8
2016年天津金融发展状况分析

王爱俭　刘　孝*

摘　要： 2016年天津金融业发展态势良好，从天津金融市场各个指标分析经济和运行情况。金融核心区以及融资租赁企业的迅猛发展，政策优势等加大金融产业聚集效应。完善顶层设计，推进统筹协调；加大监管力度，促进金融协同创新；发展农村金融，继续推进天津金融改革创新。

关键词： 金融运行　金融产业集聚　金融改革　金融创新

---

* 王爱俭，中国滨海金融协同创新中心主任，天津市政府参事，教授，研究方向为国际金融、汇率定价；刘孝，中国人民银行中关村支行，研究方向为金融创新。

一 2016年天津金融运行状况

（一）2016年天津经济运行状况

2016 年是关键的一年，是经历过多重经济变化的一年。“十三五”的新起点，给予天津金融发展诸多机遇，为此需要加快金融改革、具体推进供给侧结构性改革，以适应经济新常态。

2016 年天津经济社会发展的特点可以概括为“四稳、四进”。

“稳”主要是经济运行始终保持在合理区间，为调整结构、转型升级创造了良好的环境，具体表现在四个方面。一是运行总体稳。前三个季度全市生产总值分别增长 9.1%、9.2% 和 9.1%，没有出现大的起伏，在全国各省市始终名列前五位。二是财政收入稳。2016 年以来，公共财政收入连续实现两位数增长，1～10 月增长 10.5%。三是就业收入稳。2016 年 1～10 月新增就业 40.31 万人，比上年同期略有增长，城乡居民收入保持稳步增长。四是物价水平稳。CPI 温和上涨，从年初的 1.7% 逐渐上升到 10 月的 2.0%，为实施价格改革创造了有利条件。

“进”主要是经济发展提质增效，供给侧结构改革取得新进展，新旧动能加快转换，人民福祉不断增加。具体表现在四个方面。

一是重大战略有新进展。大力推进京津冀协同发展、承接北京非首都功能，高标准打造天津滨海中关村科技园，宁河、武清、宝坻示范区等载体，初步形成了以滨海新区为重点、各区有力支持的功能承接格局。

二是结构调整有新成就。天津“三二一”产业格局已经形成，服务业拉动经济增长的作用日益增强。前三个季度服务业增长 9.8%，高于工业 1.1 个百分点；第三产业占比升至 53.8%，同比提高 2 个百分点。

三是改革创新有新突破。“放管服”改革大力推进，继续深化完善行政管理体制改革，钢铁行业“去产能”年度目标已落实到位，商务楼宇“去库存”效果显著，企业“去杠杆”收到实效。

四是民生福祉有新改善。“四清一绿”行动深入实施，“五控”治理持续推进，“水十条”加快落实。

1. 经济运行总体稳定，质量效益稳步提高

截至2016年末，天津辖内的生产总值达到1.7万亿元，相比2015年增长了9%。2008～2016年天津GDP呈现逐年上升趋势，并且2016年的增长幅度明显高于前几年（见图1）。从产业视角分析2016年的经济状况：第一产业增加值达到220亿元，第二产业增加值达到8003亿元，第三产业所占比重最大，增加值为9661亿元，其增幅分别为3%、8%和10%。其中，第三产业占全市GDP的54%，比2015年增加1.8个百分点（见图2）；工业增加值同比增长8.4%，比上年低0.9个百分点。

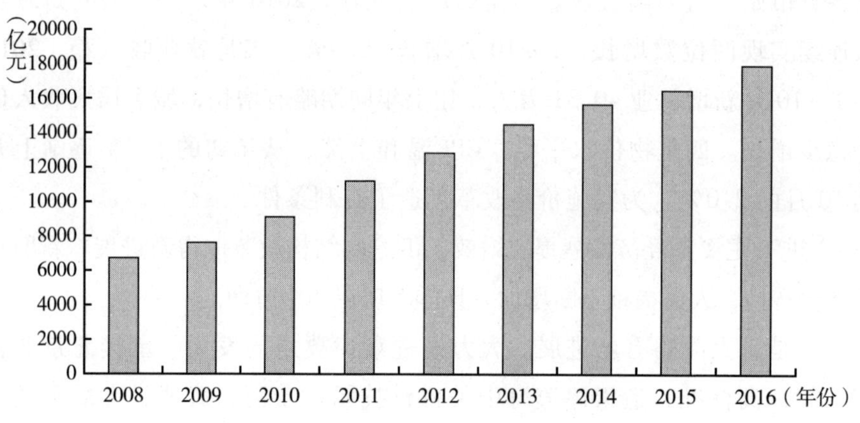

图1　2008～2016年天津GDP增长情况

资料来源：天津统计局网站。

2016年，天津一般公共预算收入达到2934亿元，相比上年增长10%；全国固定投资为12800亿元，在扣除融资租赁1830亿元的情况下，增长8.3%；全市一般公共财政收入2555.8亿元，按可比口径计算较上年同期增长10.2%。全市一般公共财政支出3183.8亿元，同比增长14.2%。全市政

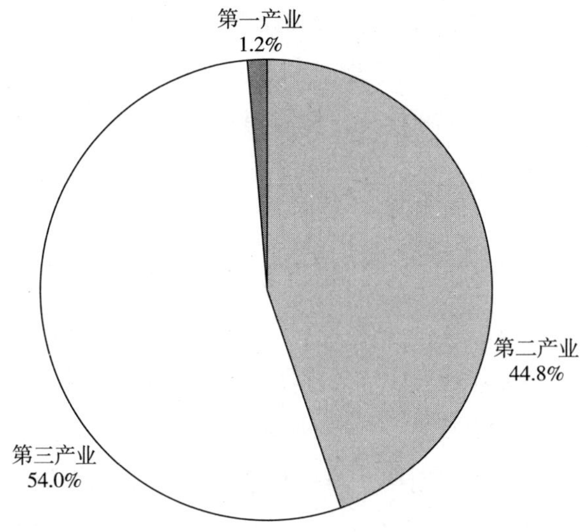

图2　2016年天津三次产业结构

资料来源：天津统计局官方网站。

府性基金收入827.2亿元，增长30.3%。政府性基金支出627.6亿元，下降4%。社会消费品零售总额完成5623亿元，增长7%。批发和零售业销售额45887.32亿元，增长7.7%。住宿和餐饮业营业额829.65亿元，比上年增长10.8%。2016年上半年，天津外贸出口额完成3175亿元，与上年基本持平。出口233.67亿美元，同比下降14.2%，降幅比第一季度减少6.7个百分点；进口271.22亿美元，同比下降了13.8%。全市新批外商投资企业1106家，合同外资额308.26亿美元。单位生产总值能耗下降7.2%。总体来看，经济运行处于良好的运行区间内，实现了“十三五”良好开局。

2. 改革开放积极有为，发展活力动力增强

第一，继续深化金融改革、企业改革，累计出台20多项制度文件，经过全市上下和企业的共同努力，金融改革取得了阶段性成果。包括完善三级组织体系，成立深化改革领导小组，统筹协调和督导改革的进度，监督改革效果；完善制度文件体系，着眼简政放权、提高改革效率，着眼规范推进改革，形成规范的改革路线图和流程图；完善工作推动体系，形成多级改革工

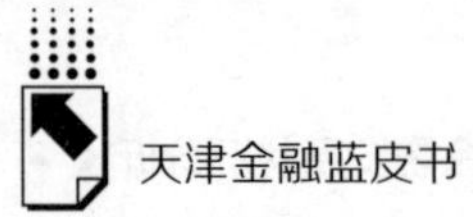

作方案，明确改革目标任务、时间表和路线图。为推动金融机构投贷联动，天津滨海新区还多渠道解决企业融资问题。配比财政性存款，向26家合作金融机构累计配比存款9.78亿元，提高银行贷款积极性。2016年，金融机构累计向新区各类中小微企业发放贷款4678户，共计10261笔，贷款总额达到2437.79亿元。

第二，大力推进创新创业，培育新动力。积极搭建创新创业平台，把培育核心竞争力与培育“小创公司”结合起来，发挥企业科技园、孵化器、众创空间等载体作用，支持职工携技术、成果、创意领办创办“小创公司”。吸引社会资本，与企业共同创建创新创业种子基金、天使基金、产业基金，支持初创期、早中期创新型企业的发展。前三个季度，已建成双创平台31个，其中众创空间18个、孵化器13个，“小创公司”483家。国企自己设立和吸引共同设立种子基金、引导基金7支，基金规模7090万元。50个产品被认定为天津“撒手锏”产品，新增6个，超额完成全年目标。其中规模过亿元的企业主要集中在新能源、生物医药、节能环保、高端装备制造等新兴产业，国家高新技术企业达到3265家。

第三，中小企业发展飞快，市场主体发展迅猛。截至2016年10月底，民营经济市场主体达77.03万户，同比增长19.72%，完成三年目标（60万户）的128.38%；当期新注册13.41万户，同比增长18.72%。民营企业达到34.79万户，同比增长27.5%，完成三年目标（30万户）的113.7%；当期新注册6.82万户，同比增长30.93%，占当期新注册企业的97.23%。其中，年营业收入超五亿元的民营企业已超过900户，完成三年目标（300户）的三倍，经济社会贡献突出。2016年1～9月，民营经济实现增加值6352亿元，同比提高了13.5%，占天津GDP的47.6%，同比提高0.9个百分点；民营经济实现税收1034.8亿元，同比增长12.68%，占全市税收的52%。

第四，科技实力明显提升。截至2016年10月底，民营科技型企业达8.1万家，占天津科技型企业总量的95%，规模过亿元的企业数量累计为

3300家。

第五，“走出去”势头强劲。前三个季度共备案核准民营企业赴境外投资130家，中方投资额207.67亿美元，分别占全市赴外投资企业总数的84.42%和86.23%，民营企业成为境外投资的主力军。实现外贸出口总额86.23亿美元，同比提高1.5%，占全市的25.54%，同比提高3.55个百分点。

3. 第二、第三产业均衡发展，改革转型初见成效

2016年第三产业所占比例为53.8%，同比提高2个百分点。现代服务业增长迅猛，1～10月互联网零销售额、电信业务总量、快递业务量分别增长56.3%、53.2%和63.5%。工业高端引领趋势明显，1～10月装备制造业增加值增长10.5%，占全市工业增加值的36.2%，同比提高0.5个百分点；航空航天、新材料和生物医药行业增加值分别增长17.5%、15.0%和12.8%，远高于全市工业平均水平。万企转型升级行动持续实施，1～10月3078家企业实施了3202个转型升级项目。工业节能取得新进展，万元工业增加值能耗同比下降16.1%。

第一，加快农业结构调整，进一步加快实施农业结构“一减三增”调整工作。目前，全市已完成粮食种植面积减少40万亩，相应增加了生态覆盖面积和扩大饲料作物，完成16万平方米的工厂化养殖车间建设任务和10万亩池塘改造任务，农业结构调整取得了显著成效。

第二，在服务业发展方面，规模比重进一步提升。前三个季度，全市服务业增加值实现7177.07亿元，同比增长9.8%，比全市GDP增速高0.7个百分点，高于全国服务业平均增速2.2个百分点，在全国31个省市中排名第11位。而服务业增加值占全市GDP的53.8%，同比增加2%，高于全国平均水平1个百分点。新兴业态蓬勃发展。前三个季度，租赁和商务服务业、互联网和相关服务业、软件和信息技术服务业营业收入分别增长36.6%、61.3%和15.5%。电商关联行业增势强劲，前三个季度线上单位网上零售额增长57.3%，加快业务量增张64.7%。

第三，发展载体更趋完善。持续实施好项目、大项目带动战略，2016

年建成滨海新区红星美凯龙商业广场、红桥区宝能现代科技广场、滨海盛世国际汽车园一期等一批影响力大、辐射范围广、集聚能力强的精品项目，进一步完善了天津服务业发展的载体功能。

第四，市场主体快速增长。截至2016年9月末，服务业登记注册单位65.9万户，同比增长19.5%。其中，文化体育和娱乐业、科学研究和技术服务业、租赁和商务服务业、信息传输软件和信息技术服务业分别增长38.1%、32.3%、30.0%、29.7%。

第五，服务业投资和税收贡献突出。2016年1~9月服务业投资达到8238亿元，为天津投资市场贡献80.2%，占全市投资的70.8%；实现税收876.4亿元，增长20.5%，对全市税收贡献率达到70.4%。

4. 重点行业发展

金融业。中铁建金融租赁公司、天银金融租赁公司、天津医药集团财务公司等五家持牌法人金融机构先后开业，全市持牌法人金融机构达到66家。租赁业发展在全国形成领先优势，全市融资租赁法人机构已达1112家。设立京津冀产业结构调整引导基金，首期规模10亿元。中新生态城跨境人民币创新业务政策扩展到全市范围。继续实施中小微企业贷款风险补偿政策，截至2016年9月，中小微企业表内外贷款合计比年初新增1906亿元，平均利率同比下降1.02个百分点。

交通运输业和物流业。完善海港、铁路、公路等物流设施建设，前三个季度港口吞吐量达到4.1亿吨，天津机场游客吞吐量1266.2万人次，较上年增长了19.8%，完成货邮吞吐量16.3万吨。京津冀物流标准化联盟成立，2016年1~9月实现物流业增加值1025.95亿元，增长5.9%。

科技服务业。推进京津冀科技协同创新，新引进清华大学天津电子信息研究院等20家国家级院所和国内高水平研发分支机构。创新创业环境进一步优化，全市经科技部审核同意备案的众创空间数量有六个。全市累计建成的工程中心、科技企业孵化器和生产力促进中心总数达到219个、158个和170个。

电子商务。加快建设跨境电子商务综合试验区，综合服务平台功能不断完善，跨境电商产业集聚效应明显增强。深入实施“互联网+”流通行动，与阿里巴巴等知名电商企业合作不断深化，商业线上线下融合发展加快步伐，电子商务进社区、进农村快速推进。

旅游业。2016年1～9月全市接待游客总人数1.43亿人次，同比增长9%；旅游总收入2356亿元，同比增长11%。共建京津冀休闲旅游示范区，推动京津冀畅游工程建设，搭建项目投融资对接平台，推进旅游标准互用互认。截至10月底，游轮母港已接待到港国际游轮122艘次，同比增长54%；进出港游轮旅客62.8万人次，同比增长71%。全年举办百余项旅游节庆活动，2016中国旅游产业博览会实现接待规模27.6万人次，交易额28.5亿元。

文化体育产业。国家数字内容服务贸易平台落户天津。成功举办第六届中国天津（滨海）文化创意展交会。武清区和滨海新区入选文化部、财政部扩大文化消费试点城市名单。举办“2016中国·天津体育旅游大会”，启动“2016～2017天津市旅游年”。北运河休闲旅游驿站、天津君利农业示范区入选2016中国体育旅游精品景区，天津霍元甲文武学校武传奇功夫入选2016中国体育旅游创新项目。

养老服务业。建立全国首个福彩公益金全额资助、覆盖机构和社区的养老床位综合责任保险机制。新建社区老年日间照料中心（农村幸福院）80个；开通天津居家养老“86268890服务专网”，推出10种智能居家养老服务模式，南开区、津南区、北辰区开展居家、社区、机构三个层面医养结合试点。推进京津冀养老服务协同发展，天津武清养老护理中心入选首批试点机构。

（二）2016天津金融运行状况

1.金融业发展规模进一步提升

2008～2016年，天津金融业增加值呈现上升且平稳发展的趋势。目前，天津金融及金融服务机构达到2273家，其中持牌法人金融机构67家，2016年金融业增加值占GDP的比重达到9.4%，为1735.33亿元，同比增长9.1%。截止到2016年末，为了支持京津冀协同发展，天津给予相关工程贷款2723亿元，较年初增加491亿元左右。同时加快区域产业密切对接，共同举办京津冀产业转移系列对接活动，签订一批重点合作项目。1~10月，京冀企业在津投资到位金额1727.26亿元，占全市引进内资的44%。在自贸区设立京津冀产业结构引导基金。截至2016年末，天津金融机构（含外资）本外币各项贷款余额28754.04亿元，比年初增加2759.37亿元；各项存款余额30067.03亿元，比年初增加1917.66亿元。

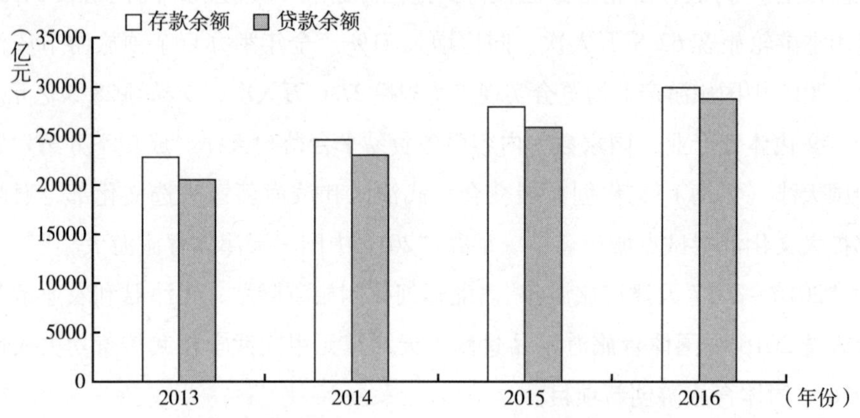

图3 2013~2016年天津本外币各项存贷款余额

资料来源：中国人民银行天津分行。

自贸区改革试验加快推进，90项改革验任务已有72项落地、两批175项制度创新举措已有151项实施，自由贸易试验区与各区联动发展机制初步形成。挂牌一年来，自由贸易试验区新增市场主体24321户，注册资本7876亿元。创新驱动发展战略深入实施。新增科技型企业1158家，主营业务收入过亿元的科技型工业企业产值、利税占全市比重均超过50%。滨海新区中心商务区被列为国家首批双创示范基地，新增双创企业3598家，集聚双创人员超万人。

2. 金融机构体系建设取得突破性进展

天津国家自主创新示范区建设正稳步推进，全市科技型中小企业有着良好的发展前景。金融机构达到2272家，金融业占GDP的比重达9.4%。

中国人民保险集团股份有限公司在天津设立首家金融服务公司；嘉实基金、周生生证券在津设立证券公司。上司公司和新三板挂牌企业累计达202家，债项发行2269亿元。

3. 金融服务经济社会发展的作用充分显现

天津金融机构一方面有效降低企业资金成本，另一方面不断提高对小微、三农等薄弱环节的金融服务水平，破解融资难、融资贵问题。全市的金融机构紧扣实体经济、好项目与大项目、三农等重大发展领域和一些薄弱点。为让更多的群体公平享有金融服务，天津农商银行始终将“三农”和中小企业作为重点服务对象，致力于实现“扶农助小”的经营定位。先后在各个重点市区、乡镇建立兴农小贷公司，解决中小型企业和农户的100万元以下的贷款问题，推进农村金融领域开发。

4. 金融业发展环境不断改善

主创新示范区建设全面推进，天津国家自主创新示范区注册企业总数累计超8万家，2016年全年总收入逾2万亿元。2016年，天津国家自主创新示范区新增两万家注册企业，总数超过八万家。股权基金、商业保理等新型金融业态快速发展。中国人寿在天津设立滨海（天津）金融资产交易中心，京东集团天津滨海京元股权众筹交易中心，渤海商品交易所上线“商品批发市场”新交易模式。全市小额贷款公司达到175家，融资性担保机构42家。“北方新金融研究院”在津成立，融资租赁三十人论坛（天津）研究院落户天津。

（三）天津金融发展存在的不足

2016年，尽管天津经济增长总体平稳，但增长基础尚不牢固，稳中存忧，主要体现在三个方面。

一是工业下行趋势明显。传统行业增长乏力，石油化工、电子信息产业产值分别下降12.3%、6.1%，冶金业仅增长4.5%。受其影响，1～10月规上工业增加值仅增长8.3%，比上半年回落0.6个百分点。PPI迅速收窄，

9 月当月已由负转正，结束了连续 58 个月下降局面；10 月升至 102.3 点，比 2 月提高 10.1 个百分点。预计 2017 年 PPI 累计值将由负转正，进一步加大了工业增加值保持较高增速的难度。

二是投资增长后劲不足。进入 4 月以来，天津投资累计增速仅 1~6 月达到年初目标要求，其余时间均低于目标。工业投资连续 22 个月个位数增长，1~10 月仅增长 4.3%。实体投资增长乏力，基础设施投资空间不大，短板领域仍有待加强，教育、卫生、公共管理投资分别下降 18.7%、34.9% 和 28.2%。2017 年要保持投资快速增长，压力依然很大。

三是外贸出口持续回落。1~10 月，外贸出口下降 7.8%，降幅比前三个季度又扩大 0.8 个百分点。主要市场全面回落，对美、日、韩、欧盟和东盟市场出口均为负增长。出口主力企业下降较多，占全市出口量 74.3% 的国有和外资企业，出口分别下降 18.3% 和 17.2%。10 月 PMI 新出口订单指数为 49.7，再度回落到荣枯线以下，表明短期内天津出口形势仍不容乐观。

二　天津金融产业集聚状况分析

金融聚集不仅是一张城市名片，且能够发挥规模经济效应，促进集聚区产业结构升级和人才集聚。大金融格局里有银行、保险公司、风投基金、小额贷款、财务公司，有助于形成多样化的融资模式，让企业有安全感，不再为融资犯愁，吸引更多企业在津落户。

（一）优势分析

（1）京津冀协同发展进一步提高深化

2016 年，天津市委、市政府始终把推进京津冀协同金融发展、落实国家战略摆在首要位置。京津冀协同发展是天津 21 世纪发展的重大历史性窗口期，要求坚持以新发展理念为统帅，着眼大格局、秉持大胸怀、融入大战略，奋力开拓京津冀协同发展新境界，要抢抓机遇，努力实现新突破。天津推进京津冀协同发展要唱响“双城记”、增强“双动力”、扩大“双开放”、坚守“双底线”。

（2）天津自贸区高速发展

天津自贸区金融产业加速聚集，融资租赁业规模占全国的三分之一。2016年，自贸试验区融资租赁企业达到2000余家，形成了以中铁建为主要代表的基础设施租赁和大型设备和中水电为领头羊的环保节能型的新能源租赁等新兴业务版块。商业保理企业380家，业务规模达到300亿元，占全国的15%，率先完成了国内首单出口保理业务。股权基金类企业400余家，推动了北方第一单合格境内有限合伙人（QDLP）业务试点，新三板企业反向并购纳斯达克上市公司是全国首例。

（3）于家堡核心金融区

2016年，国家确立首批“大众创业、万众创新”示范基地28个，天津于家堡双创示范基地荣列榜单。截至2016年8月底，在于家堡双创示范基地注册落户的双创企业累计3307家，包含191家文化创意型的企业、914家科技类的企业、1829家商贸类型的企业和373家金融类的企业，金融产业集聚效果明显。

（4）融资租赁快速发展

融资租赁行业保持国内领先，融资租赁资产总额占全国的四分之一为8500亿元。其中，飞机、国际航运船舶和海工租赁业务分别占90%、80%和100%。中铁建金融租赁公司、中煤科工金融租赁、华泰汽车金融租赁、中车金融租赁等相继落户。设立全国性融资租赁资产平台已报国家审批。融资租赁作为有着与实体经济紧密联系的新型金融业态，已经成为天津推进金融创新运营示范区的重要发展领域，也是金融改革的重大亮点之一。

（5）政策优势

2016年，中国人民银行支持自贸试验区“金改30条”中，其核心内容的21条54项具体措施，落实和部分落实的已近70%。各项贷款余额28754.04亿元，比年初增加2759.37亿元。天津高度重视大众创新、万众创业工作，深化供给侧结构性改革，制定一系列配套措施政策，现天津双创气氛良好，主要工作取得显著的成效，金融创新环境优势日益彰显。

（6）金融创新运营示范区建成

2015 年 6 月，党中央、国务院对天津的功能定位是金融创新运营示范区。为此，天津制定实施了一系列金融改革创新政策，加强规划引领和顶层设计，明确载体平台抓手和时间表、路线图，全面启动并加速推进金融创新运营示范区建设，全市金融机构数量、门类和功能明显提升。

（二）劣势分析

1. 经济发展滞后，基础设施不完善

对比北京、上海和天津 2016 年相关的金融数据可以看出天津在 GDP、全市居民可支配收入、进出口总额、实际直接利用外资和地方一般公共预算收入等指标有着明显的劣势，仅在固定资产投资指标中，天津的数据为 14629. 22 亿元，远超北京的 8461. 7 亿元和上海的 6755. 88 亿元（见表 1）。在三地基础设施数据中，天津的状况明显略低于其他两个城市（见表 2）。在三地的金融业增加值、存贷款余额、证券交易额和保险收入指标中，天津金融产业发展远低于北京、上海（见表 3）。

表 1　2016 年北京、上海、天津经济发展比较

项目	北京	上海	天津
GDP(亿元)	24899. 3	27466. 15	17885. 39
全市居民可支配收入(元)	52530	54305	34074
固定资产投资(亿元)	8461. 7	6755. 88	14629. 22
进出口总额(亿美元)	18625. 2	52334. 85	1026. 51
实际直接利用外资(亿美元)	130. 3	185. 14	101
地方一般公共预算收入(亿元)	5081. 3	6406. 13	2723. 46

资料来源：2016 年北京、上海、天津国民经济和社会发展统计公报。

表 2　2016 年北京、上海、天津基础设施比较

项目	北京	上海	天津
客运总量(万人次)	6.929	1.96	1.99
货运总量(万吨)	24098.1	88689.16	51579.86
互联网普及率(%)	73.2	74.1	63.0
邮电业务总量(亿元)	1782.4	564.25	483.85
R&D 支出占 GDP 比例(%)	5.94	3.8	3.1
技术交易额(亿元)	—	800	435.7
专利授权量(件)	100578	64230	39700
城市污水处理率(%)	90	93	91.94
城市绿化覆盖率(%)	48.1	38.8	31.71

资料来源：2016 年北京、上海、天津国民经济和社会发展统计公报。

表 3　2016 年北京、上海、天津金融产业发展比较

单位：亿元

项目	北京	上海	天津
金融业增加值	4266.8	4762.5	1735.33
存款余额	138408.9	110510.96	30067.03
贷款余额	63739.4	59982.25	28754.04
证券交易额	42.196	283.87	4.38
保险收入	1839	1529.26	529.49

资料来源：2016 年北京、上海、天津国民经济和社会发展统计公报。

2. 天津对金融业发展的统一布局和科学规划需要加强

大力发展天津金融人才聚集，应加强人才培养计划，推进“千人计划”“千企万人”等计划，设立天津杰出青年科学基金，实施“杰出人才培养计划”，加大青年人才、院士后备队伍培养力度。强化企业家培养，继续实施新型企业家培养工程，启动企业家摇篮计划，逐步推进市场化选聘职业经理人。

（三）滨海新区金融中心的定位与发展模式

2009 年，根据国务院的批复，滨海新区行政区成立，组建了区级领导机构，设置了全国同类行政区中部门最少、人员最精简的工作部门。2013 年 9 月，进一步转变滨海新区的发展框架，主要按照加强基层建设、扁平化和大部制的要求，具体实施统领行政区域、支撑功能区、提升街道乡镇整体发展条件。

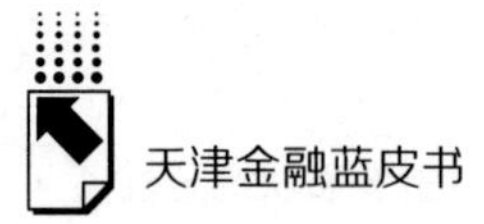

滨海新区行政区成立以来，始终保持了强劲的发展态势。2016 年上半年，滨海新区地区生产总值 4335.1 亿元，同比增长 10.8%；固定资产投资 2215.8 亿元，同比增长 8.3%；一般公共预算收入 707 亿元，同比增长 13.1%。

（四）政策建议

按照天津市委、市政府工作部署，为培育天津服务业新增长点，增强经济发展新动能，服务业发展将积极运用“互联网 +”技术和模式，着力培育新兴业态、升级传统业态，着力创新服务、提质增效，全面建构功能完善、结构优化、布局合理、区域协同的现代服务经济新体系。

一是推动生产服务加快发展。其中，金融业需要发展新型金融业态，发展直接融资，发展要素市场。科技服务业需要加大技术规模，综合发展科技服务，搭建科技服务平台。信息服务业要夯实软件产业，大力发展云计算、大数据、移动互联网服务。融资租赁业方面要建设国家租赁创新示范区。

二是促进流通服务转型发展。其中，物流业方面要实施物流通道畅通、港口物流做强、快递服务做优等八大专项行动，开展物流创新发展试点。现代商贸和电子商务方面要实施跨境电商推进、电商示范、主体壮大等五大专项行动，建成大宗商品现货交易、新型贸易总部。平行汽车贸易三大平台，推动都市商业、批发市场功能升级。

三是提高生活服务质量水平。其中，文化产业方面要提升广播影视等传统产业，壮大新媒体等新兴产业，实施“文件 +”行动。体育服务方面要扩达体育健身消费，实施全运惠民行动。旅游休闲方面要发展通航与低空飞行旅游新业态和工业旅游、乡村旅游等融合产品。养老服务方面要扩大养老服务有效供给，深化静海养老服务业综合改革试点。医疗健康方面要推进社会办医健康发展，加快形成多元办医格局，鼓励发展第三方医疗服务。围绕京津冀协同发展，加快美丽天津建设，保持天津经济持续发展，天津相关部门对 2017 年市政和交通基础设施项目进行了研究，初步确定 2017 年城市固定资产投资 2400 亿元，同比增长 4.3%。其中市政基础设施项目共梳理 14 类 230 项，主要包括地铁、铁路、高速快速路、城市道路、民心工程、海绵城市以及综合管廊等项目建设。

三 天津金融改革创新

天津金融改革创新将是一盘大棋，金融机构面临发展的窗口期，要助力先进制造业、战略性新兴产业和传统产业转型升级，深化金融市场、金融产业等领域的改革创新。目前在一些领域上已取得阶段性进展，如天津自贸区建设成就显著。同时，积极开展投贷联动试点，大力发展产业金融和普惠金融，为天津的发展迎来新的机遇。

（一）天津自贸区取得的成绩

天津自贸区运行到现在，大量的国家政策得到落实。自贸区的发展成效十分明显，其中自贸试验区三个片区实现全年 GDP 1800 亿元，占全市的11%。

2016 年 3 月 30 日，天津中合圣达供应链服务有限公司在天津自贸区天津港东疆片区正式揭牌。该公司是由中合圣达投资控股（大连）股份有限公司与天津港国际物流发展有限公司共同出资设立，结合天津自贸区特色和天津港优势，将形成“互联网 + 金融 + 产业 + 港口”全新生态模式。未来该公司将以大连再生资源交易所大宗商品现货交易平台为基础，创新运用贸易融资、资金结算、物流配送、信用保障以及现货交易功能，积极探索构建具有天津自贸区特色的“互联网 + 金融 + 产业 + 港口”全新生态模式，推进陆港物流、保税仓储和现货交易及信息、金融和港口服务全面提升与发展，形成汇聚信息流、资金流、商品物流的大数据运营平台，从而促进天津口岸进出口贸易发展。

1. 多业态金融服务体系获得显著成效

截至 2016 年第二季度，天津自贸区已经有累计超过 120 余家金融机构入住，自贸区企业资本金共计 1.54 亿美元，超过 1500 余家融资租赁企业在天津挂牌成立，累计注册资金达到 1600 亿元人民币，在全国范围内居于前列。我国内资融资租赁试点企业有 209 家，比 2015 年增加 41 家。在内资试点权下放后，天津内资融资租赁企业已有 12 家挂牌成立是天津自贸区取得的巨大成就。

2. 产业金融不断推进

自 2012 年以来，天津全面推动建设科技型金融工程，大力发展科技型中小企业，提供发展空间，打造良好的资源环境。

目前，中国普惠金融市场以每年20%的速度增长，中国因其市场体量大，经济增长迅速、稳健，成为捷信集团最重要的市场之一。天津自贸试验区建立以来，给予该区金融机构招商很大的机遇。推进天津为龙头的国家级金融创新示范区建设，一是服务国家战略，完善保险市场体系；二是加强服务保障，优化发展环境，探索开展保险公司分支机构及高管任职资格备案制管理。

3. 创新型交易市场健康发展

（1）天津股权交易所

截至2016年末，天交所累计挂牌企业达到967家，新增挂牌企业261家，同比增加近100家（见图4）。这些企业分布全国各省市，覆盖178个市，涉及18个行业71个子行业。天交所积极建立挂牌企业诚信档案，督促服务机构完成现场检查报告；挂牌企业累计披露定期报告9818份，包括挂牌交易公告、三会公告、停复牌提示、重大事项及其他自愿披露信息在内的各类临时披露报告14453份。天交所积极搞好挂牌企业的市场化培育，举办研讨班35期，挂牌企业董秘培训58期，并多次举办企业上市、高管培训及其他多种类型服务培训，曾组织多批次优秀挂牌企业出国考察和促进对接海

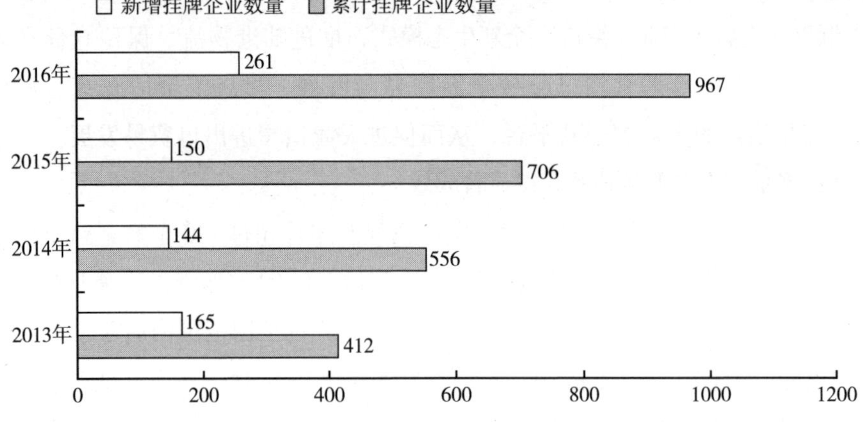

图4　2013～2016年天津股票交易所累计和新增挂牌企业数量

资料来源：天津股票交易所。

外资本市场。天交所市场现有各类注册服务机构共173家。其中，保荐服务机构56家，督导服务机构15家，私募债承销商33家，会计师事务所44家，律师事务所25家。

市场融资与交易。天交所累计实现各类融资总额合计302.00亿元。其中，直接融资91.76亿元（挂牌前私募42.76亿元，后续增发49.00亿元）；间接融资210.26亿元（股权质押融资88.62亿元，带动银行授信贷款121.64亿元）（见图5）。

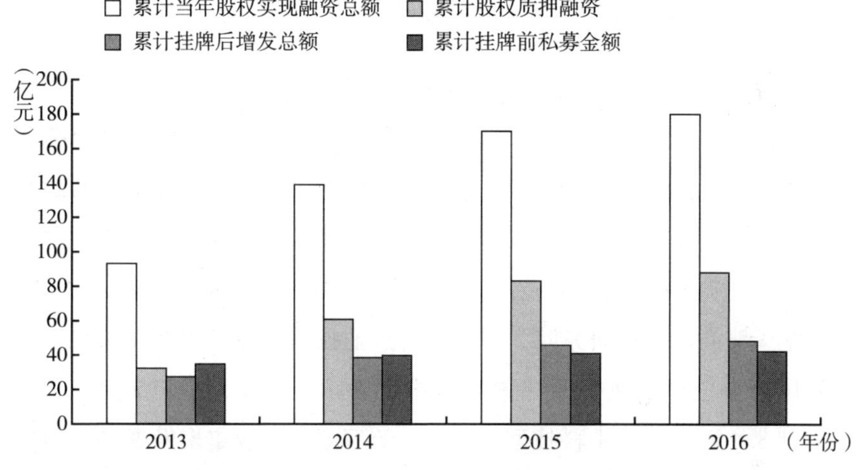

图5　2013～2016年天津股票交易主要融资数据

资料来源：天津股票交易所。

市场服务合作。政府合作方面，天交所实现与各地方政府以及相关的部门机构签订多项合同，并且全国18个省的地方政府支持企业到天交所挂牌上市。银行、券商机构合作方面，天交所与37家银行的79家机构签约和建立战略合作关系；与19家银行总行签约；已与国内25家券商建立联系，其中签约合作券商有5家。

（2）天津金融资产交易所

天金所是国内第一家注册成立的金融资产交易所，截至2016年末，累计成交额1.2万亿元，并与多家金融机构合作，现拥有44万余家金融机构会员。天金所正在由市场驱动向平台运营驱动升级，将更加注重吸引上下游市场成员融入共建生态体系。

天金所在2015年顺利吸纳中国东方资管公司、中信信托公司入股，促使天金所加强战略协同整合工作，强化风险管理对接优质金融资产，在实现传统金融与创新金融紧密融合的基础上，持续探索“互联网+”新的无限可能，为广大中小企业提供便捷、高效、低成本的直接融资服务，推动直接融资市场的发展。

（二）天津金融改革创新的对策建议

（1）加强顶层设计，推进统筹协调

强化顶层设计，加大组织领导力度。积极响应国家政策指导，支持双创工作，发展科技型企业，要求各区及是相关部门参加的工作联席会议制度，加强统筹协调，指导推动工作落实，建立完善政策体系。全面推进国家自主创新示范区建设，加快发展现代信息技术、新能源与节能环保等主导产业集聚，吸引清华大学天津高端设备研究院、军民融合产业技术研究院等新兴研究机构入驻。2016年前三个季度，天津国家自主创新示范区新增企业超过2万家，累计达到8.4万家，其中科技型企业近2.7万家，产业集聚发展势头强劲。

（2）加强监管力度，促进金融协同创新

京津冀三地协同发展需加强金融监管，三地各司其职，分工协作，创建合作机制，健全对市场、行业各领域的风险监测，防范系统风险。金融监管力度不大、产业资本与金融资本的管理口径不一致，导致业务协同能力的高低差凸显。在科技与金融迅猛发展的大时代下，不能盲目追求金融发展，须在金融监管的环境下营造良好的融资租赁发展前景，进行交叉性管理，进一步对金融监管改革提出一系列更高的要求。坚定金融监管改革，一方面要对企业自身进行改革，另一方面要加强金融监管协调，完善和创新监管调控、区域协同合作，以高品质、高水准的金融服务推动经济发展。

（3）推动农村金融服务，促进京津冀城乡协同发展

作为“三农”的主体，农村、农业、农民在供给侧改革下具有多层次

利益诉求，与之对应的金融供给也存在不同。因此在农村金融转型的过程设计上，理应是三层递进的思路推进。农民作为最基本组成个体，其金融需求较小但差异性较大，那么对解决温饱的贫困户、从事专业化生产的农户以及农村留守人员的金融产品设计需要量身定做。对农村而言，在经济支持农村金融的同时，更加关注其社会效应，关键在于创新融资方式支持农村基础设施与公共服务供给，释放背后的投融资需求。对宏观农业而言，农村金融应当发挥其金融专业化的优势，关注整体市场发展，以金融价格为依托，实现金融资源供给优化对接农业资源的合理配置。

B.9

2016年天津金融发展环境分析

杨 帆 刘泽东*

摘 要： 本报告着重分析2016年天津金融的发展环境。首先，总结、分析2016年天津的产业结构和金融业结构；其次，分析“十三五”时期经济环境变化对金融发展的影响，并对规范天津金融的监督与管理提出建议；最后，分析自贸区的金融创新成果、区位优势以及发展重点，并对自贸区金融的创新路径及方向进行分析和展望。

关键词： 天津 产业结构 金融发展环境 天津自贸区

一 天津产业结构分析

（一）产业结构分析

1. 天津产业结构

2016年，天津GDP达到17885.39亿元，同比增长9.0%（根据可比价格计算）。其中，第一、第二、第三产业增加值分别为220.22亿元、8003.87亿元、9661.30亿元，同上年相比，分别增长3.0%、8.0%、10.0%。三次产业结构为1.2∶44.8∶54.0（见图1）。

* 杨帆，中国滨海金融协同创新中心研究员，中级经济师，研究方向为金融生态；刘泽东，天津财经大学珠江学院金融系副主任，副教授，研究方向为资本市场、农村金融。

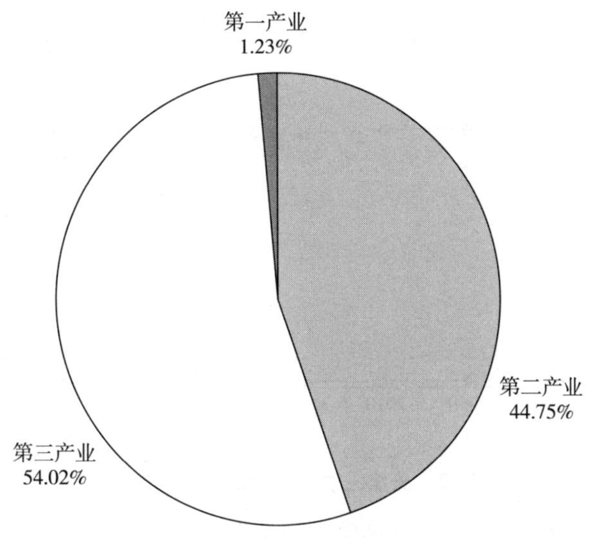

图 1　天津第一、第二、第三产业增加值比例

资料来源：2016 年天津国民经济和社会发展统计公报。

近几年，天津经济快速发展，同时进一步优化产业结构，对 2016 年产业结构进行分析，不难看出天津已经形成了“三、二、一”的产业结构。然而，在天津的产业结构中，不合理因素依然存在，其第一产业与第二产业较第三产业比重偏高，需要更深地优化。

从产业比重看，2007 年以来，天津第一产业比重不断下降；第二产业比重呈下降趋势，2008 年以后趋缓；而第三产业的变化趋势恰恰相反，在经历2007 ~ 2008 年的高速发展之后开始趋缓，近几年增速有所上升（见图 2）。近几年天津第三产业有了很大发展，2016 年天津第三产业比重已经过半，为 54. 02% 。

2016 年，天津金融业增加值及其增长率分别为 1735. 33 亿元、9. 1% 。截至 2016 年末，天津全市本外币各项存款余额为 30067. 03 亿元，与年初相比增加 1917. 66 亿元；各项贷款余额 28754. 04 亿元，与年初相比增加 2759. 37 亿元。从 2016 年全年看，天津股权交易所、铁合金交易所和渤海商品交易所成交金额分别为 7. 61 亿元、13. 3 亿元 1822. 13 亿元。

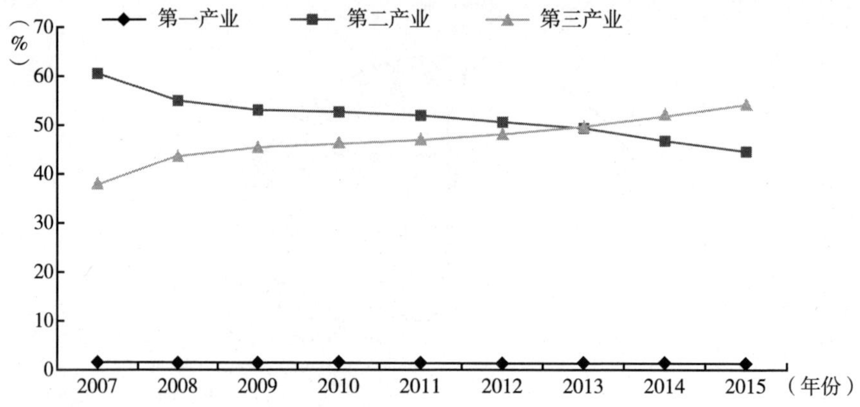

图2　天津三次产业 GDP 比重变化

资料来源：2007～2015 年天津国民经济和社会发展统计公报。

3. 天津金融集聚测度

（1）金融集聚测度方法概述

哈盖特（P. Haggett）提出的熵，就是比率与比率之比，可以应用于区位分析。区位熵也就是专门化率，用于衡量某个特定区域的一些特定要素在空间上分布，其熵值是某一特定产业的区域聚集程度的反映，即在非低层次区域中这一区域所处的地位和发挥的作用。同时，熵也是测量某种产业的专业化水平及该产业的布局规模效益的一个指标。可以用公式 9.1 计算：

$$E_{ij} = \frac{X_{ij}/X_j}{X_i/X} \tag{9.1}$$

其中，X 、X_j 、X_i 是分别是全国工业总产值、地区 j 的全部工业产值、产业 i 的全国总产值，X_{ij} 是某地区的某工业的产值，j 、i 分别表示地区 j 和产业 i 。因此，区位熵的分子、分母分别是地区 j 的产业 i 与该地区工业之比、产业 i 的全国总产值与全国工业总产值之比。

把某一特定区域的产业结构水平同全国平均水平进行比较所得出的差异即是区位熵指数，所以区位熵指数可以被用来进行某一地区的产业专业化水平的评价。某一地区的某一产业的聚集程度与区位熵指数呈正相关的关系，即区位熵指数越小就表示该地区该产业的聚集程度越低；反之，则表示该地区该产业的聚集程度越高。若一个行业在全国范围内分散的比例同完整的这一产业在全国范围内的分散比例差不多，而且地区内的聚集程度不高，则可以计算出该地区的区位熵指数不高；与之相反，若某一地区的某一行业的区位熵指数较高，那么就表示这一行业的聚集程度越高，本地化程度较高，而且专业化水平程度也比较高。

（2）天津金融聚集区位熵分析

天津银行业的发展水平、证券业的发展水平、保险业的发展水平，分别可以由本地区的银行业集聚区位熵、证券业集聚区位熵、保险业集聚区位熵反映出来。同时根据区位熵的计算公式可以得出天津银行业集聚区位熵 E_1、证券业集聚的区位熵 E_2、保险业集聚的区位熵 E_3。公式分别为：

$$E_1 = \frac{S_i/G_i}{S/G} \tag{9.2}$$

$$E_2 = \frac{C_i/G_i}{C/G} \tag{9.3}$$

$$E_3 = \frac{I_i/G_i}{I/G} \tag{9.4}$$

其中，S_i 、C_i 、I_i 分别表示 i 地区的银行储蓄存款余额、股票筹资额、保费收入；S 、C 、I 分别表示全国银行储蓄存款余额、全国股票筹资额、全国保费收入；G_i 、G 分别表示 i 地区的 GDP 和全国的 GDP。计算结果见表 1。

表 1　2016 年天津金融集聚区位熵

银行业	证券业	保险业
0.8	0.21	0.71

从表 1 可以看出，银行业区位熵是 0.8，相对比较稳定。证券业的区位熵比较小，为 0.21，所以证券业聚集度不高。保险业区位熵较高为 0.71。

天津金融集聚区位熵都小于 1 甚至小于 0.5，因此其集聚化水平并不是很高，还需要进一步提升。这与本报告对天津金融业现状的分析结果基本保持一致。

（3）2016 年天津金融基本发展状况

2016 年，天津全部的金融业增加值及其增长率分别为 1735.33 亿元、9.1%。截至 2016 年底，全市包括外资金融机构在内的全部金融机构的本外币各项存、贷款余额分别是 30067.03 亿元、28754.04 亿元，分别比年初增加了 1917.66 亿元、2759.37 亿元。2016 年全年天津铁合金交易所成交金额 13.3 亿元，天津渤海商品交易所、天津股权交易所成交金额分别为 1822.13 亿元、7.61 亿元。新增上市公司与新三板挂牌企业 83 家，累计为 220 家。天津于 2016 年实现了金融企业上市零的突破——天津银行在港交所成功上市。2016 年末证券账户增长了 16%，总量为 438.96 万户。各类证券整年的交易总额、期货市场成交额分别下降 35%、50%，其成交额分别为 43811.79 亿元、60286.78 亿元。股票交易额、债券交易额、基金交易额分别为 26160.21 亿元、15702.39 亿元、1926.83 亿元。其中，债券交易额有所增长，增长了近 20%；股票交易额、基金交易额分别下降 49%、30%。

保险市场发展态势良好，2016 年的原保费收入达到 529.49 亿元，增长率超过 32%，赔付支出 177.67 亿元，增长率超过 27%。其中，人身险收入、财产险收入、人身险赔付、财产险赔付均有所增长，分别增长了 44.6%、6.1%、14.0%、42.1%。

二 “十三五”时期金融的监管与发展

（一）“十三五”期间经济环境变化对金融发展的影响

1. 金融风险更加聚集

“十三五”期间，中国的经济发展方向将向质量效益型增长转变。在某种程度上，产业发展的不确定性会因为经济的转轨而增加，前所未有的金融风险也会因此而集聚。其一，在经济结构调整的过程中，由政府投资形成的担保也会随之消失，由政府带来的债务风险也会伴随而来。其二，银行的风险也会增加，比如企业由于产能过剩而造成经营困难引发的风险会提高银行的不良贷款率。与美欧及部分新兴经济体相比，过剩产能的不断积累和以政府投资为主导的经济增长方式，导致产能利用率长期以来都处于较低水平。目前形势是市场总体供大于求、销售困难、产品价格下跌、银行难以收回贷款、企业利润增长出现负数，如果这些形势进一步恶化将会产生金融风险而且范围较大。数据显示，到2016年第三季度之后，中国商业银行的不良贷款率增加到1.85%，比第一季度提高1个百分点。

2. 利率水平、货币信贷增速降低

“十三五”规划中，由于加强了供给侧的资源方面的限制、经济增长新动能逐渐显现、外需动力不足、由正转负的人口红利以及需求侧投资需求结构性降低等，中国经济增长的步伐将放慢，至有所下降并一步步趋于稳健。与此同时，货币信贷、利率水平也会因此而呈现新的变化。其一，货币信贷增速有比较明显的下降趋势。将广义货币供应量的增速维持在一定水平对有效维持物价水平与经济增长的稳定有一定的促进作用。其二，整体来看，中国的利率水平出现了不断降低的趋势。

3. 核心改革内容是金融市场化

“十三五”规划中，中国经济发展的根本特点是在资源配置方面，原本是基础作用的市场逐渐发挥决定性作用。如果政府部门不能适当地而是过度地参与调控宏观经济，那么这将对监管产生不利影响，而且会加重浪费资源的问题，同时会挤压市场的某些功能（如自动调节），也会阻碍价格机制作用的发挥。在微观层面，以金融资源配置趋于市场化为主导的金融体制将逐渐取代以市场化改革为核心的金融体制。在市场的影响下，根据市场的不同及其各自的特征，建立有针对性的、层次不同的资本市场；对于银行体系，也要根据其差异来建立，使之不断完善，能够更好地使商业银行的贷款方向具有优质的发展潜力、在经营和效益方面较高的科技产业方向转变，并有效促进我国经济的发展。

4. 通过调整经济结构来转移金融机构服务的关注点

“十三五”期间，产业结构与消费结构的调整是中国经济结构新变化的主要体现。在产业结构方面，经济发展的主导性产业是以生活性服务业与生产性服务业共同驱动的现代服务业；从消费结构的角度来看，消费的转型与升级是必然的，但是以信用型不断扩大、个性化服务日益突出的消费市场为趋势的。经济对金融的发展有着举足轻重的作用，金融发展的根基是经济，金融业态转型、转移服务的重点也会出现在金融的发展过程中，而且这些会随结构的调整而来。首先，银行类金融机构被比例不断提高的服务业所改变，不再以传统产业（如建筑业、大项目、重工业等）大规模投入为决胜战略，甚至以前的重工业信贷投放可能会向银行的不良资产转化。近年来，伴随着消费需求多样化与居民收入水平的日益提高，商业银行的个人金融业务日渐受到广大群众的关注，其信贷空间也有所拓展。目前，非小型商业银行的主要策略是利用智能、移动消费信贷以及信用消费来占据市场。

5. 共享经济的发展引领普惠金融

随着城镇化的发展，城市与乡村之间的发展差距呈现逐渐缩小的趋势，而中国的经济在不久的将来会是共享型的，其非均衡发展会逐渐消失。十八大会议结束后，无论是政府还是人民群众都越来越注重均衡化发展的理念，在农村居民的收入增长速度远远高于 GDP 的增速。据国家统计局统计，2016 年我国 GDP 增长率为 6.7%，人均可支配收入为 23349.86 元，比 2015 年高出 6.3%。在“十三五”期间，共享经济的不断发展表明可持续发展的经济社会以及更加公平的收入分配。相应的，发展共享金融、发展普惠金融就显得格外重要。第一，大力扶持共享经济是新时期金融改革的着力点。第二，普惠金融的发展还依赖于金融机构自身与金融体系发展的多方共享与均衡。

（二）对规范天津金融监督与管理的建议

1. 优化金融生态环境，为金融集聚秩序提供保障

（1）加大力度建设信用体系

在市场经济中能够发挥基础作用的是信用，若要使金融和经济能够健康有序地运行并且稳健发展，其首要条件必然是优质的社会信用环境。区域金融生态环境的优劣受区域社会信用水平高低的直接影响。所以，天津首先需要做的就是要把社会群众的信用观念及认知度重视起来，加强在信用方面的教育，不仅要提高人民群众对信用的认知度，也要提高认知其重要性，根据不同途径的特点及监管范围，充分利用法律、监督、宣传、教育等各种方法途径，必要时可以将不同的方法结合使用；对不守信的要惩罚，信誉良好的要奖励，因而惩戒和奖励制度的建立也不可小觑、不容忽视。当前大数据和互联网发展如此迅速，其应用范围不断扩大，对我们的工作和生活都产生了积极影响，所以天津要充分地利用好现在的大数据和互联网，利用网络建立征信系统和信用数据库，其中不仅包括个人的信用信息，而且包括企业、集团，这些信息可以在法律允许的范围内向社会公开，进而可以降低一些社会风险，例如道德风险。

（2）改善并优化法律体系

在现代社会中，要想维护好市场的经济秩序并有健康运行的金融市场，良好的法制环境是重要前提，其发挥着不可小觑的作用。因此，天津须做到有法可依，具有完备、科学的金融法律法规。此外，司法部门和金融机构等其他相关部门或机构必须严格遵守相关法律制度，积极维护法律制度，为建设和谐的社会法律氛围和营造良好的法制环境做出应有的贡献。

2. 将金融体系平衡并统一

协调发展的金融对于实体经济的协调发展是极其重要的。首先，充分利用金融资源，提高其利用率，重点协调、改善资金供需结构。供给侧改革在协调发展金融资源的供需结构中是关键的环节，而起决定性作用的依然是市场化手段，在此之前要建立公平的市场竞争机制和有效的市场出清制度。天津相关部门应将优化产业结构作为目标，积极响应国家的政策和经济转型的趋势及潮流，重视并积极发展科技金融、绿色金融等，增加在科技产业和低碳经济方面的资金投入和政策支持，将金融业和其他产业进行融合，并促进其发展。其次，注重监管与创新协调，维护金融稳定。新时期金融改革的基本要求是在合理、科学的监管下实施金融创新。加大金融的创新力度与其监管的加强应是同步的，金融创新的稳健发展需要金融监督作为其有力的保障。金融创新需要金融监管适应其发展趋势，将协调融资结构重视起来，协调发展间接融资和直接融资，可以将其进行互补，并建立相关的市场体系。从目前的实际情况来看，整体而言，我国的间接融资在融资结构中依旧占主要位置，银行业聚集了相当部分的金融风险，资本市场发展有缺陷。因此，金融市场的融资结构有待优化，要将直接融资作为重点，而其关键是将直接融资的比例提高，创新其融资模式。所以，“十三五”期间，大方向应是将“新三板”的发展进行规范，建立多种类、有针对性的资本市场，尽快完成股市注册制的改革。如果条件允许，将资产证券化试点扩大化，在最短的时间内为资本市场的更加透明、功能更加全面奠定基础。

3. 加强金融创新，加大金融聚集力度

（1）提高金融创新能力及水平

天津应充分发挥滨海新区金融改革创新先行先试的政策优势，与附近省市创新主体加强交流、合作，互取优势，积极引进其先进的技术、人才等对自己有利的资源，主动学习其科研内容，并加大天津的科研力度。除此之外，各个创新主体可以进行合理有效的结合，建立合理的金融创新体系，由此可以向滨海新区引进更加有效、有利的资源。

（2）树立天津的区位品牌

对天津来说，天津的区位品牌包括两个方面：区域性和品牌效应。天津虽然位于环渤海区域，但其还是北方地区重要的金融中心，所以天津应建立起属于天津的、独具特色的金融产业，使之影响范围扩大到整个北方甚至全国。位于天津的于家堡金融区在滨海新区发展中占据核心位置，加之京津冀协同发展使于家堡自然地具有一系列优势——优越的地理位置、充足且优质的资源、国家相关政策的支持，这些都将使其迅速发展，充分利用这些优势，充分发挥天津的特色，创造出独具天津品牌特色的产业，进而推动区域经济发展，助推产业优化、结构升级。

三　天津自贸区的金融创新

天津自由贸易区的设立是我国应对国内外经济新环境的重要举措。中国人民银行于2015年12月11日正式对外公布《关于金融支持中国（天津）自由贸易试验区建设的指导意见》（以下简称《指导意见》）。整体来看，《指导意见》大概包括上海自贸区除国际金融中心相关政策外两批金改政策的全部内容，同时在此基础上增加了融资租赁、京津冀协同发展等显现天津优势和特色的支持政策，这些都为天津自贸试验区建设的带动力、辐射力和凝聚力的增强提供了有力的政策支撑。

（一）自贸区金融创新成果

1. 金融市场取得丰硕成果

（1）新登记市场主体取得较大进展

自2015年1月1日以来，共有31374户市场主体进驻天津自贸区，注册资本（金）共11226.98亿元，该户数是设立自贸试验区之前每年登记市场主体户数的1.4倍。其中新增内资企业27059户，注册资本（金）8031.65亿元；新增外商投资企业1645户，注册资本（金）3192.84亿元；新增个体工商户2670户，申报资金2.49亿元。在新增市场主体中，注册资本（金）超过10亿元的有205户，超过1亿元的有2076户。

（2）自贸试验区存量市场主体不断发展

截至2017年3月底，自贸试验区共有市场主体53528户，注册资本（金）20538.72亿元人民币。其中内资企业43644户，注册资本（金）15661.14亿元；外商投资企业3375户，注册资本（金）4872.85亿元；个体工商户6509户，申报资金4.73亿元。

（3）主要经济指标完成情况良好

在2016年，自贸试验区的各项经济指标完成良好。利用外资情况有所变化，达到25.01亿美元。2016年新登记的金融主体为13600户，外资企业也有所增加，新设立846家。新设立境外企业机构90家，投资额约占全市的一半，为119.94亿美元，比例为45.8%。东疆保税港区2016年实际利用外资金额3.8亿美元；实际利用内资金额58.7亿元；一般公共预算收入51.8亿元，同比增长35.7%。天津港保税区2016年实际利用外资金额20.1亿美元；实际利用内资金额222亿元；一般公共预算收入108.6亿元。中心商务区2016年实际利用外资金额1.26亿美元；实际利用内资金额173.2亿元；一般公共预算收入52.3亿元，同比增长25%。

2. 相关支持政策有所突破

整体而言，最近几年天津政府和中国人民银行颁布的相关政策都非常明确、具体，针对性很强，与天津租赁业发展的实际情况和趋势非常适应，天津租赁业在今后的发展过程中都将得益于这些政策，并以此为可靠且有力的支撑。

（1）在扩大人民币跨境使用方面实现了新突破

最近几年，天津尤其重视金融的发展，并出台了一系列政策来扶持金融发展，加快跨境人民币业务发展的步伐，并做出重要的战略部署。推动跨境人民币业务发展对维护经济金融稳定大局，增强我国在国际经济金融改革中的话语权和影响力，促进贸易投资便利化发挥着极其重要的作用。中国人民银行出台的《指导意见》提出了6条11项具体支持政策，尤其是在金融支持的主体类别、层次、市场范围大小、业务种类、数量等方面有了重大突破。

（2）促进租赁业发展方面实现了新突破

天津的特色产业和优势产业均是租赁业。近几年，天津租赁业发展迅速，并且到目前为止已经形成了内外资租赁和金融租赁互相补充、共同发展的局面，其产品业务多元、龙头带动作用明显、创新能力突出。为进一步推进天津租赁业的快速发展，中国人民银行颁布了一系列创新政策。

在增加投融资渠道方面，在自贸区内如果符合相关条件及要求，则该租赁公司的跨境投资业务、人民币租赁资产跨境转让、跨境双向人民币资金池等业务可以在不超出限定额度的范围内自主开展。根据政策的相关规定，该租赁公司若有需要可以从国外借贷资金，包括本外币，同时将国家的外汇储备充分利用来积极发展新型船舶、飞机等大型运输工具的租赁业务。在运营资金灵活性方面，在自贸区内若符合相关条件和规定，该租赁公司的跨国公司外汇资金集中运营业务则可以开展，对金融租赁公司的境外外币放款业务也是允许开展的。在业务便利程度方面，在自贸区符合要求及条件的融资租赁业务也是允许其接受外币的；在自贸区内符合规定和条件的租赁公司，其用来进行跨境人民币租赁业务而需要的境外人民币账户是可以开立的，企业可以实施外债意愿结汇。

（二）天津自贸区的优势

在助推京津冀一体化发展、提高新兴产业的质量及效率和升级传统制造业方面，建立天津自贸区具有不可替代的效用。天津港不仅是我国对外贸易的主要口岸，也是我国整体交通运输网络的重要枢纽，更是北京、天津、河北地区综合交通网的核心节点，天津港已经利用自己的优势发挥了其应有的作用，成为北方地区的核心贸易中心和航运中心。全新的巨大发展动力将出现在京津冀区域，国家也非常重视京津冀协同发展，而且天津也将充分发挥在港口和产业集群等方面的优势，积极将这些优势利用到京津冀协同发展中。自贸园区的发展及运行所需要的基础、政策支持等必要条件已经分别由目前的东疆保税港区、天津港保税区以及滨海新区的发展以及已推行并在滨海新区实行的行政审批改革所奠定，滨海新区乃至整个天津都要在建设自贸区过程当中将先进制造业这一大亮点凸显。为节省企业办事时间，把审批时限提速，设立了行政审批局。改革行政审批、制度的创新不仅为天津自贸区提供了根本保证，还方便了服务、文化创意产品等方面的贸易及其国际融资的开展。

在“一带一路”建设方面，天津自贸区面对“一带一路”建设、京津冀协同发展等机遇叠加，不能将“一带一路”建设、自贸区和京津冀协同发展分离开来，要合理地将三者结合在一起。丝绸之路在东部起点以及海上丝绸之路的核心起点都位于“一带一路”的交汇点上的京津冀区域，这将会为北京、天津、河北地区的经济发展注入新活力，也对实施“一带一路”

起到极大的促进作用。在不久的将来，“一带一路”建设的核心承接点将会是天津自贸区的建设与发展。自贸区引导滨海新区充分发挥其优势，包括先进制造业优势、海空两港优势以及其与东北亚、内陆和“三北”经济腹地面对面的优势，使“一带一路”建设更好地发展。在公共服务方面，可以推进养老保险、医疗保险等方面的务实合作，主要由天津承接北京高校科研院所、医疗机构的组合转移。

（三）天津自贸区的发展重点

1. 建立合适的法律机制，为金融的稳健发展提供有力的保障

无论是对天津还是整个中国而言，颁布一些新政策来打破不合理、不能适应现代经济、金融发展的局限是有必要的，尤其是外汇使用和税收方面的局限。为了在全球范围内合理有效的配置、调整天津的金融资源，同时让更多的境外金融机构入驻天津，促进金融多元化发展，自贸区应在合理范围内根据需要充分利用相关的优惠政策，使未来的发展更加美好，进而吸引更多来自跨国公司的投资。在事中和事后都要通过反垄断审查机制、信用管理体系、安全审查机制、综合执法体系、企业年报公示制度和部门监管信息共享机制的建立来加大监管力度。相关政府的审批部门都应充分发挥其职能的作用并服务于自贸区，其中政府积极改革管理机制，减少审批期限，提高办公效率和审批服务质量。

2. 建立完善的信用体系，为发展金融创新服务业奠定基础

针对自贸园区以后的建设，中心商务区的突破口是以金融创新为主的现代服务业，其重点是服务贸易对外开放的发展。2015 年，包括于家堡高铁站内的许多基础交通设施已建成并投入使用，人来人往，运输货物将更加便利。在楼宇载体建设方面有充足的储备，与生活相关的配套设施和相关设备也日益成熟，新注册的企业已入驻并开始办公，其相关流程和手续等都得到了合理的安排，其业务也在有序开展。将相关的监管模式进行改革创新，将各项任务和应承担的责任落在实处，使天津整体的监管体系都统一起来，同时大力加强信用体系建设，构建在全区都适用的信用体系。

3. 大力发展融资业务和金融创新，为开展资本项目开放试验提供平台

发展跨境服务贸易将会推动资本全球化，有利于相关企业在全球范围内进行投融资活动。由于资本全球化具有带来金融风险的可能性，所以我国的资本全球化还不是很完全，且落后于发达国家。跨境服务贸易在资金全球化的推动中发挥着重大作用，包括自贸区试点改革的定位，所以加大发展跨境服务力度，尤其是跨国金融服务理应是天津自贸区建设的重要环节。

4. 注重人才的发展，为金融创新的发展提供高技术人才

在跨境服务贸易中，熟悉外资银行和大型跨国企业、国际金融交易、政策环境的人才是十分重要的。所以，人才政策在天津自贸试验区的发展过程中尤为重要。然而，具有高流动性的人才给天津金融发展带来了一定的挑战。由于北京的压力，天津的人才引进存在一定的困难，所以在人才方面要采取相应的政策。对于高级人才，需要根据其不同的特点来采取不同的手段，比如高级金融人才已经解决了财务问题，但其更渴望事业上的成功，因此可以利用事业来吸引他们。自由贸易实验区所具有的广阔的发展前景增加了一个创立事业的渠道。与高标准的国际金融市场接轨，需要可持续发展的高级国际金融人才培养政策。

（四）自贸区金融的创新路径及方向

1. 金融要为实体经济服务

自 2015 年挂牌以来，天津自贸区一直都受到高度重视，相关政府部门在资金和政策方面都给予了大力的支持，其发展初见成果，而且独具自身特色。对于金融，要多方面考虑，合作性、政策性、商业性和是否具有开发性都要考虑在内，既要有分工、合作，也要有相互补充。金融的改革创新要勇于担负应有的责任，比如国家机制、制度的施行要与基础设施的建设和投融资机制相协调。目前，普惠金融和绿色金融成为研究的和发展重点，利用其优势解决商业的可持续性问题，也要加强风险的防范。

2. 利用已有的优势，带动整体发展

在自贸区发展的过程中应将其优势凸显并充分发挥出来，立足服务经济转型，将外汇商业保理、融资租赁以及改革先行先试的特色充分发挥；将杠杆率降低，提高企业上市速度，增加直接融资并提高其比例；在保险业务上进行创新，并与保险结合，建立再保险中心，使自贸试验区能够放心大胆地发展。相关专家还表示，发展的主体依然是“运营”，而“示范”和“创新”要在其后，将京津冀协同发展的优势充分发挥，大力帮助建设金融创新示范区，为其他省市提供可推广、可复制的经验。

3. 加大培训和政策宣传力度，增强天津自贸试验区建设的凝聚力和影响力

第一，为金融企业和机构尽快熟悉和掌握政策提供指导，中国人民银行天津分行将举办一系列相关的专场政策培训，并且依据市政府的要求和部署，到北京、河北等地进行相关政策的解读和宣传，将天津自贸区所独有的金融政策优势广为宣传；第二，为将天津的特色和优势进行最大程度的宣传，增强其影响力，充分利用各大媒体、互联网和金融机构办理业务的窗口，加宽政策宣传的广度。

B.10 2017年天津金融发展对策分析

杜 强 陈百惠*

摘 要： 在互联网金融元年阶段，国家普惠金融政策为天津的进一步发展和崛起创造了十分有利的政策条件。面对中国经济的快速发展，为贯彻党的方针与指导，天津需要在各个领域深化改革，大力推进完善金融市场与金融体系的建设。本报告建议大力推进融资租赁业务，推动金融产业发展；顺应雄安新区建设，重新调整京津冀协同发展战略；在互联网金融与普惠金融大环境下，发展天津创新驱动。

关键词： 金融产业发展 京津冀协同发展 天津创新驱动

一 融资租赁业兴起，促进金融产业发展

从我国金融租赁行业运营中不难发现，金融租赁之所以主导租赁行业主要原因是金融租赁能直接进入金融市场进行筹资，业务涉及的大多是大型央企和跨国公司企业，这种企业的总资产实力一般都比较雄厚，资金的来源也非常广泛，正好迎合了融资租赁的资金流动性和期限的灵活性，相对风险也小。而金融租赁公司拥有大量资金，其风险控制水平位居行业前列，当出现不良资产问题时候能够及时采取措施予以化解，

---

* 杜强，天津财经大学博士研究生，研究方向为普惠金融、货币政策；陈百惠，中国人民银行中关村支行，研究方向为金融创新。

在国家放松对融资租赁行业的监管背景下，金融租赁的资金雄厚也有利于业务的拓宽。

融资租赁产业及其支持产业集聚效应明显。从融资租赁在全国各区域的发展情况看，天津、北京、上海以及珠三角地区融资租赁发展更为迅速，并形成了一定的集聚效应。天津作为融资租赁行业的发展示范地区，以东疆港自贸区为代表的天津融资租赁聚集高地，为融资租赁产业及其支持产业提供了有力支持，国内各项第一次探索都在东疆港展开，如“单机单船”“租赁SPV 模式”“融资租赁与离岸金融”等。

东疆港自贸区的产业集聚探索主要有如下经验。第一，打造专家、企业、政府的三方平台，发挥产学研的协同创新的优势，特别是天津在京津冀发展中的金融创新运营示范区的定位，通过融资租赁创新的载体探索，为全国提供可复制的经验。第二，通过政策优惠招商引资，天津具有面向东北亚的港口贸易优势。第三，不定期的融资租赁论坛，拓宽租赁的品牌认知度，让更多行业与企业加入融资租赁融资中。在论坛中专家提供的业务培训，进一步加深对融资租赁行业的认知与实践，为租赁业的创新奠定基础。

（一）天津融资租赁业发展的现状

1. 融资租赁公司数量不断扩张

从2011 年起，天津的融资租赁行业在全国占据领先地位。截止到2016 年末，中国境内的融资租赁企业总数约为7120 家，较上年同期增加2612 家。其中金融租赁59 家，内资租赁204 家，外资租赁6857 家。全国的金融租赁合同余额为53300 亿元，较上年同期增长8900 亿元。其中金融租赁余额20400 亿元，内资租赁余额16200 亿元，外商租赁余额16700亿元。

天津滨海融资租赁研究院和中国租赁联盟公布的统计数据显示，截至2015 年底，总部设在天津的各类融资租赁公司达到697 家，比年初的335 家增加了362 家，同比增长108.1%。2015 年底，天津融资租赁企业数量约占全国企业总数4508家的15.5%。2015年底，天津融资租赁总部企业注册资金达到2683亿元，同比增长了98.3%，融资租赁企业注册资金约占全国17.7%。

2. 融资租赁公司业务快速发展

截至2016年9月底，天津融资租赁总部企业注册资金达到4329亿元人民币，比上年底增加1646亿元，增幅为61.3%。其中，内资租赁315亿元，增加130亿元，增幅为70.3%；外资租赁3659亿元，增加1452亿元，增幅为65.8%。金融租赁355亿元，增加64亿元，增幅为22.0%。

（二）天津融资租赁业存在的问题

虽然天津融资租赁近几年迅猛发展，在全国占据领先地位，但在激烈的竞争下仍然存在很多问题，在一定程度上束缚了天津融资租赁行业的发展。

1. 融资渠道缺乏，市政府缺乏相关鼓励措施

随着天津自贸区融资租赁公司的数量不断增加，业务快速发展，融资方式有限成为天津自贸区融资租赁公司发展所面临的最大挑战之一。目前，天津自贸区融资租赁公司除自有资金和银行贷款外，只能吸收少量信托存款、委托存款、同行拆借、发行股票，且多以短期资金为主，数额有限，很难利用自贸区便利化政策拓宽融资渠道。一般融资租赁公司从保险、银行多家金融机构得到资金，由于存在不同的监管部门，程序重复烦琐，加大了取得贷款的难度。没有符合融资租赁行业专有特点的融资渠道，已制约天津融资租赁行业的发展。

2. 缺乏融资租赁保险体系的支持

我国还没有健全融资租赁保险体系，一般租赁具有涉及范围广泛、金额大等特点，当融资租赁行业的承租人发生破产情况时，不能及时从政府机构得到补偿，会造成该行业发展受阻，在市场上推广能力削弱。所以需要建立较完善的融资租赁保险体系，保障当事人合法权益。

3. 融资成本相对较高

天津自贸区融资租赁公司的融资方式中银行贷款是最重要、最常用的，天津自贸区融资租赁公司的发展在较大程度上依赖于银行的支持。但是银行贷款是一种成本较高的融资方式。尽管过去利息支出在会计核算中计入成本，营改增后计入销项税额可以抵扣，但是银行贷款的税前成本仍然一般维持在贷款基准利息以上，成本较其他方式仍然比较高，更何况银行信贷深受宏观货币政策的影响，紧缩货币政策下的融资成本由于银行惜贷而更加高昂。紧缩的货币政策下，银行贷款的融资成本一般都在央行同期贷款利率上浮 5% ~25% 。融资成本较高的这一问题成为天津自贸区融资租赁公司发展的一大瓶颈。

4. 融资租赁业人才相对缺乏

我国现发展阶段，融资租赁行业存在时间不长，仅在最近五年内井喷式发展，全国出现了约 60% 的租赁公司空置现象。究其原因，大部分归于融资租赁行业人员匮乏，再加上从事该领域的人员没有经过专门的培训。目前有，天津融资租赁行业的培训体系尚不完善，只有南开大学有该领域的课程培训。说明天津的融资租赁行业要想有良好的发展前景，首先需要满足该领域对人才的需求，打破人才约束的桎梏。

5. 融资难易程度不同

从监管审批角度来看，我国融资租赁公司分为三类，这三类融资租赁公司融资的难易程度并不相同。在银监会监管下的金融租赁公司，因为具有银行背景，其融资方式较为丰富，且这类金融租赁公司可以参与银行同业拆借市场活动从而得到需要的资金。在商务部监管下的内资租赁公司不被允许进入同业拆借市场，所以选择银行贷款满足资金需求的现象较为普遍。一般的融资租赁行业存在租赁期限短、行业评估困难的劣势，从银行获得贷款相对困难。而外商投资融资租赁公司即外资租赁公司，在境外融资方面，更具有优势。《外债登记管理办法》将内外资企业区别对待。具体而言，该办法规定，境内金融机构和中资企业的外债资金有条件结汇使用，而外资企业则无任何条件限制。由此可知，这一规定方便了融资租赁行业进行外债融资。

（三）天津为发展融资租赁业所做出的努力

天津的融资租赁行业迅猛发展，在一定程度上与天津市政府的重视程度紧密相连，相关政策配套措施使融资租赁业有良好的发展环境，如健全融资租赁法律环境、相关政策导向、银租合作加强、金融协调等。天津不断优化改革，大力推进双创，从各个方面加速融资租赁行业的发展。

1. 完善融资租赁相关法律法规

一直以来，我国融资租赁业缺乏统一的立法和有效的监管，直接影响了融资租赁业的有序发展。目前，我国对融资租赁的性质界定不甚明确，针对频繁的融资租赁纠纷案件还没有一套全面具体的法律依据。因此确保租赁企业的资金来源安全、建立良好健康的环境成为大势所趋。

2016 年 10 月，由天津金融工作局和天津市发改委联合发布《天津融资租赁的规划》，天津将打造成为融资租赁行业先行示范区，推进与国际接轨，构造多元化的融资租赁结构体系，与 2010 年天津市政府《关于促进我市租赁业发展的意见》与其他国家相关文件互补，在“一带一路”倡议以及高端设备机器“走出去”策略中，为融资租赁行业在船舶、桥梁、航空航天和大型设备领域迅猛发展提供了政策保障。

2. 充分运用政策导向优势

对依赖银行借贷的融资租赁企业而言，其发展与银行信贷利息费用息息相关，某种程度上，融资租赁公司的租金水平乃至业务发展的状况都取决于银行信贷利息费用决定的融资成本。另外，以银行的贷款来满足融资租赁公司的资金需求通常会导致融资成本过高，解决这一问题的重要途径是允许各类融资租赁公司都可以进入同业拆借市场。在税收方面也给予融资租赁行业诸多的支持，如直接税收抵免政策、印花税优惠和售后回租业务税收。

3. 大力加强银租合作

融资租赁作为资金密集型行业，与其他行业相比，对资金的需求和依赖程度更高。维持融资租赁较长周期的运转，所需资金的数额一般都比较庞大。尽管融资租赁公司可依赖的融资渠道呈现多元化发展态势，但是仍然无法否认银行信贷是现阶段融资租赁公司最主要的融资渠道。相较于其他融资方式，银行是最能满足融资租赁相关需求的资金来源。所以，银租合作就显得十分必要。

4. 借力新三板市场

天津渤海“借壳”成功上市后，不断发行定增进行股权融资。2015 年，天津渤海股东大会决议通过了又一次大型定增方案，此次定增 160 亿元，对公司的业务拓展意义重大。无论对天津渤海还是任何融资租赁公司而言，上市融资都是一种成本较低、效率较高的融资方式。

5. 丰富优化债券种类

在日益丰富的债券种类中，银行间债券市场的各类产品最为活跃。其中公司信用类债券不仅包括传统的企业债，还包括短期融资券、超短期融资券、中期票据、非公开定向债务融资工具等。这些债务融资工具在发行程序上较为简便，在运用中也较为高效和灵活，其中较为适合非金融租赁公司发行的是中期票据。

6. 鼓励融资租赁企业境外融资

在天津自贸区，融资租赁公司的发展与高效合理的跨境融资有紧密联系，这对融资租赁企业来说是非要重要的，其中当然也离不开相关政策的支持。天津自贸区“金改 30 条”的正式实施，不仅摈弃了过去借用外债方面中外资企业差别对待的管理制度，还为融资租赁公司募集低成本资金、扩大业务规模、提高资金使用效率提供了政策保障。

7. 借道互联网金融

2015 年是互联网与实体经济进一步交融和相互促进的一年。目前在已有的融资租赁 P2P 项目平台进行的交易模式一般为融资租赁债权或收益权转让模式。互联网融资租赁模式对天津自贸区融资租赁公司拓宽融资渠道方面有一些启示和借鉴作用。

8. 积极探索租赁资产证券化创新

租赁资产证券化通过实现资产流转缓解了融资租赁公司普遍面临的融资方式有限等问题，具有广阔的发展前景。因此，天津自贸区积极开展租赁资产证券化制度创新和业务模式创新是当务之急。在租赁资产证券化制度创新方面，可探索搭建租赁资产证券化平台。

二　雄安新区建设，京津冀地位分工明确

河北雄安新区的建立，具有深远的战略意义。综合以长三角、珠三角为发展中心的上海浦东新区、深圳经济特区发展策略，准确把握新区定位是新区建设的关键。京津冀协同发展进程受雄安新区影响，三区分工、定位将相应调整。

（一）京津冀协同发展的新情况

京津冀三地的环境、交通和产业等方面在一定程度上实现了协同发展，同时出现了一些新变化。

非首都功能疏导趋势明显。2014～2016 年三年间，河北省引进京津资金 11041 亿元，天津引进京冀资金 5226.74 亿元。天津和河北在承接北京非首都资源与承载功能的同时，以河北为主的一些高端要素和高端人才出现“逆向行为”。如保定的长城汽车以及英利太阳能都开始在天津投放资源谋求长期的产业布局。

中心—外围的固态短期具有显著黏性。长期以来，京津冀区域存在着显著的中心—外围经济结构，其中北京作为中心吸引以天津与河北为代表的外围资源进入，且这一态势短期内仍具有持续性，这就导致河北对北京全方位的“断崖式”差距也很难在短时间内得到有效补偿。

政府的政策供给相对单一，无法有效满足市场的多样化需求。政府的主要手段是财政支出以促进经济发展，但远远低于市场自发的资源配置效率。而且市场之间有时会形成交易阻碍，影响资源的自由流动，这都是需要思考的问题。

（二）关于河北雄安新区的功能定位

1. 雄安新区承担疏解北京非首都功能的任务

解读京津冀三地合作发展的相关规划文件可以发现，京津冀协同发展的

核心思想在于疏解北京的非首都功能，从而分担北京的承载压力。雄安新区的设立在很大程度上就是为了完成这一目标。

2. 雄安新区是北京、天津两个大都市的“反磁力中心”

纵观京津冀多年发展历程，北京和天津作为直辖市以其得天独厚的优势吸引了河北大量资源和高级生产要素，一味靠政策促进京津冀协同看上去收效并不显著。雄安新区的成立在一定程度上让这个问题得以解决，因此要想打破这种虹吸效应，就必须迅速寻找并发挥雄安新区的比较优势。

3. 雄安新区是京津冀区域新的经济增长极

京津冀三地要想实现协同发展，那就不得不解决三地经济差距问题，只有这样才能成为一个具有活力的区域集群。从三地的经济水平来看，河北是相对落后的一方，因此想要解决地域差距，就要找到河北省内全新的经济增长支点，雄安新区因此而设立。它能有足够的吸引力让人才与其他高级要素汇集到新区，从而拉动河北省的经济发展。当高端企业渐渐汇聚就会步入一个良性循环，其作用范围就渐渐地超出河北省，从而拉动整个区域的经济增长。

（三）城市群发展的“有力支点”

《京津冀协同发展规划纲要》重点对三大区域进行具体定位与分工，其中最重要的一点在于要建立以首都为核心的世界级城市群，雄安新区对于京津冀成立国际级城市群有举足轻重的影响。首先，雄安新区能够承载北京非首都功能，转移高科技技术水平、金融人才聚集领地，并大量吸引金融创新资源，是三地建成国际化城市群的内在驱动力；其次，雄安新区是国际范围内集环保与高新技术为一体的城市模范，具有不小的国际影响力，对于提升京津冀区域的国际地位意义重大；最后，雄安新区在城市治理方面的表现也将成为世界学习的模板。

三　“互联网＋普惠金融”下天津金融创新发展启示

根据国务院批复的《关于天津滨海高新技术产业开发区同意建设国家

自主创新示范区》，将天津定位为在转型升级上是领导指引区、创新主体集聚区、开放创新示范区和产业发展试点区，促进天津模式创新、技术创新和思路创新的进一步发展。

（一）天津创新驱动的发展空间与约束条件

1. 拓展创新布局，聚焦中小企业创新

要扩大创新型战略布局，加大力度提高创新能力。加强京津冀合作创新和技术创新，将研发转型基地和高水平的创新合作平台建立在天津；以自主创新示范区为依据，引进复合型科技人才，提高创新转化收益，加大科技金融的发展力度，颁布相关的政策，进而营造良好的创新环境，

非大型企业的自主创新能力得到了有效的提升。工业体系中的重要支撑现已是关键的产品和科技“小巨人”工业。截至2016年底，科技“小巨人企业”新增450家，其总数量达到3900家；全市科技型中小企业新增近1.5万家，总数为8.8万家；新认定国家高新技术企业1075家，总量达到3265家。目前5800多家企业已经完成转型升级，并优化了结构，提高了效益，就业数量也随之增加。天津全市的研发经费占GDP的比重提高到3%。

2. 与创新相关的网络和氛围尚未形成

从整体的角度来看，天津无论是创新氛围还是环境都不强，创新活力和生态在公共组织、公共服务和技术以及创新文化等都不足，这些都制约着创新的顺利发展。第一，尚未完善公共组织，没有明显的企业分工，尤其是上下游的分工，企业主体不具备强大的创新能力，拥有科研机构的企业主体或者是科研机构与企业相联合的形式严重不足，与在创新方面较先进的地区进行科技联合更是寥寥无几；第二，创新活动未能由科技金融、科技中介、科技转化基地等公共服务来完全支撑；第三，创新文化氛围相对匮乏，并未形成有效的集聚效应。

3. 创新型人才缺失严重

发展创新人才过程中，天津创新驱动战略的核心支撑是建立创新人才及

创新型合作网络。一方面，依据“科技小巨人企业”“滨海新区作为创新城市”“京津冀科技一体化”等，创新人才主要来源于高等院校、研究院等科研机构，虽然天津的高校建设较为完备，创新人才的培养和教育也很完善，但是具有较强的实践能力与市场相适应的创新人才却极为缺乏。

4. 缺乏强大创新资源的投入，建设技术交易市场不先进

2016 年，天津、北京、上海的 R&D 支出占 GDP 比例分别为 3.1%、5.94%、3.8%，天津在创新投入强度上相对较低；在技术交易额上，天津和上海分别是 435.7 亿元、800 亿元，上海几乎是天津的两倍，技术交易总额相对落后；在专利授权量上，北京、上海、天津分别为 39700 件、64230 件、100578 件。以上数据均表明，天津的技术水平较低，尚处于技术吸纳阶段。这给天津技术交易的发展造成不利影响。

（二）互联网金融与普惠金融存在契合性

普惠金融有两条比较典型的特征，其一是给低收入者和小微企业提供贷款，也就是所有的社会机构、群体、个人都应该平等地得到金融服务。由于金融业“二八法则”的存在，这一点很难做到。其二是商业可持续。即普惠金融既不能是行政强制命令的，也不能是政府补贴让它去做的。慈善、扶贫都不是普惠金融。普惠金融必须商业可持续。在国内，普惠金融的定义里还有一条叫可负担的成本。这些特点的叠加，一方面增加了实现普惠金融的困难程度，但在另一方面，互联网金融新形势在我国发展速度的确很快，并取得了很不错的成绩，并且在实现普惠金融方面，也有显而易见的优势。互联网金融为普惠金融提供发展空间和鲜活生长动力，互联网金融与普惠金融在功能方面存在契合性。近几年互联网技术的突飞猛进，带动风险管控和保障机制体系的完善，这将实现普惠金融的稳健发展。

1. 降低交易成本，提高资金效率

互联网金融能够降低交易成本，依法保护在平台上的交易模式的安全性，互联网金融这种新型模式需要以实体经济为基点，便于管理与规范交易。该领域的发展可以在一定程度上补齐普惠金融的发展短板。相关法律严格指出互联网金融交易所涉及的借贷利率上限不受保护，以此来降低实体经济发展的融资成本，解决实体经济融资难的问题。

互联网平台的运行与交易较其他运转模式成本低，且融资效率相对较高，能够在一定程度上弥补传统金融对部分受众体的服务真空。该特点使得普惠金融的推广进程顺畅。运用数据、云计算等平台特征加速传统金融业的转型与创新，尤其是对银行业的影响颇大，传统银行应对互联网金融的冲击需要调整原本的支付清算方式，加强客户维护和推动产品创新，使得金融交易成本下降。

互联网金融拥有先进的技术优势，能够快速推进金融资源的共享和流动，从而使金融准入门槛标准降低，真正服务于大众，潜在地促进普惠金融的发展。资源的合理配置，也能够缓解互联网金融与普惠金融在盈利方面存在的矛盾。

2. 促进内需，扩大服务覆盖

互联网金融快速发展的基础是互联网的普及，由图 1、图 2 可以明显看出 2006～2016 年我国网民数量变化和互联网普及度的逐年递增状况。截至 2016 年底，我国网民数量为 73125 万人，相比 2015 年增加了近 5000 万人，并且互联网普及率为 53.2%，同比增加了 2.9 个百分点。互联网技术的进步，拉动金融市场的转型，其中不免会出现互联网金融覆盖超过实体经济范围的问题，两领域不匹配问题亟待解决，普惠金融实现速度加快。

在监管能力和金融服务供给等方面，这必然使得基层和地方金融机构的严重不足，造成内生需求型的民间金融高度压抑。这导致我国融资市场出现诸多不良现象，如银行不能满足民间借贷个中小微企业，促使这些客户转向地方高利贷市场，尽管国家有规定银行业的最低存贷利率，但不能有效管控高利贷市场。我国互联网的发展既要有创新性，更重要的是拥有内在需求。我国金融体系具有明显的金融抑制性和制度外生安排，因此，互联网金融以创新带动市场运行，补充中国金融体系下的普惠性。然而，在近几年互联网金融暴露出诸多问题，如 P2P 网络信贷，人们就会质疑互联网金融的创新程度是否过度，也有人提出问题出现在网络技术、运营管理和商业模式上，这些方面的管理还不够成熟。国家应该加强互联网金融的管控，为其健康发

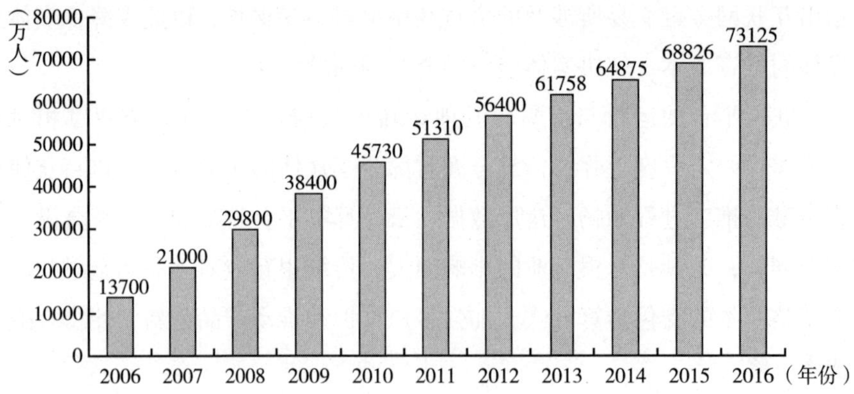

图1　2006～2016年中国网民数量

资料来源：CNNIC中国互联网络发展状况统计调查。

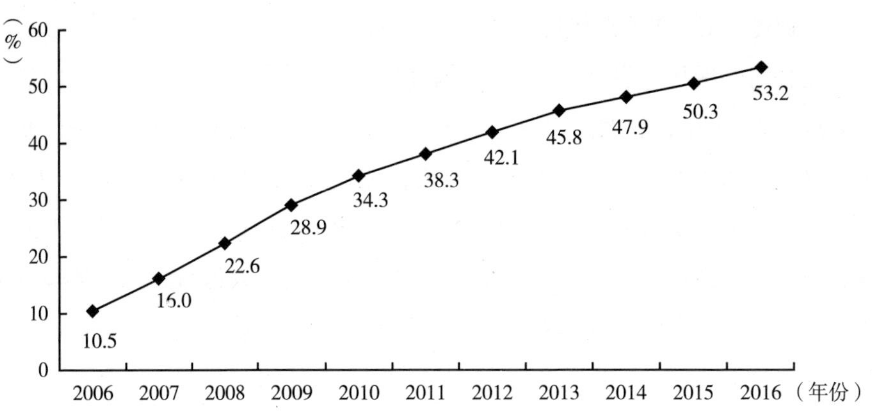

图2　2006～2016年中国互联网普及率

资料来源：CNNIC中国互联网络发展状况统计调查。

展铺路。

3. 助推利率改革，促进直接融资

凭借远高于定期存款利率的收益率，以余额宝为代表的网络货币基金分流了相当一部分银行存款。货币基金产品的出现，为低收入人群合理管理闲余资金，给人们带去真实的利率收益。为降低存款的流失，一些银行为了保持业务稳定性调整基准利率。由此可见，传统银行业与互联网货币基金的竞争不断加大，最终趋向均衡利率水平。互联网金融的问世使名义利率快速转向实际利率。

并且我国金融体制改革的一大目标既是利率市场化。当前形势下，互联网金融的迅速发展对我国的利率市场化改革带来了极大的冲击，同时也是一个千载难逢的改革压力测试机遇。应当充分发挥金融市场的“鲶鱼效应”，使得利率市场化自发调整与优化。简言之，互联网金融强力促进利率市场化进程，提高资金的优化配置效率。

互联网金融凭借低成本的平台渠道提高了社会资金的灵动力，加快资金流通速度，使利率能够及时反映出资金供需情况。

4. 信用制度缺失，权益保护不足

目前，我国的信用监管体系尚不完善，互联网金融也面临信用机制的缺失困境，需要进行管制与规范，打造一个安全、健康、良好的互联网金融发展环境，加强诚信建设。对失信行为和守信行为做到奖惩分明，这是一种相互促进的行为。

互联网金融缺乏风险防控与监管，容易发生资金链断裂、非法集资、跑路失联等事件。身处此行业，需要着力打造资金端信用体制，研发大数据风险管控，让企业和用户双向受益。双向信用是未来发展的大方向，在政府、企业的管理下，互联网金融加速企业的优胜劣汰，促进良性循环，更好地服务于我国经济发展。

互联网金融与普惠金融发展的努力方向就是在合法的前提下，完善平台的信用体系建设迫在眉睫。从互联网金融平台的安全性、征信独立性着手，规范平台发展，健全和完善制度环境，加大监管力度，维护金融消费者的合法权益，建立起多元化的普惠金融体系。

（三）天津创新驱动发展的战略选择

在粗放式发展环境下，从简单问题的解决再到金融的深化改造，来降低金融多种风险，达到金融改革创新，加速金融发展，拉动中小型企业服务发展，提高互联网金融市场占有率，实现普惠金融快速发展。

1. 依靠信息技术和云计算建设普惠金融发展服务机制

互联网金融坚持以普惠金融为发展核心，在传统金融业中优势互补，充分发挥自身优势，不断提高其灵动性和适应性。为普惠金融的发展提供实践方案，补其短板和痛点领域。在21世纪科技发展元年，金融业逐渐形成技术型密集的行业，充分发挥信息技术的优势。国家大力推行“互联网+”领域，这为互联网金融提供一个高发展优势的环境，该领域有很大发展空间。互联网金融结合互联网与金融两者优势，利用网上平台将金融领域纵向发展，创新服务渠道，利用技术手段控制金融风险。

信息化是建设新型普惠金融体系的一项重要举措，是促进社会和谐发展的必经之路。在经济学角度看来，共享是要对资源的整合与重组，扩宽服务空间范围，打破信息壁垒，形成新的不受信息约束的体系，使资源配置能够达到帕累托最优。

大数据、云计算等技术的采用，提高了金融信息化处理能力，为精准化的金融创新提供多元化可行性方案，从而提高金融服务者的体验满足程度，支持内共享经济形成。大数据挖掘技术可以降低金融机构的服务成本，并且可以提供多元化的个性服务。在互联网金融领域，网络信息技术应用能力和水平在一定程度上体现了一个互联网企业的能力，打造互联网信息化的普惠金融体系，是促进经济持续、稳健发展的必由之路。

2. 有效防范并化解互联网金融发展各类风险

互联网金融存在各种风险，波及层面远超金融环境，网络空间具有开放性和互动性，该特点愈加使互联网金融风险防控变得艰难，所以行业从业人员需要加强树立风险防控意识和安全意识。监管部门应该认识风险的外延与复杂性，遵守监管要求，进一步完善监督管理体系，加大对消费者保护力度，对于低收入者提供补给。为构建良好的网络环境，对互联网进行专项整治。近几年互联网金融迅猛发展，出现多种模式，如P2P网络信贷、第三方支付、众筹等，各项模式既有发展前景但又为互联网金融的大环境带来不利影响，需专有部门严加监管。互联网金融实际上就是促民间借贷的阳光化和互联网化，促进了普惠金融的发展。P2P的发展目标是中国特色的普惠金融，目前中国的大多数中小微企业及创业者都有旺盛的融资需求，越深入地区解决金融信息不对称的问题的成本就越低，离真正的P2P越近。此外，中低收入者也有强烈的理财需求，互联网金融在服务和渠道方面进行创新的同时，也带来了理财观念的改变。

生态环境打造需完善相关法律法规，推进制度创新，建立起与互联网关联的管制系统，建设信息共享的互联网金融体系。通过对生态环境的规范确保互联网金融发展前景，建立部门联动管理机制，监管失信行为，对诈骗等行为协同监管，逐渐形成法律监管与自律结合的互联网金融体系。

3. 完善互联网普惠金融信用征信体系

大数据分析使得传统机构和小微企业及个体能够对得到的金融服务进行调查分析。此外，移动端的使用，将千万用户连接在一个网络平台上，从而降低金融机构的成本。支付端的普遍性具有明显特征。目前，支付宝的用户达到8亿，微信支付平台上的用户达到了4亿，这种支付端在中国不是独有形式，在日本、韩国等国外地区也有着网上支付的方式，不同的是在一些国家需收取一部分手续费。所以在普惠金融方面，我国支付端的使用是做得比较成功的。

在央行征信系统上有8亿多人的信息，其中有大部分人没有得到过贷款，网络信贷的出现能够在一定程度上给予相关的贷款人和传统金融机构满足其借款需求。众筹、数字保险、网上理财领域普遍性凸显，通过移动网络平台链接用户，降低成本。

互联网金融与普惠金融协同发展对提高金融质量和效率起到了积极促进作用，但伴有一定的隐患，互联网金融发展环境和行业名声受到影响。规范互联网金融信用环境，需要坚持普惠金融创新方向。提高金融资金，扩大金融服务，提升资源配置效率，为解决普惠金融发展所面临的高成本、均衡失调、低效率等共生性问题提供可行性方案。

4. 规范互联网金融，健康发展普惠金融

互联网金融发展需要规范，其发展与规范并进，发展离不了规范，规范促进发展。随着共享经济理念深入人心，互联网金融定位愈加清晰，为推进互联网金融健康发展而作出努力。

随着互联网金融的发展，普惠金融正经历着多重变化：从人工实现数字化技术、从小微信贷转到更为多彩的普惠金融体系、从公益建立起可持续的商业发展模式，数字技术的发展使普惠金融晋升为数字普惠金融，即“互联网+普惠金融”时代。无论是互联网金融还是数字普惠金融，这两个概念都是以价值导向为核心，要求做到让金融服务大众，使百姓生活便利，两者在概念上具有共通性。互联网金融技术需要向着为客户提供更为实惠、便捷的金融产品和服务方向发展，这也是我国未来金融业发展的大方向。互联网金融行业经过一轮又一轮的大浪淘沙之后，只有真正矢志于普惠金融的玩家，才能成为最后的赢家。

专 题 篇

Special Topics

B.11 天津自贸区建设服务京津冀金融协同发展研究

周胜强　李西江*

摘　要：　天津自贸区的发展离不开京津冀共同资源的支持，而京津冀区域一体化进程的推进，也离不开天津自贸区这个重要的对外开放平台。本报告从天津自贸区开发开放与京津冀一体化发展两方面出发，考察二者在战略方面具有重要关联性的基础上，分别探析以天津自贸区为依托的京津冀协同发展的试验载体与开发开放问题，以及以京津冀一体化发展为背景的天津自贸区做大做强问题，最终从京津冀三地共同发展对天津自贸区的战略引导规划和京津冀一体化背景下实现天津自

* 周胜强，中国人民银行天津分行金融研究处处长，经济师，研究方向为金融监管；李西江，中国人民银行天津分行金融研究处科长，研究方向为科技金融。

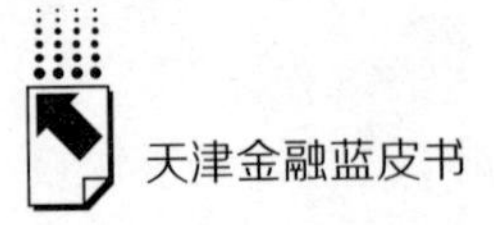

贸区战略发展目标两方面提出相关政策建议，找出一条协调二者之间战略目标衔接、提高经济资源在京津冀区域的高效配置的合理路径。

关键词： 天津自贸区 金融协同发展 资源分配

基于目前北京的“大城市病”，亟须外移非首都核心功能，2015 年 4 月 30 日，中央政治局审议通过的《京津冀协同发展规划纲要》提出要进一步优化城市空间布局，建立现代化交通网络系统，加快产业升级转移及市场一体化进程，共建共享公共服务，拓展生态空间及环境容量，打造京津冀战略同向、规划一体、优势互补、互惠互利的协同发展新格局。而在金融领域，这一规划重点强调了要实现京津冀金融市场一体化这一核心目标。2015 年 4 月，中国（天津）自由贸易试验区获批成立，其战略意义不仅在于对上海自贸区发展的复制与推广，更在于其作为京津冀地区的重要对外窗口，为京津冀协同发展提供核心推动力。作为京津冀地区唯一的对外交流窗口，天津在落实《京津冀协同发展规划纲要》的过程中也提出了自己的规划方案，特别是在对天津自贸区的规划中提出发挥自贸区、自创示范区等试点政策优势，打造一个接轨国际、贸易便利的开放先行区，起到强劲的引领示范作用。

一 天津自贸区服务京津冀金融协同发展的现实基础与功能解析

金融作为经济运行的发动引擎，在实现经济协同发展的过程中必然也要求金融体系的发展具有协同性和可持续性。天津作为京津冀区域唯一的自贸区，必然对京津冀区域的经济和金融协同发展带来更多的正向效应。

2016 年初，《天津自贸试验区服务京津冀协同发展工作方案》出台，重点包括“一个机制”“三个推动”“三个一体化”。“一个机制”指以服务京津冀协同发展为出发点，进行天津自贸区的顶层设计工作，并及时复制天津自贸区的改革经验，复制到京津冀高水平对外开放的平台建设中去；“三个推动”是指推动天津率先复制自贸试验区的改革经验，推动北京、河北借鉴吸取天津自贸试验区改革经验，推动自贸试验区逐渐辐射京津冀的改革探索；“三个一体化”是指实现京津冀通关服务和口岸物流一体化、金融服务监管一体化、区域要素资源配置一体化。

（一）天津自贸区的金融功能定位

国务院总理李克强在2014年政府工作报告中明确指出要“扩展上海自由贸易区范围，新设广东、天津、福建自由贸易试验区”。天津自贸区是设立在天津，借鉴上海自贸区经验并进行政府职能转变、投资范畴开放、贸易转型升级、金融开放创新、京津冀协同战略发展等五方面创新的区域性自由贸易园区。天津自由贸易园区不仅承担着改革试点的重任，还肩负着京津冀协同发展的国家战略实施责任，与此同时，其也将成为“一带一路”倡议中的外贸载体、对外窗口。

1. 航运金融中心

航运事业作为建立国际港口城市的重要基础之一，是天津自贸区乃至京津冀经济发展的核心内源动力。2011年5月10日，《关于天津建设北方国际航运中心的建设方案》中确定了将东疆保税港区作为建设北方国际航运中心的核心功能区，并在国际船舶登记制度、国际航运税收政策、航运金融和租赁业务创新四方面逐步开展试点，明确了建立自由贸易港区进行探索的定位。航运企业在落户东疆保税港区、享受国家保护的同时，还将可以享受到国际船舶登记制度创新试点的优惠政策。航运事业是对技术、资本要求都很高的产业，金融资本是其发展的一大驱动力。而航运金融的基础在于相关金融机构、金融市场的发展和完善。因此，天津要想以航运事业为核心带动综合改革创新区发展，必须首先从航运金融服务体系的完善入手，积极发挥金融支持航运事业发展的作用，提高航运事业运营效率。航运金融发展的强大驱动力就是金融创新。航运相关衍生金融产品以及运行模式的创新，能够防范航运产业中存在的技术、市场和财产风险，从而实现航运业务的顺利开展。此外，航运金融中心建设离不开生态环境的支持。良好的航运金融生态环境能够在很大程度上吸引国内外成熟专业的航运金融机构和人才进驻天津，不仅为天津航运金融发展注入活力，更能够为天津建设成为北方国际航运中心奠定坚实的环境基础。

2. 融资租赁中心

融资租赁业务是天津自贸区特色产业之一，尤其在《中国人民银行关于金融支持中国（天津）自由贸易试验区建设的指导意见》（以下简称“金改 30 条”）出台后，更是发展迅速。截至 2016 年末，天津的融资租赁企业将近 1300 家，其中金融租赁仅占 8 家。就融资来源占比来说，内资较少，仅 30 家；外资占较大比重，有 1260 余家；融资租赁企业注册资金为 4400 多亿元，总资产规模近万亿。根据《天津融资租赁业发展“十三五”规划》，截至 2020 年底，天津计划增加金融租赁公司（含专业子公司）至 15 家，融资租赁业总资产力争突破 1.4 万亿元，其中融资租赁资产突破 1.2 万亿元。“十三五”时期，天津现有的租赁公司总资产和租赁资产年均增速将保持在 15% 以上；总资产超 100 亿元的租赁公司超过 25 家。融资租赁作为新常态下我国金融体系建设和完善过程中的一种新金融业态，不仅起到了传统金融对实体经济服务的补充作用，更提高了金融资源在市场中的配置效率。更多的企业在融资过程中不会仅局限于商业银行贷款或证券市场上的股权融资，而且可以通过以融资租赁为代表的新金融业态来获得更多更加优质的金融服务以谋求发展。天津自贸区在已有的融资租赁领域建设优势基础上，应当更大限度地发挥这一资源的集聚效应，吸引更多的资金与企业进入这一领域，甚至引入海外资金，一方面提高企业获得更多资金的可能性，另一方面通过与海外资金业务的往来学习更加先进的管理经验，提高自身金融服务的竞争力。此外，作为融资租赁的代表性区域，天津自贸区更应当通过建设全国范围的融资租赁中心来积累新金融业态整合与发展的经验，为进一步建设金融创新运营示范区奠定基础。

3. 金融创新运营示范区

金融创新运营示范区是中国经济发展新常态环境下，在金融改革创新、运营服务与区域协同方面具有示范效应的区域。加快建设金融创新运营示范区是天津现阶段发挥京津冀协同发展中功能定位的重要支撑，也是促进天津金融创新集聚发展、完善金融服务体系的必然要求。作为天津金融资源集聚的核心功能区，天津自贸区也必然成为天津建设金融创新运营示范区的重要载体，在其中发挥着关键作用。通过对自贸区在京津冀金融协同框架下的主要功能进行分析，可以发现承接京津冀区域优质金融资源和促进京津冀金融市场一体化是其中两点重要内容。在天津自贸区建设金融创新运营示范区，不仅能够将更多的金融资源进行吸收和整合，最终以新金融业态的形式呈现并服务实体经济，同时也能更好地发挥自贸区的辐射效应，为京津冀金融协同发展提供多样化先行先试的经验。天津自贸区在推进金融创新运营示范区建设过程中，其核心内容应当是以拓展金融对实体经济发展的服务功能、促进新型金融业态繁荣发展、扩大金融服务对外开放、强化区域金融服务体系协同力度为主要目标，以创新形成更多的金融业态、金融产品、金融模式为手段，最终达到金融资源高度集聚的状态，从而更好地服务京津冀区域协同发展。

（二）天津自贸园区金融改革重点领域

作为“十三五”时期天津金融改革的重点落实区域，天津自贸园区应当努力尝试、大胆创新，一方面强调金融对实体经济的支撑，在更多领域提供金融对相关产业的配套服务；另一方面明确政府在金融改革与金融服务中的地位与职能，特别是“三个清单”的设计，应当成为天津金融改革的亮点内容，为其他地区的金融发展起到一定的借鉴作用。

1. 航运金融

航运产业一直以来都是天津作为港口城市的优势所在，在天津自贸园区申报过程中，航运中心建设就是其中的重要组成部分。天津自贸园区在下一步建设过程中，应当继续巩固自身在航运领域的优势，以金融服务为依托，加强融资租赁对航运产业的支持力度，提高金融服务对航运事业的创新程度，发挥船舶产业投资基金的比较优势，形成航运金融发展促进园区金融改革、园区金融改革带动航运金融发展的良性循环，最终形成天津自贸园区航运事业的品牌效应。

2. 金融租赁

基于天津作为各类试点获得的政策优势，天津大力支持融资租赁公司的发展创新，创造租赁业良好的发展环境，吸引更多租赁公司在天津设立分部，形成产业聚集地，便于发挥聚集效应，形成租赁业比较优势。在天津自贸园区设立、京津冀区域发展以及“一带一路”建设逐步明朗的契机下，金融租赁公司更应当大胆创新、提升服务质量，强调金融租赁对自贸园区内各产业的支持和带动作用，发挥金融租赁的集聚效应，提高资源配置效率，逐步将天津打造成全国金融租赁的中心集聚城市。

3. 离岸金融

以“一带一路”为契机，加大天津自贸园区金融业对外交流的力度，使天津自贸园区、滨海新区乃至天津成为中国北方对外开放的金融门户是天津自贸园区金融改革中的重要内容。加强国内金融机构的外部竞争强度、提高金融资源在境内外之间的流通频率、构建人民币海外流通的回流渠道，是天津自贸园区离岸金融市场的主要目标。要提高自贸园区内金融服务运行效率，必须构建一个完备的离岸金融市场，为自贸园区内货物贸易、资金清算以及投融资行为提供高效服务。

4. 科技金融

在以智能制造为主导的第四次工业革命引领下，无论是“智能工厂”的建设还是“智能生产”的实现，都离不开高科技产业的研发与应用。未来天津自贸园区在多产业经济齐头并进的同时，更应当注重科技型企业对自贸园区乃至京津冀区域经济增长模式转变所起到的作用，构建一个以平台化金融运作模式为核心、以内外结合的管理模式为依托，强调资源与信息的共享、强调政府和市场的协调，促进科技创新、金融创新以及两者的互动发展的“滨海金谷”。通过构建“滨海金谷”，形成一套完整的金融服务支持实体经济，特别是科技型企业的运营模式，为其他地区的金融改革提供可资借鉴的模板。

5. 金融监管

在经济增速进入换档期条件下，如何选择合理的监管区间从而释放金融市场活力成为当前国家金融改革面临的攻关难题。天津自贸园区在金融监管体制改革过程中要注重行政体制改革与业务方向改革，一方面在李克强总理提出的“三个清单”的基础上尝试推出金融监管的“三个清单”，另一方面在金融体系隐性风险显性化、显性风险敞口扩大化、外部风险持续渗透的趋势逐步显现的环境下，更应当在监管模式上勇于创新，在提高监管效率的基础上形成改革经验，并推广到其他区域，真正起到示范带头作用。

（三）天津自贸区的金融支持战略发展目标

天津自贸区不仅仅是一个强调投资与贸易便利化的经济活动区，更是中国经济金融体制改革的桥头堡。从自贸区建设的具体情况来看，其主要目的是实现改革过程中政策的法制化、投资的市场化、贸易的便捷化以及金融的国际化四大内容。

1. 政策的法制化

大部分人通过总结上海自贸区的经验，得出在天津设立自贸区能够为天津带来更多的政策支持，从而吸引企业与投资者的涌入，进而能够促进天津经济快速发展的结论。但自贸区负面清单管理模式的设立，实际上是确立了“法无禁止即可做”的做事原则，这其实是把整个金融市场的制度化变革作为侧重，而非大众所认为的侧重于政策扶持。天津自贸区的设立，不仅能为企业提供更多的优惠政策，更主要的是为企业提供一个更广阔的且具有创新发展性质的投资平台。众所周知，境内外的商贸企业一向必须遵守的投资准入模式就是负面清单管理模式。而在当今国际市场不断融合的趋势下，商贸企业在一定程度上是被法律约束的。天津自贸区在此基础上，不仅为企业提供了便捷的投资渠道，更为企业在区内展开各项业务奠定了法律制度基础。此模式的核心亮点主要在于对负面清单外的外商投资领域进行制度松绑，使外商投资项目由原先的核准制转变为备案制。现在，此模式在经过试点试验后，已逐渐与国际接轨，为企业跨国业务的开展疏通了国际化通道。与此同时，自贸区的这一项制度也对商贸企业在境外投资的管理方式产生了影响：管理方式以备案制为主，有助于便利企业进行境外投资。天津自贸区还将对各类进驻商贸投资主体开展多种形式的境外投资进行支持，从而达到拓展商贸企业市场的效果。

2. 投资的市场化

很长一段时间以来我国一直被认为是国际市场的外贸市场。然而，随着我国经济的发展、整体实力的增强，我国在国际市场中的角色逐渐发生转变，已渐渐变为资本输出国；同时，我国也正在从最大的生产市场逐步转变为最大的消费市场，并且有不断加强的趋势。我国在国际市场上角色的转变，为开展跨境贸易、跨境物流的企业提供了更为广阔的发展空间，使其业务的开展更为开阔。自贸区以外的传统跨国投资市场往往采用一个准则，即先对国内市场进行研究，挖掘消费群体与消费需求，后到国际市场寻求满足国内消费群体与需求的产品、技术、服务等。自贸区内完全放开的市场化制度优势，为企业投资提供了更为宽松的市场投资制度，提高了企业开展事务的便捷性。当前自贸区外的企业仅能通过经常项目下的方法来处理回流的境外资金，而区内已施行了资本项下限额内可兑换的政策，未来区内可能会将可兑换额度进一步扩大。另外，天津自贸区将对上海自贸区的自由贸易账户模式进行完全复制，以支持服务型贸易企业的国际业务得以更好地进行。自贸区将降低区内企业境外发债门槛，将债务融资的资金用以区内使用，而区外企业现阶段则无法享受此项政策。针对企业举借外债，区内企业将施行统一的外债额度，并采取备案制；而区外企业需经过烦琐的审批过程，短期外债需通过国家外汇管理局审批，而中长期外债需通过国家发改委的审批。天津自贸区的设立，为商贸企业开展全球业务铺设了便捷的通道；良好的国际投资市场环境，也为企业的跨境经营提供了更多的优势。

3. 贸易的便捷化

目前，我国商贸企业在出口业务上依然面临贸易成本增加、竞争成本降低的挑战，这严重阻碍了从事进出口贸易企业的发展，从而对整个行业的发展造成不利的影响。建立天津自贸区的重点任务之一就是要打破此障碍，提高贸易效率。从金融方面来看，天津自贸区对区内企业特别是金融账户方面主要实行“一线放开，二线管住”的管理原则。此制度的实施，提高了区外企业从事跨境商贸的活动效率。不仅如此，天津自贸区已充分利用先进的信息技术，建立起一个完整的网上办公系统平台，实现了无纸化办公环境。与此同时，把原先的海关监管、检验检疫、跨境支付、出口退税等部门的串联办公关系改为并联办公关系，把从结汇到退税所需中间环节的时间从原来的一个月缩短到仅三天，大大提高了工作效率、简化了流程、降低了成本，加强了企业在国际贸易中的竞争实力。

4. 金融的国际化

自贸区内的商贸企业可通过金融国际化提高其运营效率。“金融国际化”即借助自贸区的整合，在一定额度内做资本结汇，产品卖出后，能够在区内便捷地进行应收账款的结汇工作。也就是说，区内的贷款，特别是境外人民币贷款，需要在两岸设立资金池，以便资金的境外募集与境内使用等都可在区内快速方便地完成。天津自贸区的定位之一就是金融创新运营示范区，因此自贸区针对大型跨国公司，鼓励其进行资金的集中营运管理，将企业的境内外资金进行最大限度的有效调配。自贸区对达到要求的民营资本与外资金融机构均开放，且鼓励在区内设立外资与中外合资银行；允许期货、股权及再保险等行业在自贸区内建立国际交易平台；鼓励金融改革及产品创新。到目前为止，自贸区内已有包括中国银行、中国工商银行等在内的十几家银行设立了自贸区分行。不同于上海自贸区，天津自贸区设立分行的模式简化了金融结汇运作上的手续，方便了贸易企业在区内从事金融业务。

（四）京津冀区域金融协同发展条件下天津自贸区的功能分析

从天津自贸区在金融领域的战略发展目标内容来看，重点强调了金融的法制化、市场化、便利化和国际化四大领域的发展规划，但这些目标更多的是对自身发展逐步完善和壮大的一个有效路径。天津自贸区金融方面的进一步开发开放离不开京津冀协同发展这一国家战略在背后的隐性支持，而京津冀区域在金融领域的协同发展目标更是需要天津自贸区作为重要突破口才能实现。

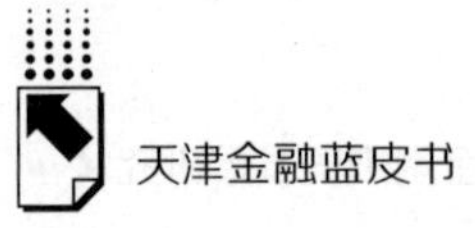

1. 承接区域金融资源疏解

尽管从现阶段来看，天津自贸区想要实现承接区域所有金融资源（特别是银行和证券领域）是几乎不可能的，但这并不意味着天津自贸区就无法成功整合京津冀区域的优质金融资源。随着互联网金融的兴起，大量新金融业态开始涌现，与银行、证券等传统金融服务形成有效互补，这些新兴的金融资源也将大力推动京津冀的产业结构重整，促进三地经济协同发展。在京津冀三地过去长期维持的纷繁复杂关系背景下，天津自贸区应当重点考虑如何吸收北京与河北（特别是北京）潜在的优质金融资源，注入新金融业态的发展。因此，天津自贸区在发展金融体系过程中要做好对这些金融资源的承接转移工作，重点应当是做好与北京金融机构总部的对接工作，延伸金融服务的多极产业链。将来天津自贸区在承担京津冀协同发展重担的同时，要进一步解放思想、创新理念，为对接世界高端金融服务和金融人才等要素做充分准备，此外还应当进一步提升金融体系的整体服务与基础设施建设水平，营造更加优质的服务环境。

2. 探索京津冀深层金融协同机制改革

京津冀协同发展的提出就是要借助改革创新，化解地域间的隔阂与利益冲突，使地区间的资源配置达到最优，促进地区间的共同发展。对金融体系的发展与改革也应当遵循这样的目标和原则。天津自贸区的设立是京津冀协同发展中的一大亮点，天津自贸区同时也将成为政策高地，使更多的金融资源涌入，形成更强大的集聚效应。天津自贸区的发展必将辐射京津冀地区乃至整个环渤海，在金融服务方面为带动“三北”（华北、东北、西北）地区的发展做出贡献。继上海自贸区后设立的几个自贸区，其任务就是要促进区域发展，天津自贸区自然需要在金融协同发展方面承担更多的责任和义务，带动京津冀乃至“三北”地区金融体系建设的进一步深化。基于天津已有的地理、政策、人才和环境优势，自贸区金融体系的逐步壮大不仅能够服务天津，还能为北京及河北等地的实体经济带来更加便利高效的金融服务。鉴于世界各国金融中心城市的发展经验，要想实现区域金融要素的有效融合、优化配置，必须具备一套完整的金融协同发展机制，这种机制可以是由政策制定和管理部门通过顶层设计制定，也可以通过微观层面金融活动自发形成，而只有形成一套完备的金融合作机制，才会从根本上消除金融资源在各地区流动的隔阂，同时也会降低出现机构间恶性竞争的可能性，形成一套有效的金融风险监管协同体系，防止区域系统性风险的集聚与扩大。在整合京津冀金融资源过程中，如何形成这种协同发展机制就成为一个十分重要的研究课题。

3. 促进京津冀金融一体化发展

京津冀金融一体化建设，并非要求天津自贸区吸收京津冀区域所有的金融资源。正如同产业结构分工一样，金融体系中也应当有各自相应的分工。天津自贸区建立一套全新的新金融业态体系，其目的不仅是通过机构创新、机制创新和产品创新等提升金融对实体经济的服务质量，更是要为京津冀区域金融资源的有效整合与协同发展起到带头试验的作用。在原有行政体制划分明确的背景下，北京、天津与河北之间存在许多经济金融活动合作不到位的情况，甚至有些领域存在恶性竞争，即使在现阶段已经提出京津冀协同发展的条件下，三个地区也没有找到一个能够有效解决上述问题的办法。天津自贸区的设立，在一定程度上承担了“排头兵”的责任，需要其在承接区域金融资源、探索协同合作模式中起到带头作用。以京津冀的金融协同发展为契机，天津自贸区应当充分发挥自身的多重优势，通过提高区域金融服务效率，推动区域金融政策共享，最终形成区域金融辐射效应，实现区域经济协同发展这一长期战略目标。

二　天津自贸区成为京津冀金融协同发展新动力

京津冀金融协同发展最终要实现区域内金融资源的自由流通、多层次金融服务的有效对接、跨区域金融监管的全面覆盖以及金融业产业链的逐步完善。京津冀金融协同发展的主要目标应当落脚于创造一个良好的区域金融服务体系，服务区域的实体经济发展，最终为实现京津冀协同发展这一重大国家战略提供有力的金融支持。天津自贸区在京津冀金融协同发展过程中应当以上述重点目标为突破口，结合自身的发展特点和建设基础，找到一条完整的、能够充分发挥京津冀金融协同发展先行先试作用的发展路径，为释放自身乃至京津冀区域整体的金融活力提供战略和技术支持。

（一）天津自贸区在金融领域的发展现状与特点

近年来，天津在开放政策环境和北方经济中心的定位背景下，一直致力于建设现代化的金融服务体系及金融改革创新基地，加快推进金融先行先试，为天津建设金融创新示范区，服务区域金融协同发展，提高金融资源的配置效率奠定了坚实的基础。主要在金融政策顶层设计、金融体系优化和金融制度建设方面进行了创新改革，并取得了显著成绩。

第一，金融政策顶层设计完善提升服务质量。政策指导方面，《中国人民银行关于金融支持中国（天津）自由贸易试验区建设的意见》（“金改30条”）提出涉及金融领域的外汇管理制度改革、投融资便利化、利率市场化和人民币跨境使用改革试点等多项国家战略目标内容，共7个部分、30条政策，细化为60项具体措施。截至2016年底，“金改30条”核心内容包括21条45项具体措施，其中已落实21项具体措施，8项部分落实，共占45项具体措施的三分之二，仅有16项未落实。天津自贸区在“金改30条”指导下，在跨境人民币业务发展、外汇管理改革和促进租赁业发展三大方面提出了具体的发展思路与规划，其中跨境人民币业务主要强调的是投资便利化、放松境外融资限制、支持开展人民币结算平台交易等；外汇管理改革主要强调的是实行限额内资本项目可兑换、推动外债宏观审慎管理和支持银行发展人民币与外汇衍生品服务等；而促进租赁业发展方面强调的是拓宽投融资渠道、增强资金运营灵活性和提升业务便利度等。需要强调的是，在“金改30条”中还提到了将天津自贸区打造成京津冀协同发展的高水平对外开放平台，并提出对京津冀地区金融机构在自贸区开展跨区域金融协同创新与合作、设立京津冀协同发展基金和京津冀产业结构调整基金以及金融机构在京津冀范围内的支付结算、异地存储、信用担保等同城化综合金融服务提供相应的政策支持，以此来增强京津冀三地金融支持政策的联动性、协调性和互补性。截至2016年11月末，天津自贸区新开立本外币结算账户近3万个，跨境收支额为752.1亿美元，占天津整体的24%。

第二，金融体系发展促进融资结构优化。以滨海新区金融发展为依托，天津自贸区目前拥有多样化创新型金融要素市场：目前已经建立包括股权交易所、贵金属交易所、金融资产交易所在内的11个资本要素市场，引领我国区域性金融要素市场建设；市场交易辐射能力逐步增强，以天津股权交易所为例，目前在交易所中挂牌的企业覆盖全国31个省市，其中河北、山东和天津地区的挂牌企业超过总数的70%以上；交易模式不断改进以提高企业融资效率，例如专业化、国际化的国际知识产权交易所吸纳国内外资金和政府基金对科技型企业进行支持，促进知识成果向现实生产力转化，对区域企业融资的辐射效应初现。私募股权基金方面，以渤海产业投资基金和船舶产业投资基金为代表的一些私募基金企业已经形成一条环环紧扣的私募基金产业链，使天津成为国内基金业最密集的城市之一；基金运行监管体系逐步完善，在国家明确私募股权基金监管归属的基础上，继续加强股权投资基金备案管理，并探索股权投资基金的退出机制，从政策层面最大限度地抑制私募股权投资基金市场的系统性风险；金融混业服务进一步升级，以中国人民保险公司为代表的传统金融业态开始设立产业投资基金，不仅加强了传统金融与新金融业态之间的结合，也为金融支持实体经济发展提出了全新的服务模式。融资租赁方面，机构数量与业务总量继续领先全国。截至2016年底，设在天津的各类融资租赁公司总部（不含单一项目租赁公司、分公司和海外收购的公司）由年初的697家增至1185家；融资租赁合同余额约为19100亿元人民币，环比增长35.5%；服务对象拓宽至中小企业，部分金融租赁公司开始向中小企业提供相关设备的租赁服务，使一些无法获得银行贷款用于购买机器设备的中小企业能够获得更多的流动性周转资金，极大地改善了其生存环境；品牌辐射效应进一步扩大，在中国租赁联盟成立的基础上，设立了融资租赁机构公示平台，旨在实现行业信息共享和资源整合，为完善天津金融租赁产业链、提升金融租赁集聚效应奠定基础。此外，天津自贸区还衍生出多种金融创新业务，以提高企业资金运转效率：区内 A 类企业办理贸易收汇 123 亿美元，均未经过待核查账户；区内企业办理外商直接投资和境外投资项下各类外汇登记 551 笔、涉及金额 441.5 亿美元；区内企业办理外债资金结汇 6.5 亿美元、资本金结汇 4.1 亿美元。

第三，金融制度设计日趋完善。信用体系建设方面，征信基础设施逐步完善，国家金融信用信息数据库目前已统计了超过 22 万户企业和 950 万人的信用信息，为金融机构进行信贷决策时提供参考；建立了信贷信息监测系统，银行对重点客户“借、用、管、还”等金融业务的信用状况进行实时监控；信用服务市场得到发展，监管部门根据评级报告结果进行差别化监管，而评级报告也是金融机构业务合作时的参考信息之一。金融管理体制方面，各金融机构协作进行信息共享，以期防范交叉性业务风险以及监管盲点；监管机构联手其他部门建立金融稳定和反洗钱工作协调机制，以期维持金融稳定及市场秩序；银行业对内控管理、业务流程进行改革创新，以期调整安全性、流动性、收益性的动态平衡。

（二）天津自贸区的优势条件分析

1. 门户枢纽优势

首先，天津与上海同为我国对外开放的先行试点区域，而且滨海新区成为继浦东新区之后又一个国家级综合试验区。《天津滨海新区综合配套改革试验总体方案》中指出，滨海新区将作为天津对自贸区探索创新的地域载体。其次，天津在区位条件上的优势不逊于上海。天津面向华北、东北及西北等“三北”地区，拥有广阔的内陆腹地，对环渤海、京津冀地区起着带动辐射作用。天津拥有最前沿的制造研发基地和国际航运核心区，具有独特的产业结构；同时它又是金融创新运营示范区和改革开放先行区，营造了良好的投资贸易环境，有助于发挥天津的对外门户作用及区域带动作用。最后，天津欣逢多重机遇叠加，如“一带一路”建设、京津冀协同发展以及长江经济带等，天津在这些战略布局中都处于重要位置，这对天津而言是难得的历史性机遇。

2. 产业基础优势

天津是老工业基地，产业基础雄厚，涉足行业广泛。近年来天津陆续引入大飞机、大火箭等高水平项目及大机车、大轮船等重点工程，以存量带增量，优化产业结构，形成装备制造、新能源以及生物医药等优势产业。天津具备独特的产业结构，即“三机一箭一星一站”，同时石油化工行业也已达到国家级水平，电子信息业更是具备世界前沿科技水准。这些产业的迅速崛起，有力推动了建设现代制造业和研发转化基地的进程。天津自贸区在高端产业体系的基础上可以形成一套完整的科技金融服务体系，为将第二、第三产业融合产业链条进行延展提供更多的金融支持，从而进一步形成自身特色。

3. 软、硬环境优势

比较完备的城市载体功能可以说是建设自由贸易试验区的必要条件。天津自贸区依托滨海新区，在基础设施建设方面也取得了一定的成绩。于家堡作为滨海新区中心商务区的核心区域，不仅具备金融创新基地、城市商务、高端商业、生活居住等重要功能，同时还被国家批准建设成为首个低碳示范城镇，在区内无论是工作还是生活都能够得到优质的环境保障；东疆保税港区作为国务院批准的面积最大、条件最好、政策最优、通关便捷和环境宽松的保税港区，是天津自贸区设立的重要组成部分，包括大型设备租赁、贸易保理、进出口信用证等在内的大量的金融业务可以依托东疆港顺利开展；京津空铁联运一小时通达已在滨海国际机场实现，于家堡高铁站也已经顺利通车。这些软硬件设施的建成能够在工作、生活、交通等多方面为人们提供最大限度的便利，也成为天津自贸区吸引高端金融人才进入的重要因素之一。

4. 体制创新优势

京津冀金融协同发展，必须建立在一个完善的市场经济运行机制的基础之上，在这一机制下，市场才是决定资源能否得到有效配置的关键因素。因此，必须在一定程度上放开行政管制，利用市场的力量实现金融资源在京津冀区域的合理配置。但从实际情况来看，京津冀区域中的三大地区之间仍然存在各自利益方面的制衡，这一问题在很大程度上制约了战略的进一步发展。天津自贸区在设立时就强调了其在行政监管、法律约束方面的独立性，因此它天然就成为京津冀金融协同发展的重要试验田地。在天津自贸区内开展并完善金融服务体系建设，不仅阻力较小，且风险可控，一旦出现问题也可及时制止，这就使许多开展不下去的改革活动能够顺利进行下去。以天津自贸区为依托来发展和完善金融市场，必然能够促进京津冀三地在经济资源与人才资源方面的进一步交流，为京津冀金融协同发展提供一个日趋完善的平台。

（三）京津冀金融协同发展的差距与瓶颈

京津冀区域尽管坐拥北京和天津两大北方重要城市，在港口、金融、钢铁等重要行业有着得天独厚的优势，但由于各城市之间金融生态环境发展相对滞后，且三地之间没有形成全面的金融协同发展机制，这也在一定程度上阻碍了京津冀一体化金融体系的建立。与包括上海、浙江和江苏在内的长三角区域一样，京津冀金融协同发展面临巨大问题。

1. 金融结构的差异化导致区域互动关系难度加剧

京津冀区域在金融结构方面的差异性，并没有为它们带来应有的互补作用，反而在一些领域出现了低效率、重复化的金融服务，这就使一些所处地域金融服务相对薄弱的企业相较于所处地域金融服务相对完善的企业所获得的金融支持力度不足，最终使同质的企业在最终的发展轨迹中出现差异化，不利于区域经济的协调发展。北京作为我国的首都和中国北方重要的金融资源集结地，拥有大量优质的传统金融资源。不仅中、农、工、建四大商业银行的总部位于北京，且中关村还拥有全国最大、最权威的非上市股份有限公司股份系统转让试点——新三板，更容纳了中国规模最大的几大保险公司总部。这种大规模的集聚效应同时还吸引其他地区大量的金融资源汇聚在此，以期发挥更大的规模效应。天津是我国北方重要的港口城市，自 2006 年滨海新区开发开放的国家战略实施以来就迅速开始打造极具代表性的现代金融服务体系，并成功吸引了大量新形态的金融资源。目前天津已经是全国最大的融资租赁集结地，融资租赁合同余额占全国总额的三成以上。设立了大量创新型金融要素市场，其中包括碳排放权交易市场、股权交易所、渤海商品交易所和矿业权交易所等 11 个要素资本市场。以丰富私募股权基金种类为目标，目前基金数量井喷，天津成为国内基金业最密集的城市之一。而河北相较于北京与天津，金融体系发展程度相对落后，大部分企业的资金主要是通过商业银行贷款获得，其获得多样化金融服务的空间有限，从而无法通过更多的金融支持来带动企业发展。三地之间巨大的金融结构差异，制约了不同产业之间协作机制的发展，同时同质化企业无法在相同的金融环境中获得成长，不利于同质产业的共同发展，最终制约京津冀协同发展这一战略目标的实现。

2. 内部发展的巨大缺口引致金融资源的单向流动

从人均收入情况来看，截止到 2016 年底，北京与天津的人均收入水平已超过 30000 元，按照世界银行关于富裕国家收入水平标准来看，北京与天津都已经步入富裕城市行列。然而，作为京津冀区域中的另一个重要省份，河北省人均收入与北京和天津存在一定程度的差距。与长三角经济区相比，浙江的人均收入水平是上海收入水平的近 71%，收入差距明显小于河北与京津之间的差距。正是这种两极分化，使得京津冀实际上形成的是富裕的京津地区与贫困的环京津地区两大区域。而从卫生、医疗和教育方面来看，京津冀区域内部的分布情况也出现了严重的不平等，2016 年河北省人均公共财政收入预算仅是北京的 56% 左右。正是这种情况使得大量的金融资源和人力资源自发地流出河北，单向涌入更具发展潜力、收益更高的京津地区，进一步拉开了河北与京津两地之间的差距。

3. 协同治理机制的缺失成为京津冀金融协同发展的掣肘

尽管京津冀协同发展的概念从 1986 年成立的环渤海市长联席会就已经出现，但近 30 年间，三地之间协同机制的创建仍旧没有太大进展，而金融领域的协同发展机制建设就更不具成熟条件。京津冀最终实现区域金融协同发展需要在三地之间建立起一套完善的金融合作协调机制。参考长三角区域在协同机制建设过程中的经验，可以发现目前已经形成了四级区域合作协调机制：上海、浙江和江苏政府的主要领导参与的定期商会制度为第一级合作协调机制；三地常务副市（省）长主持的“沪苏浙经济合作与发展座谈会”为第二级合作协调机制；长三角区域内的22座主要城市共同参加的城市经济协调会为第三级合作协调机制；最后一级为行业与部门之间通过专题协作形式进行的各领域间的合作。这种“会商——决策——协调——执行”四级联动的协调合作机制成为长三角地区协同发展的重要基石与制度保障。在金融协同机制方面，京津冀三地应当更加注重消除金融服务的区域壁垒、完善金融服务产业链建设、协调传统金融与新金融服务，更高效地为京津冀企业提供多样化、全方位的服务。

（四）天津自贸区发展契合京津冀金融协同发展战略

《中国（天津）自由贸易试验区总体方案》中，“京津冀”被提及16次。指导思想中天津自贸区被阐述为推进京津冀对外开放的新引擎；战略定位中天津将作为京津冀的对外开放平台；最终定位中天津将在京津冀协同发展中发挥示范引领性作用。而在《中国人民银行关于金融支持中国（天津）自由贸易试验区建设的指导意见》中也有一大重点内容强调自贸区金融建设对京津冀协同发展的对接。因此，天津自贸区在服务京津冀金融协同发展规划的功能对接方面与之存在极高的契合度。

天津自贸区与京津冀金融协同发展的功能目标上存在着许多交集（见图1）。首先，从京津冀金融协同发展的主要目标来看，天津必须肩负起承接区域金融功能疏散的重要作用，天津自贸区也应当积极吸收其中的优质金融资源，一方面为实现自身发展的战略目标提供全新高效的动力，另一方面也通过吸引多样化金融资源，提高京津冀区域的金融资源配置效率。此外，京津冀区域的金融活动，更应当在首都功能疏散的基础上打破地域限制，努力构建一个无摩擦环境下的经济金融活动环境，而自贸区正是一个可以整合具有这一环境需求金融机构的绝佳平台；对具有发展国际金融业务需求的金融机构来说，加强机构之间的外部交流是实现这一目标的必然要求，而自贸区可以承接一些具有丰富国际属性的金融资源，打造一个面向国际的金融创新运营示范区，为京津冀区域一体化金融体系的对外交流提供坚实的服务基础。

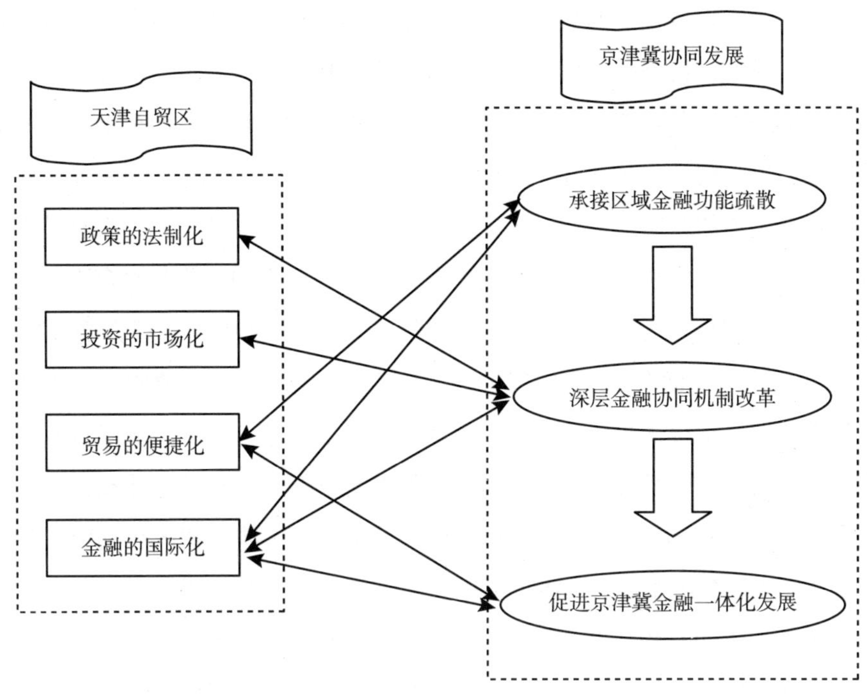

图1　天津自贸区建设与京津冀金融协同发展的关系分析

其次，从京津冀区域乃至全国范围的金融体制改革方面来看，不仅要提供类似负面清单管理模式的、与国际完全接轨的经济金融活动规则，更应当创建符合京津冀自身区域发展特色的规则模式，为激发金融资源配置活力提供催化剂。而自贸区在发展投资、贸易与金融活动时，更应当强调这一方面的原则，最大限度地释放经济活力。无论是投资的市场化还是金融的国际化方面，都应当在一定程度上尝试放开国内体制框架的束缚，如资本项目开放、利率市场化等，做到全方位与国际接轨，不仅为京津冀区域协同发展提供更大的开放环境，更能够从中积累经验，为下一步国家层面的经济金融体制改革提供充足的实验数据，从而使国家层面的改革少走弯路。

再次，从促进京津冀金融一体化发展方面来看，为打破“一亩三分地”的限制，三地必须积极在积极整合资源的同时，强调各自的分工作用，并完善金融协同发展机制。在这过程中，自贸区也能够起到十分关键的作用：天津自贸区通过提供便捷的交通和贸易环境，为三地的经济金融资源降低了相互交流的成本，特别是降低信息不对称带来的风险，能够进一步提高三地协同发展的金融服务效率，实现京津冀区域发展的战略目标；而金融领域的对外开放，也从整体上实现了“生产—贸易—金融”整个链条的完善，使三地在各自发展的基础上形成一个完整的产业链，加强对外交流、吸收外部经济的溢出效应，为整个京津冀区域发展提供外部动力的吸收与整合平台。

天津自贸区与京津冀金融协同发展在战略上的功能对接，必须坚持“需求导向”“全面开放”“深度融合”“创新引领”的基本原则，而天津自贸区必须做好承接优质金融资源、深化金融体制改革、服务区域经济发展的工作，为实现中国经济体制改革提供试验基地、智力支持与人才支撑。

作为京津冀金融一体化建设的重要试验平台，天津自贸区在其中起到了不可替代战略对接作用：天津自贸区在实现政策法制化、投资市场化、贸易便利化和金融国际化的基础上，必须做到对已汇聚的京津冀经济金融资源进行有效整合，并在进一步培育、发展、积累和壮大的过程中，形成京津冀金融协同发展的重要战略高地，为高效融合现有的京津冀金融资源、减小京津冀经济金融活动摩擦、强化京津冀金融对外开放力度和带动京津冀金融协同创新发展提供重要的政策引领、人才支撑与基础设施支持（见图2）。

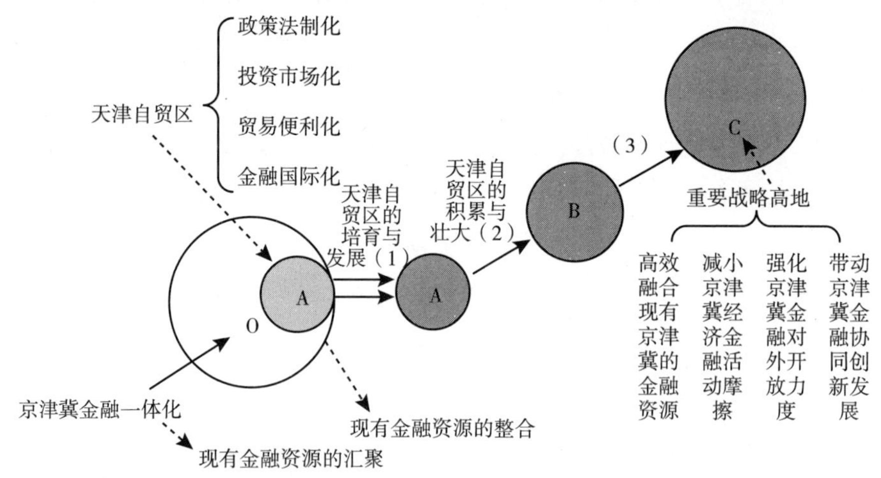

图2　天津自贸区与京津冀金融协同发展的战略对接关系

三 天津自贸区服务京津冀金融协同发展的路径选择与对策建议

（一）天津自贸区金融改革的主要举措

随着利率市场化、人民币国际化、金融资本民营化等国内金融体制改革的逐步深化，天津自贸区的金融改革目标不应仅仅是实现区域内经济繁荣，更应当积极转变政府职能、优化经济结构、探索改革开放新思路，最终实现促创新、促发展。因此，天津自贸区金融改革内容，要立足改革，落脚天津，形成可复制、可推广的经验，服务全国的发展。具体来看主要包括以下五个方面。

1. 以航运金融为依托，打造天津航运中心品牌效应

航运事业的持续稳定发展离不开金融服务的支持，天津自贸区应当巩固航运产业的优势，加强与航运事业相关的金融配套服务，促进航运事业的运行效率最大化。第一，要吸引国外优秀航运金融机构，加强地方专业航运金融机构与国际知名金融机构的合作，放宽对法律、会计等中介服务机构的市场准入条件，在扩宽航运产业投融资渠道的基础上提升金融服务的专业化水平；第二，在推广船舶产业投资基金的基础上，推动航运衍生品创新，开发出符合天津航运特点的融资交易衍生品和资金交易模式，推出更多新产品，满足航运企业日常所需的避险产品，如远期结售汇、人民币和外币掉期等，加大航运金融服务的创新力度；第三，加大政策扶持力度，进一步放宽营业税减免在注册地上的限制，放宽各类企业在业务种类上的限制，尤其是仓储企业、航运企业、保险企业、融资租赁企业，进行外汇管理改革，完善外汇收付管理，优化自贸区的航运金融生态环境，打造航运中心品牌。

2. 以金融租赁为核心，扩展金融服务功能，繁荣金融业态

作为天津立足全国的又一优势领域，融资租赁已经在天津形成了显著的集聚效应。在自贸区发展契机下，天津应当进一步发挥融资租赁的集聚辐射作用，形成制度完善的融资租赁市场，打造全国融资租赁中心。第一，要促进融资租赁市场的多元化发展，设立更加灵活的交易机制，增强流动性，吸引更多合格投资者参与，同时加强金融租赁公司与银行业金融机构和非银行金融机构之间的联系，形成一条完整的金融服务链，从而提升金融服务质量；第二，加强融资租赁资产证券化建设，引导建立资产证券化定向、私募发行市场，加强资产证券化信息披露建设，促进融资租赁资产证券化产品的投资者多元化和融资租赁资产证券化产品交易平台建设；第三，完善融资租赁登记系统，提高融资租赁登记系统在融资租赁业务开展过程中的法律地位，保护融资租赁市场各方参与者的合法权益；第四，组织天津自贸区金融控股公司参股金融租赁公司及其配套金融服务机构，培育新型金融业态的平台，促成创新型机构在自贸区集聚。

3. 以离岸金融为平台，加大金融对外开放力度，提高金融资源配置效率

构建离岸金融市场是实现区域经济金融无障碍对外交流的重要手段，同时也是天津自贸区完成国家战略规划、实现自身发展定位的有效路径。第一，选择以自然形成离岸金融市场为基础，以传统的政府推动型离岸市场为模板，以创新的政策推动型离岸金融市场为手段，消除现阶段制约人民币离岸金融中心建设发展的种种约束，鼓励有条件的金融机构设立境内外离岸业务机构，简化离岸账户的审批流程，改善金融机构的离岸账户管理模式，发展信贷业务、保险精算、证券、基金、信托、黄金和金融衍生品等多种离岸新兴业务；第二，以航运金融发展为核心，以融资租赁发展为支撑，为融资租赁中心和航运中心提供充足的金融服务，打造出独具天津特色的境内外离岸金融市场；第三，加快建立天津自贸区与香港离岸金融监管合作协调机制，同时研究制定离岸金融相关的法律或条例，通过构建以监管部门为核心的外部监管体系、完善企业机构的内部控制制度来防止隐性风险显性化情况的出现。

4. 以科技金融为突破口，形成一条金融支持实体经济发展的高效路径

强调高端科技对整个国家经济的带动作用，是21世纪各国的经济发展思路。在天津建立一个以科技金融发展为核心的“滨海金谷”正是遵循这一思路的重要路径实现。第一，厘清政府与市场发挥作用的边界，通过设立各类新模式的基金、建立专业性的融资金融机构，重点突破金融大数据技术的研发与应用，提升金融业务运营效率；第二，提高政府制度保障意识，强化政府功能性监管职能，合理引导资源在市场中的流动，明确政府与市场的关系，确立滨海金谷的市场主导地位；第三，强化科技金融产品创新，利用平台金融模式，积极打造集合科技企业金融服务机构和资产管理投资机构的多元化金融集聚模块，形成战略联盟式的网络型组织结构，在此基础上还应积极开拓商业银行信贷产品和服务模式的创新，增加投融资多样化选择，提高金融产品供需双方的匹配效率。

5. 以金融监管为手段，把控金融促进与抑制的边界，形成可复制、可借鉴的金融监管制度与模式

如何在合理区间内把握增长与风险的平衡是金融监管长期研究的问题。在当前复杂的国内外经济形势下，天津自贸区必须加强金融监管制度、模式和结构之间的改革创新，寻求一套全新的金融监管体系，在有限风险约束下最大限度地释放金融服务活力。第一，设立金融监管的“三个清单”，即明确政府与金融监管部门的行政职能的权力清单、约束金融机构与金融市场上违规行为的负面清单和强化政府及金融监管部门的权利义务的责任清单，划定政府与金融监管部门在金融服务体系中的边界，防止监管不足和过度监管的情况出现。第二，借鉴迪拜国际金融中心（DIFC）的监管制度设计，成立一个独立的风险性监管机构，其定位应当立足风险的监管者并且避免不必要的监管负担，主要负责天津自贸园区内的相关机构执照授予及其金融服务活动的持续监管。机构监管范围可包括资产管理、银行和信贷服务、证券、集体投资基金、商品期货交易、托管和信托服务、保险以及金融要素交易平台。第三，尝试从规则性监管模式向风险性监管模式，甚至原则性监管模式的倾斜，符合国际监管模式变革趋势，优化天津自贸园区国际金融市场的制度环境，使其更具国际影响力及竞争力。

（二）京津冀金融协同框架下天津自贸区战略发展路径

从区域金融协同发展形式上来看，目前天津自贸区在市场化运行机制与对外开放方面与国外典型的金融一体化区域存在一定的差距，但与国内大多数城市相比，天津自贸区在金融领域的政策支持、地理区位、基础设施、金融环境以及机制创新方面有着得天独厚的优势。从战略发展的路径来看，天津自贸区在金融领域还应当对以下几个方面予以重点关注。

1. 发挥京津冀区域金融服务联运枢纽作用

随着互联网技术的迅速发展，尽管许多金融业务通过互联网和计算机就可以轻松实现，但从全球范围来看，大多数金融枢纽仍然选址海陆空三方面交通运输十分方便的区域，如纽约、中国香港、新加坡等。天津作为中国北方的重要港口城市，在京津冀协同发展过程中也必然承载着联通京津冀区域与国外重要港口城市的枢纽作用。在这一作用的带动下，天津港会开展更多基于贸易、货运、离岸、服务进出口等多样化的业务，而这些经济业务的开展离不开金融服务的支持。因此，要想提高国内外金融业务的交叉度、加强人民币回流机制建设、最终实现人民币在全球范围内的自由兑换，天津自贸区必须积极发挥自身在国内外金融服务联合运营过程中的枢纽作用，打通人民币国内外自由流通的壁垒，为人民币国际化提供先行先试的战略支持。可以考虑在建立跨国自贸区协定的基础上设立专门机构，讨论与其他具有合作关系的发达自贸区之间建立长效合作交流机制的可能性，一方面鼓励国际著名的金融机构进驻天津自贸区，另一方面将国内具有极强吸引力的金融机构推出至国外水平较高的自贸区，学习国外机构运营的先进经验，积极开展全方位金融合作，最大限度地发挥自贸区的对外溢出效应。

2. 实现全球化背景下中国对外贸易自由的引领作用

尽管中国在21世纪初就已经加入世界贸易组织，在贸易方面获得了巨大的利益，但随着当前全球化背景下美国重新主导的跨大西洋贸易与投资伙伴协定（TTIP）与跨太平洋伙伴关系协定（TPP）贸易谈判将中国再次排除在外，中国的对外贸易必然会在未来面临更大的制约与困境。中国要想加入这个门槛更高的贸易经合组织，就必须进一步提高贸易对外开放的程度，扩大服务业方面的开放。上海、天津等地建立的自贸区，一方面是推动国内体制改革的重要试验基地，另一方面也是中国对外贸易进一步开放的重大转变。天津自贸区必须在已有的政策框架下改进自身在贸易领域的活动规则，加大金融服务对外开放力度，最大限度地对接国外完全自由化贸易与服务市场的条件，努力与其他国家或地区发展自由贸易区，特别是在金融领域形成联动关系，建立跨国自贸区，形成国内外金融体系联动效应，为下一步中国的服务业全面对外开放奠定坚实基础。

3. 发挥以航运金融为基础的集聚效应

作为天津自贸区最大的优势之一，天津港的航运领域引领中国北方乃至全国航运业的发展。经过多年的经营与努力天津港在基础设施方面，已经形成了包括国际贸易、航运物流等方面的领先优势，加之天津自贸区的设立，又进一步从软件方面集聚了更多的资源。资金需求密集度较高的航运事业已然成为天津自贸区未来发展的一个重要基础，因此天津自贸区必须将航运金融发展作为一项重要任务，一方面为巩固和发展天津的航运产业优势提供更多的支持，另一方面也应当以航运金融中心建设为契机，积累如何通过机制体制改革实现金融创新的经验，强化天津自贸区在金融资源集聚方面的品牌效应，从而进一步带动天津自贸区金融服务的开发开放。

4. 探索简明的行政权力及高效的运营方式

从目前的国内形势来看，天津自贸区不会在政策优惠、管区自治等方面取得更多的优势，其业务活动的开展在一定程度上受到国内行政监管以及法律法规的约束，但天津自贸区可通过立法享受到更高的行政管理级别，从而维持自身自由贸易的特殊地位。这种特殊地位一方面为自贸区的完全对外开放提供便利、提高自贸区内的运营效率，另一方面也为国内经济体制改革提供了一个试验场所。包括负面清单管理模式在内的多种特殊行政手段已经在自贸区内予以实施和运行，在未来应当出台更多能够提高运行与监管效率的政策，提高自贸区的业务吸引力。

（三）天津自贸区服务京津冀金融协同发展政策建议

从国家战略视角来看，京津冀协同发展与天津自贸区建设是中国经济金融体制改革的两项重大举措，二者之间并非独立存在。从地理区位来看，天津自贸区设立于京津冀区域之中，二者必然会形成千丝万缕的联系，并随着改革发展进程的逐步深入必然会出现令人惊喜的化学反应。因此，无论是考虑京津冀协同发展，还是关注天津自贸区改革试验，都应当注重这两大举措之间的协调关系，在实现二者之间战略对接的基础上，为中国在新常态环境下寻找新的经济增长点提供全面支持。作为京津冀区域金融协同发展的桥头堡，天津自贸区必须在这当中起到关键作用，一方面通过资源整合，形成联通北京、天津和河北的金融服务链，另一方面也应当对金融资源分配过程中出现的矛盾与障碍提供疏导作用。因此，要想实现自贸区建设服务京津冀金融协同发展这一目标，必须做到以下几个方面。

1. 积极吸引京津冀区域的优质金融资源，提升自贸区金融服务体系的集聚与辐射效应

（1）鼓励设立多样化的新业态金融机构，提高金融服务创新的孵化效率

第一，支持私募股权投资基金发展。积极引进和组建境内外私募股权基金与创业（风险）投资基金，以京津冀为依托，建成各类股权投资基金聚集区，将天津自贸区建成北方有影响力的股权投资基金基地，在此基础上支持天使投资、风险投资、股权投资等机构发展，提升基金管理与服务水平，强化机构自律，规范机构发展，提升整体服务水平。

第二，积极发挥互联网金融的作用。利用线下支付、网络信贷等互联网金融新业态，发展互联网保险公司。加大对互联网企业的政策扶持力度，鼓励国家出台新政策，如成立互联网金融协会。大力支持产业保理公司扩大市场规模，积极推动保理产业的登记管理，增加财政税收和融资渠道的政策创新，促进商业保理的健康发展。扩大应收账款流转和抵押融资规模，提升自贸区内保理公司经营能力。积极鼓励金融机构多样化发展，支持汽车金融、电子支付等新兴金融服务机构的设立；积极引进金融业相关中介机构，把天津自贸区建成重要的区域性金融服务中介中心。

第三，巩固租赁机构领先优势。鼓励设立融资租赁公司和金融租赁公司，争取国家支持，在天津自贸区开展租赁业准入政策创新，自主审批监管落户天津自贸区的各类融资租赁公司。政策支持大型设备等项目在天津自贸

区设立子公司，发展航空、船舶等大型设备的租赁业务。筹备建设融资租赁资产交易平台，鼓励产品创新，增加覆盖债权与股权、场内与场外的产品种类，完善融资租赁资产交易市场，加快建立标的物权登记服务试点。

（2）推动新业态金融服务发展，提高金融对实体经济发展的支持效率

第一，支持融资租赁产业拓宽融资渠道。深化租赁公司利用外债指标试点，取消对天津自贸区内融资租赁业的外债指标限制，由企业根据需要自主决定外债规模和期限。支持租赁公司与其境外单机、单船公司实行外汇资金集中管理。准予租赁公司开设离岸账户归集海外运营资金，筹借海外资金，开展人民币业务。利用天津自贸区的独特优势，积极鼓励金融企业的多样化筹资方式，通过发债、中期票据或进行资产证券化等方式，获取股权投资基金、创业投资资金和保险资金等的资金支持。

第二，建立健全航运服务体系。全面贯彻落实国际航运中心建设方案，建设发展好自贸区的核心功能，设立船舶产业的投资基金试点，发展创新航空产业的基金产品。完善航运产业的税收政策，给予租赁货物出口退税的优惠政策。鼓励融资租赁公司在海外设立专项公司，完善公司的法人治理结构，推进融资租赁业务国际化。推进天津海事海商仲裁中心和海损理算中心的建设发展，营造规范安全的海事海商环境。

（3）加快新业态金融市场建设，构建高效率金融服务平台

第一，加快现货交易市场发展。在区内建设现货交易市场，与期货交易市场对接发起设立天津商品交易服务管理集团有限公司。全面发展贸易融资和资金结算，建立第三方支付体系和全能物流信息网络。支持企业在天津自贸区内设立营销中心、物流配送中心和资金结算中心，形成物资流、信息流和资金流。

第二，探索黄金交易市场建设。将天津自贸区定位为北方最大的黄金现货、期货交易中心，提升黄金交易活跃度；设立黄金产业基金，收购和发展“一带一路”沿线黄金开采项目及公司，活跃黄金市场的跨境交易；加强黄金市场与租赁、基金、保理等新金融业态之间的关联，并借此增强其在绿色金融、农村普惠等新金融发展中的重要性，扩展企业套期保值的产品选择范畴。

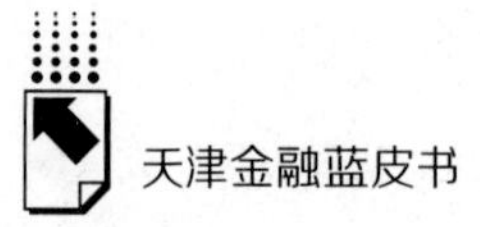

2. 加大金融开放力度，将天津自贸区打造成中国金融服务又一个重要的对外交流窗口

（1）提升金融市场开放水平，完善跨境资本流动机制

第一，发展创新跨境人民币业务。创新人民币资产、第三方支付机构等跨境业务，同时鼓励更多区内符合条件的企业申请双向人民币资金池试点资格。申请首批个人人民币结算试点资格，拓展人民币跨境流通渠道。进一步发展人民币信贷业务，放宽对企业类型、贷款用途、境外主体范围的限定条件。支持保险机构发展跨境人民币再保险业务，扩大产品市场规模，设立人民币投资基金。为落户自贸区的金融机构提供投资发展平台，聚集各类金融机构共同打造人民币投融资枢纽、新型财富管理中心和国际再保险交易中心，在自贸区内组建一流的金融特色功能区。

第二，深化改革外汇管理制度。完善经常项目的外汇管理政策，加强对个人外汇业务的指导及监管。尽快推进区内合格境内投资者境外投资试点的建设进度，开展证券及衍生品投资等各类境外投资业务。进一步落实直接投资外汇管理政策，完成资本项目、外资股权投资基金等外汇改革的试点工作。鼓励特许机构在发展个人本外币兑换特许业务的同时创新业务品种，并完善内部管理制度。

第三，加快完善离岸金融市场。尝试采取分账核算制度，将天津自贸区内的本外币离岸、在岸账户间资金流动视为跨境业务，离岸账户间或其与境外账户、境内的非居民账户可实现资金自由流通。鼓励具备开展离岸业务资质的银行业机构将分部设立在自贸区内，便于办理非居民人民币业务，发展离岸基金、保险等金融业态。

（2）巩固区域金融发展优势，打造国际金融市场品牌

第一，搭建国内外商贸物流资金结算平台。聚集金融租赁、融资租赁类公司，打造融资租赁中心，轻量化租赁客户资产，并创新业务模式，为与飞机相关的进口、保税租赁和面向船舶的出口、离岸租赁创造更适于发展的政策环境。继续推进天津自贸区商业保理试点建设工作，督促商业保理公司规范化发展。集中金融服务外包公司，打造金融服务外包中心，发展第三方金

融服务，例如票据分配、现钞物流及档案管理等，探索第三方支付融资模式。集合现代服务业与物流业，交易和配送形成流水线，物资流、信息流和资金流协同发展，降低交易、物流两环节成本，并建立商贸物流资金结算中心。

第二，建立国际财富管理中心。继续推进外资股权投资创新试点工作进程，积极探索外资股权投资企业的资本金结汇新模式，拓宽外资股权投资企业投资渠道，丰富外资股权投资企业基金管理策略。大力支持私募股权基金、并购基金、天使基金等基金机构在天津自贸区的发展，争取逐步在全球主权财富基金、养老基金等投资布局中占据重要位置。基于天津自贸区的综合改革创新区立法权，试行国际通行保密制度，以期保护投资者利益。对信托业运营模式进行改革创新，尤其是家族信托和慈善公益信托。

3. 强调金融体系在运营服务方面的协同创新功能，优化天津自贸区金融运行环境

（1）尝试构建统一的金融体系运营标准和管理规则，消除金融资源流通障碍

第一，尝试构建统一的市场化金融机构准入制度。努力在境内外各类金融机构的股东资质、持股比例以及业务范围等方面放宽限制，在自贸区内构建外商投资准入前的国民待遇加负面清单的管理模式。支持发展混合所有制的金融组织体系，鼓励各类资本包括国有资本、集体资本以及民营资本等在金融领域的创新合作。鼓励和引导符合条件的外资银行在天津自贸区设立分支机构、专营机构和成立中外合资银行，支持外资银行支行升格为分行，并努力缩短自贸区的外资银行分行在从事人民币业务方面的年限要求。支持和引导外资金融企业设立租赁、保险、保理、小额贷款公司等金融和非金融机构。支持证券、期货、基金公司设立专业子公司和新型创新型公司，鼓励并帮助保险公司、再保险公司、保险资产管理公司、自保公司等各类保险企业加快布局，引导更多的海内外金融机构集聚天津。进一步完善法人治理结构，鼓励在地方金融法人机构中引入战略投资者，鼓励其他地区金融机构在天津设立异地分支机构，增强市场竞争力、行业

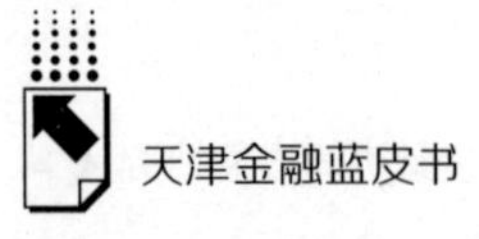

影响力和持续发展能力。

第二，加大天津自贸区内金融服务对实体经济发展的支持力度。推动并加大金融业对现代服务业、未来产业、战略性新兴产业等国家优先发展产业的支持力度，保障创新项目、重点工程等的资金需求。鼓励企业在产业并购中转型，并设立产业并购基金。以京津冀协同发展为契机，联合北京与河北的关键企业，形成上中下游的一套完整产业链，在推动开发航运金融、供应链金融等创新型金融产品和订单质押、贸易融资等业务的基础上形成一个统一、有效服务实体经济发展的区域性金融服务体系，为全国提供多样化案例以及可供借鉴和分析的有效经验。进一步促进消费升级，鼓励发展汽车金融和消费金融。提高风险管理意识，强化对融资平台的风险监管和控制，让其更好地为地方经济发展助力。号召各类金融机构在教育、养老、医疗卫生、慈善公益等领域加大支持力度，探索个人延税型养老保险试点，鼓励各类保险机构参与社会养老产业，促进其良性发展。

第三，集聚更多金融人才。实施国际金融人才战略，尽快建立区域联动的金融人才支持体系，要让金融人才安居于此，加大培养和引进力度，让具有创新意识和全球视野的高端金融人才留住并且发挥自身的价值和作用。整合各类金融机构、科研院所以及有实力的高校等资源，推动与国际接轨的高水平的金融创新人才培训基地的建设。支持有条件的研究机构和金融企业设立博士后工作站，重点对金融支持产业结构调整的金融服务做出有针对性的研究。探索建立区域性金融特色学院，建立金融创新研究的团队，培养出高水平的金融智库。

（2）设立区域性金融信息平台，提高示范区内的金融交易效率

第一，加强创新型金融信息平台建设。借助天津自贸区的政策优势，引进更多的金融机构业务运营中心和后台中心聚集在天津自贸区；支持各类金融机构设立商业物流金融服务、科技金融服务、三农金融服务等业务运营部门和设立服务中心、业务专营中心、后援服务中心、数据中心、备份中心等，努力建设金融服务外包中心和创新运营服务中心。完善和发展中小微企业在金融方面的信用信息服务平台，加快信用信息的公开、共享和应用，以

此来更好地服务经济发展；加快中国金融租赁登记和融资租赁资产登记流转平台的建立，同时推动租赁公司接入金融信用信息基础数据库，搭建共享、统一、高效的综合信息统计分析系统，形成“专家 + 管家”式的综合服务平台。

第二，加强区域信用信息平台建设。在京津冀区域内已有的征信系统基础上，探索建立京津冀联合信用信息平台。支持联合信用管理公司申报取得个人征信业务资质，建设个人征信数据库，并在自贸区内推广中小企业信用体系试验区试点工作。着手研究建立统一的信用信息交换平台，推动信用信息资源共享和应用。研究开展综合信用承诺登记备案制度的试点工作。支持民间资本设立新型的征信机构，进一步完善征信服务市场。规范和发展信用评级市场，鼓励和支持一批企业建立信用评级机构。探索完善和发展适合金融改革需要的会计、审计、资产评估、资信评级等中介体系。

（3）健全监管创新协同机制，保障实现天津自贸区的整体金融发展目标

第一，加强组织领导。进一步加强同国家各有关部委以及各地政府的沟通联系，逐步建立健全各有关部委参加的沟通联络协调机制，整体研究、规划和指导天津自贸区金融改革创新工作。定期或不定期召开由三地政府与国家有关部门以及周边地区有金融发展合作的政府参加的自贸区金融改革创新协调推进会议，对金融改革创新实践进行综合协调和指导，推动重点改革事项加快落实。

第二，促进金融监管创新。在“减”上下功夫，减少审批层级，同时争取上级将部分机构准入、产品审查等职能授权天津属地的监管部门，把监管权限下移。努力在天津率先实施保险法人机构属地化监管试点和实现金融混业监管。进一步理顺地方金融事权，完善并创新地方政府金融监管服务模式，加强地方金融监管协调，增强工作的着力点。探索出发展金融控股平台的合理路径，在孵化各类创新型金融机构中推动地方金融产业规划的实施。优化空间布局，充分满足金融产业发展的用地需求并注重招商引资确保入驻率。努力打造一批财经媒体品牌，承办世界级高水平的高端经济金融论坛，扩大影响力。

第三，加强金融法制和防范风险能力建设。建立行业风险评估和风险防范机制，积极探索建立地方金融监管体系，加强对股权投资基金、融资租赁公司、小额贷款公司、融资担保公司、典当公司、投资公司、交易场所、融资平台、金融中介机构等领域的监督管理。严格落实金融稳定和风险防范工作机制，确保金融稳定安全。鼓励当事人通过仲裁方式解决争议，完善并推动天津海事仲裁中心、国际经济金融仲裁中心和天津海损理算中心的发展，成为推进法制国际化的载体。形成高效的金融执法体系，对非法集资、内幕交易、非法证券、非法外汇等各类非法金融活动给予严厉打击，确保不发生区域性、系统性金融风险，努力把天津打造成一个金融安全示范区。

B.12

天津"一基地三区"定位的思路调整及发展对策分析

——基于雄安新区设立背景

李向前　陈百惠*

摘　要：　本报告以雄安新区设立为背景，重点讨论雄安新区建立后京津冀区域协同发展过程中各地区经济发展的思路转变与调整。首先介绍雄安新区建设的背景及其地位，在此基础上详细论述天津"一基地三区"建设思路的重点内容及其相应调整，并针对天津自身的发展特点与优势，提出实现定位发展目标的具体对策，为天津在京津冀协同发展中起到重要枢纽作用提供了理论与政策指导。

关键词：　雄安新区　京津冀协同发展　天津　一基地三区

一　雄安新区建设背景及其地位

（一）雄安新区建设背景

2017 年 4 月 1 日，由中共中央、国务院下发通知，确定了以雄县、容

* 李向前，中国滨海金融协同创新中心副主任，教授，研究方向为货币政策、区域金融；陈百惠，中国人民银行中关村支行，研究方向为金融创新。

城和安新以及周边区域为整合的雄安新区，这是一个具有全国重大发展战略的新区，并且在京津冀协同发展中能够促进区域经济发展。李国平认为，自改革开放以来，长三角和珠三角区域在上海浦东新区和深圳经济特区的拉动下，其经济快速发展，所以雄安新区的建立势必会影响京津冀协同发展。从地理位置来看，雄安新区距离北京、天津都只有100多千米，类似等边三角形，交通方便。而且新区当前的开发程度相对较低，可塑性强，能根据整体的规划布局迅速调整，在京津冀协同发展中能够起到一定的“润滑”作用。

根据雄安新区的城市规划，起步面积大约为100平方千米，之后在中期扩展到200平方千米面积，而新区长期的规划将是把区域面积拓展到2000平方千米。新区的城市规划依据国家对雄安新区这片“白纸”，描绘出发展蓝图，将该新区建设成为以下四种新城区。

绿色生态宜居新城区。雄安新区距离北京市中心约120千米，以白洋淀为建设宜居生态环境的重要载体，区域内还有诸多河流交汇。雄安新区有着得天独厚的优势，打造绿色宜居城市势在必得。

创新驱动发展引领区。中共中央发布建设雄安新区，在未来发展与规划中，做到全局统筹、细致规划。河北地势平坦，以平原为主，有着较为长久的农耕文化，无须承担历史包袱的压力，现有开发程度低。再加上国家大力支持与鼓励雄安新区发展，拥有自身和外在优势的雄安新区，在未来建设的道路上能够吸引众多高科技企业入驻，也会吸引复合型人才，逐渐提升新区的人文、社会文化水平。同时，国家要求新区承载的部分行政单位，将会随之改善这里的教育资源配置和医疗服务。新区将会向着更有内涵的方向发展，为当地人民生活带去利好。

协调发展示范区。雄安新区在初始发展阶段主要承接北京的非首都功能，加快首都金融集聚疏解、产业转移、人才资源合理配置的步伐。这是国家的一个重要举措，有着很强的战略指导意义。国家要求将新区打造成为绿色城市、宜居城市，大力支持绿色能源发展和高科技技术的引进。国家的战略措施能使新区经济发展替代传统行业，且不影响该区域原始良好的生态环境。目前新区正在承接北京的教育科研事业、医疗服务和新兴产业等职能的转移，新区发展主要以高端产业为目标，这将给河北省悠久的传统农业发展带来巨大冲击，促进其产业转型，拉动整体升级。同时，雄安新区可制定严格的大气治理机制，摆脱华北区域“通病”——大气污染。另外，还可缓解周围中心城市“大城市病”症状。

开放发展先行区。依据国家对京津冀协同发展的规划，将要把三地打造成为超越珠三角、长三角区域经济发展的世界级城市群，需要京津冀三地协同合作、资源优化配置，逐步打造一体化和同城化的环渤海经济区。所以，雄安新区肩负着重要使命，在借鉴深圳经济特区和上海浦东新区拉动珠三角和长三角区域经济发展经验的基础上，推进京津冀协同发展，实现京津冀优势互补；推进人口资源环境相协调，探究生态文明建设进程，拉动环渤海经济区域的快速发展。京津冀协同发展有着较长的一段路，只有解决三地经济分工合作问题，才能推进三地区域协调创新机制的发展。

（二）雄安新区在京津冀协同发展中的战略地位分析

雄安新区与北京、天津形成一个三角形，三地交通便利，距离适中。雄安新区将打造成绿色生态宜居新区、创新驱动发展引领区、协调发展示范区和开放发展先行区。正因为该新区是2017年由国家发布成立，雄安新区正处于发展前阶段，犹如一张“白纸”等待着国家的规划，现开发程度不高，拥有较高的开发标准和广阔的发展空间。在京津冀协同发展过程中，能够承接北京非首都功能。雄安新区未来的发展规划，给我们很强的责任感和使命感，需要坚持以习近平同志为核心的党中央的统一领导，加强大局意识、看齐意识，携手共进推动国家这一历史性大工程的建设。

1. 雄安新区为京冀各添一翼

国家建设雄安新区，具有现实的针对性和重大意义。该新区能够承接北京非首都功能，在一定程度上缓解北京城市副中心（通州）的集聚压力，

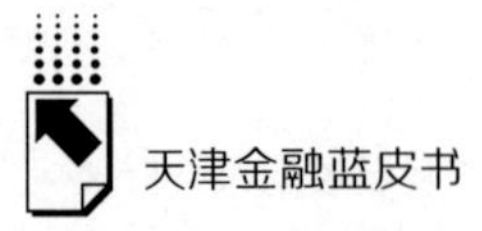

因此对北京而言是新添一翼。提高河北在京津冀协同发展中的经济地位，形成新的经济增长极。调节京津冀三地的空间结构和城市布局现状，加快建成京津冀区域超级城市群，雄安新区的建立具有现实意义。

国家看中北方经济发展，京津冀三地发展需要有一个重要的引擎。近几年，我国经济在全球排在前三位置，面临激烈的竞争与挑战，如何缓解人口密集和资源优化配置问题，缓解北京非首都功能，已成为雄安新区设立的任务，这将为以后城市群的发展起到模范作用。

通过上述分析，可以看出雄安新区肩负着重大使命，既要缓解“大城市病”，又要打造经济增长极。除了设立雄安新区外，加速建立北京城市副中心在京津冀协同发展中也占有重要地位。新区为北京发展添翼，虽同为疏解非首都功能，但是这与北京副中心又有差别。通州是作为首都中心职能的补充，而雄安新区是一个独立于其他城市的新区，拥有很强的可塑性，但要避免规模扩张引起各种问题，注重城市空间布局规划，明确功能地位，与生态环境、人文社会紧密融合。

2. 雄安新区建设的三大突破口

在京津冀协同发展中，雄安新区的建立，是一项长远的发展大计，不仅能够带动环渤海区域经济发展，更能进一步促进京津二地的长期良性发展，极具战略意义。

第一，新区能够为京津冀三地发展创建新的格局。京津冀三地有着千丝万缕的联系，雄安新区的建立融合了三地各自的优势，有北京的高科技产业的转移，天津的融资租赁业的大力支持，还有河北的集中资源大力发展的优势，为环渤海经济区域打造新空间。国家明确规定雄安新区的定位，统一管控该新区的发展，促进雄安新区与周边城市的合作和资源共享，打造互惠互进的健康发展环境。

第二，为发展现代化城市开辟新道路。金融聚集区域容易呈现“大城市病”问题，因此，找出切实有效的方法不仅可以解决京津冀区域存在的问题，还能够对我国其他地区发展提供改革创新方向。习总书记指出现在河北有着良好的状态打造新的区域，“走出去”是重要的一步。雄安新区拥有独特优势，有着新的发展理念和新的发展规划，能够为新区的任务与建设目标提供新的发展路子。这些颇具雄心的雄安新区目标，将是打造成一座具有模范带头作用的新区，将其打造成为人们期待的绿色生态之城。

第三，为改革开放创建新地标。观区位，雄安新区距离北京、天津仅有100多千米，交通便捷。在京津冀协同发展定位中，为北京与河北各添一翼，疏解北京给首都功能。在发展前景分析上，放开眼界，拥有明确的目标，扩大现有开放程度，多与国际接轨，接受新型技术，引进高精尖人才，21世纪的焦点必将是雄安新区。

3. 地质与科技并行发展

目前，雄安新区在卫星发展领域已经取得初步成效，国家在新区创建了三个全球卫星导航站，大大提高了该区地理信息反馈质量。此外，河北省地理信息局也已经完成了地理上的信息收集与处理，接下来将会对生态系统进行监测，为雄安新区的管理提供全面的地理信息。此外，京津冀三区建立了区域地理科创新联合，吸收技术人才，促进资源、数据共享，为雄安新区的建设提供数据支撑。

二　雄安背景下天津建设“一基地三区”定位分析

2015年4月《京津冀协同发展规划纲要》确定了天津“一基地三区”的定位，即全国先进制造研发基地、北方国际航运核心区、金融创新运营示范区、改革开放先行区。同年12月，天津也在“十三五”规划建议中，提出基本实现“一基地三区”的发展定位，围绕深化京津冀协同发展、推进城乡一体化发展、城市规划、城市绿化等方面提出建议，旨在把天津建设成为经济发达之都、创新创业之都、绿色宜居之都、魅力人文之都、和谐幸福之都。

（一）天津“三基地一区”的发展现状分析

天津围绕建设“一基地三区”，酝酿新一轮开发高潮，注册项目数量和注册资金都有大幅度提高。2016 年，天津、北京在三区注册企业和项目的数量有 845 个，引进京冀投资项目 2701 个，投资额 1994.09 亿元，占全市实际利用内资的 44.0%。

1. 全国先进制造研发基地的发展现状

（1）十大集群产业快速发展

围绕建设全国先进制造研发基地，天津不断加快十个高端产业发展，其中包括高性能服务器海洋工程、集成电路、航空航天、新能源汽车等。众多北京企业在新区设立公司，包括北车、中铁、中船、中铝、神华等；四家电力集团包括大唐、国电、华能、华电在新区设立了融资租赁总部，并于 2016 年全部完成增资。十大优势支柱产业占全市工业比重的 77%，中芯国际、空客 A320 宽体飞机等项目顺利开工。

（2）互联网助力“智造”转型

互联网时代带动相关产业迅猛发展，互联网金融惠及大众，工业转型也如火如荼地进行，《中国制造 2025》发展规划给天津产业发展确立方向，各个产业紧密结合互联网技术，将产业网络化、数字化，推进智能产业的转型与升级。互联网技术与制造业结合，现已在天津初见成效，有五个企业已经获取智能产业的专项权利，电子商务平台也快速兴起，为京津冀大数据时代区域发展带来生机。

（3）打造高端产业高地

天津努力打造高端产业发展高地，壮大拥有比较优势的产业，加速发展一流产业。以制造业为转型重点，改造传统产业，拉动服务型产业的发展，促进具有高技术含量和高附加值的产业系统。目前，天津建成膜天膜科技股份有限公司，利用高科技技术，以膜为研究重点，专注治理水资源问题，并已取得显著成效。

（4）支柱产业势头良好

从近几年的发展形势可以看出，天津科技成果加速转移转化，吸收了北京高达 100 亿元人民币的合同交易额，同时向河北提供了近千余项技术合同，12 家国家重点实验室转化科技成果 485 项，引进国家级科研院所及国内高水平研发分支机构35家，清华大学高端装备研究院中科智能识别技术研究院等在天津建立协同创新平台，与中国科学院确定了60个合作项目。

2. 北方国际航运核心区发展现状

经过多年发展演进与推动，天津已经具备了承载航空航运要素的能力。在运输方面，天津以全球重要航运资源配置中心为目标，全力发展其航运核心区（见图1）。（如下图）

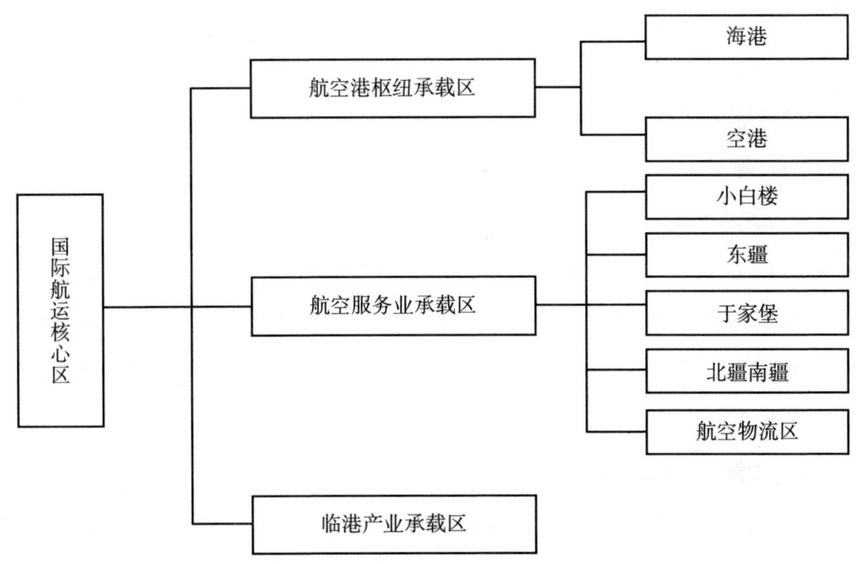

图1　天津国际航运核心区结构

（1）海空港枢纽打造产业集聚区

海空港枢纽承载区的发展上，主要以天津港总体规划为依据，将海港建设成高水平、绿色、安全、高水准服务的一流港口，不仅将空港打造成区域运输枢纽，更重要的是将其建设成国际航运中心，将天津打造成五个集聚航运服务的区域，包括航空物流区、小白楼、于家堡、东疆、北疆南疆等，加大力度提升国际航运服务作用。其中，为促进业务交流，并打造能够聚集高端航运服务功能和供给航运信息的交流区，利用其具备的各种优势——航运资源集中、航运企业密集，小白楼航运服务集聚区将建立金融产业与航运基地，将咨询、研发、金融、法律等汇聚在一起形成航运产业链。

（2）航空服务业务

在“十二五”期间，机场一级货站面积达到6.6万平方米，货邮保障能力达73万吨，并且天津机场将货运基础设施完善，将货库使用结构进行优化。实现了联通韩国、日本以及欧美国家的航运网络，成为国内重点的国际航运城市。此外，近年来天津机场旅客吞吐量连年增加，2012年和2013年，天津机场旅客吞吐量分别为814万人次、1003万人次；2014年和2015年分别都超过了1200万人次，尤其是2015年高达1431万人次。截至2016年12月，天津机场旅客吞吐量是2012年的两倍多，达1687万人次。2012～2016年运输架次和起降架次也增长了70%～90%。

（3）临港产业

临港产业承载区的发展要将空港经济区、南港工业区、临港经济区、中新天津生态城作为依托，主要以航空航天、旅游休闲、海洋工程、石油化工等有关联的产业为主要发展对象。另外，与产业相关的集装箱业务也不能忽视，要积极拓展。

（4）天津港不断完善提升

“十二五”期间，天津港港口承载能力不断上升，持续并有效拓展了发展空间，完成了国际邮轮码头二期工程、天津港30万吨级航道工程、南疆26#专业化矿石码头工程等重大项目建设。天津港不仅在中国北方具有重要地位，还得到国际社会的广泛认同。天津港主航道现有30万吨级别，此外复式港也开始投入运营。

2011年天津港的货物吞吐量、集装箱吞吐量和接待国际邮轮数量分别是4.53亿吨、1159万标准箱、30余艘次，而2016年的货物吞吐量、集装箱吞吐量、接待国际邮轮数量分别增加到5.5亿吨、1452万标准箱、140余艘次。

（5）创新服务

2017年初，东疆保税港区完成了国内船舶融资领域的一大创新，“民意公主轮”顺利交割，租金回境也已实现。这是民意航运租赁公司的首单业务，也是整个中国首次以信托基金的方式在船舶资产领域进行投资的业务。

截至2016年底，东疆保税港区拥有国际航运、航空一级海上工作平台等业务融资基金达到492亿美元。而从全国的业务量方面看，海工平台的租赁业务全部依赖东疆的海工平台业务，而飞机的90%和国际航运船舶业务的80%来源于天津。

3. 金融创新运营示范区

2015年，中共中央政治局会议审议通过《京津冀协同发展规划纲要》，提出要将天津打造成“一基地三区”，既是全国先进制造研发基地，又是北方国际航运核心区、金融创新运营示范区和改革开放先行区。天津应国家发展要求加大改革建设，实现“一基地三区”的目标。

（1）2016年天津金融发展

2016年天津金融业增加值为1735.33亿元，增长率为9.1%。截至2016年末，全市金融机构（含外资）本外币各项存、贷款余额分别是30067.03亿元、28754.04亿元，分别比年初增加了1917.66亿元、2759.37亿元。2016年全年天津铁合金交易所成交金额13.3亿元，天津渤海商品交易所、天津股权交易所成交金额分别为1822.13亿元、7.61亿元。

2016年，天津新增上市公司与新三板挂牌企业83家，新三板挂牌企业和上市公司的总量累计为220家。天津于2016年实现了金融企业上市零的突破——天津银行在港交所成功上市。2016年末证券账户为438.96万户，增长了16%。各类证券全年的交易总额、期货市场成交额分别下降近35%和50%，其成交额分别为43811.79亿元、60286.78亿元。其中，股票交易额、债券交易额、基金交易额分别为26160.21亿元、15702.39亿元、1926.83亿元；仅债券交易额有所增长，增长了近20%，股票交易额、基金交易额分别下降了近49%和30%。

保险市场发展态势良好。2016年原保费收入为529.49亿元，增长率为32%；赔付支出177.67亿元，其增长率为27%。其中，人身险收入、财产险收入、人身险赔付、财产险赔付均有所增长，分别增长了44.6%、6.1%、14.0%和42.1%。

(2) 全力发展融资租赁业

2016年，天津及时消除"e租宝"事件对行业的负面影响，在行业风险排查中也没有像一些城市和地区那样采取先停后查的做法，加上内资租赁企业审批权的下放，中小企业通过融资租赁升级改造等政策的出台，使得天津融资租赁业继续保持稳定快速的发展态势。与2016年初相比，天津融资租赁业在企业数量、注册资金、业务总量和全国占比等方面都取得较大进展。

据相关协会和研究院统计，截至2016年底，在天津总部设立的融资租赁公司（不含单一项目租赁公司、分公司和海外收购的公司）达到1185家，比年初的697家增加了488家。

金融租赁方面，中铁建金融租赁公司、天银金融租赁有限公司落户东疆，使天津金融租赁公司达到9家，较上年底增加2家。

内资租赁方面，自从内资租赁企业从事融资租赁试点业务确定工作于2016年4月下放到自贸区后，天津市商务委和天津市国税局抓紧工作，于2016年内即在全国率先审批12家企业，使天津内资租赁企业达到30家，企业数量超过北京，居全国首位。

外资租赁方面，天津和广东、西安一样，没有停止外资租赁企业的审批，从而吸引了大量投资者，外资租赁企业增长速度进一步加快，到2016年底达到1146家，较上年增加了474家。

表1 2016年天津融资租赁企业概况

单位：家

分类	2016年底企业数	2015年底企业数	2016年底比上年增加
金融租赁	9	7	2
内资租赁	30	18	12
外资租赁	1146	672	474
总计	1185	697	488

资料来源：中国租赁联盟、天津滨海融资租赁研究院。

2016年天津融资租赁企业的注册资金总计为5013亿元，相较于2015年的2683亿元，增加了2330亿元，增幅为86%。其中，金融租赁365亿元，同比增加74亿元，增幅为25.4%；内资租赁企业的注册资金为419亿元，同比增加了234亿元，增长了126.5%；外资租赁企业的注册资金总计为4229亿元，相较2015年增加2022亿元，增幅为91.6%（见表2）。

表2　2016年天津融资租赁企业注册资金情况

单位：亿元

分类	2016年	2015年	2016年比上年增加	2016年比上年增长(%)
金融租赁	365	291	74	25.4
内资租赁	419	185	234	126.5
外资租赁	4229	2207	2022	91.6
总计	5013	2683	2330	86.8

注：外资租赁企业注册资金按1∶6.9的平均汇率折算为人民币。

2016年底，全市融资租赁合同余额约为19100亿元人民币，比2015年的14100亿元增加5000亿元，增长35.5%。其中金融租赁合同余额约7800亿元人民币，增加1950亿元，比上年底增长18.8%；内资租赁合同余额约5400亿元人民币，增加1500亿元；比上年底增长38.5%；外资租赁合同余额约合5900亿元人民币，增长约1550亿元；比上年底增长35.6%（见表3）。

表3　2016年天津融资租赁业务发展概况

单位：亿元，%

分类	2016年底业务总量	2015年底业务总量	2016年比上年底增加	2016年比上年底增长	业务占比
金融租赁	7800	5850	1950	18.8	40.8
内资租赁	5400	3900	1500	38.5	28.3
外资租赁	5900	4350	1550	35.6	30.9
总计	19100	14100	5000	35.5	100.0

2016年，渤海租赁两次增资，中金国际租赁落户天津。以注册资本排序，在全国融资租赁企业十强中，天津有三家，分别位居第一、第二和第五（见表4）。

表4 全国融资租赁企业TOP10

单位：亿元

排名	企业	注册时间	注册地	注册资金
1	天津渤海租赁有限公司	2008年	天津	221.01
2	中金国际融资租赁（天津）有限公司	2016年	天津	147.62
3	国银金融租赁有限公司	1984年	深圳	126.42
4	远东国际租赁有限公司	1991年	上海	125.35
5	工银金融租赁有限公司	2007年	天津	110.00
6	郎丰国际融资租赁（中国）有限公司	2016年	珠海	103.50
7	平安国际融资租赁有限公司	2012年	上海	93.00
8	建信金融租赁有限公司	2007年	北京	80.00
9	山东晨鸣融资租赁有限公司	2014年	济南	77.00
10	浦航租赁有限公司	2009年	上海	76.60

注：外资租赁企业注册资金按1∶6.9的平均汇率折算为人民币。

近几年，全国融资租赁业发展波动较大，一些地区和城市企业总数和注册资金虚增明显，天津的发展则较稳健扎实，总的趋势是企业数量和注册资金的行业占比呈下降趋势，但业务总量的占比则稳步上升。2013年底，天津融资租赁合同余额占全国的比重为27.4%，到2016年底已上升至35.8%，比2013年提升了8.4个百分点，比2015年提升了4个百分点（见表5）。

表5 2013～2016年天津融资租赁业的行业占比

单位：%

项目	2013年占比	2014年占比	2015年占比	2016年占比
企业数量	19.9	15.2	15.5	15.8
注册资金	27.3	20.5	17.7	19.6
业务总量	27.4	31.3	31.8	35.8

资料来源：中国租赁联盟、天津滨海融资租赁研究院。

（3）持续优化金融发展环境

天津自贸区是中国北方地区重要的自贸区，也是京津冀开放创新的新平台、协同发展的新引擎。天津要结合自身在融资租赁、航运中心、港口经济等方面的优势与特色，以金融制度创新为重点，及时抓住自贸区建设重大机遇，尽快使关于支持天津自贸区发展的“金改 30 条”落到实处。

截至 2016 年底，“金改 30 条”已经有 70% 以上的政策落地实施，创新举措中的 23 项显示出比较明显的成果和效用，包括有离岸业务资质的银行总行授权天津自贸区分行开展离岸业务、直接投资外汇登记下放银行办理等超过十项相关的金融创新政策，自贸区乃至天津全市范围内都有中新生态城跨境人民币创新业务试点政策。

融资租赁三十人论坛（天津）研究院、中国金融四十人论坛北方新金融研究院等智库落户后，天津金融改革创新的人文环境和智库得到了明显的提升。天津与我国几个大型商业银行、发展银行和保险集团的总部机构签署了战略合作协议，其中有泰康保险集团、民生投资集团、国家开发银行、农业发展银行、邮政集团等。协议内容显示，仅三家总部机构——北京银行（楼盘）、中国银行、中国农业银行将为天津提供 5500 多亿元的资金支持。

（4）加大司法支持金融创新运营示范区建设力度

2016 年 5 月，天津金融相关的单位、部门与高级人民法院一同组织并召开相关会议。会议期间，天津市金融局对天津市政府颁布的关于创建金融创新运营示范区建议进行解读，强调示范区的发展内容、重点发展目标等项目。天津市金融局呼吁建立联席会议制度，需要与市高院分工合作，多沟通交流。此外，还需要建立信息共享机制，以便双方共享信息，避免信息获取不对称等现象。同时会议也强调，现代经济的核心是金融，其安全关乎国家、经济的安全和社会的稳定，天津市人民法院要自觉服从和服务京津冀协同发展重大国家战略，依法惩治金融领域犯罪行为，制裁逃废金融债务行为，加强对金融服务业发展的司法支持，支持金融监管部门有效行使管理职能，加大涉金融案件执行力度，切实维护金融安全。

4. 改革开放先行区

（1）全面建立开放经济新体制

近几年，天津在实施了一系列改革措施后，提高了企业的获得感，顺畅了监管，便利了通关，天津口岸的辐射带动能力和竞争力也得到有效提升。在通关上改革并落实京津冀区域通关一体化之后，由天津进出口的货物通过首都机场的时间和来自京、冀两地的货物在天津港口通关的时间均大幅减少，前者现在仅需 8 小时，在中途消耗的运费也降低了 30%，而后者减少 3 天，成本节约近 30%。

（2）优化环境使民营经济活力释放

在武清设总部的企业已经从天津对民营经济的支持和开放政策中受益，并且已纳入全国经济体系，如在深圳对产品进行规划设计，在天津进行产品的研发和生产，在北京进行营销。在过去的五年间，这些企业不断发展，其规模也在壮大。

在今后的工作中，要以党代会精神为指导，树立“需求为王、市场为帅”、艰苦奋斗、真抓实干及海纳百川的理念，具有以新赢新、以新应新的勇气和胆识。紧密围绕天津市委、市政府颁布的《关于大力推进民营经济发展的意见》，将重点放在十项机制上，包括健全并深化银行、政府、企业三方的协同合作等，同时用同等的力度建设十个服务平台（如民营经济以及中小企业公共服务平台），建设民营企业家的培育工程的载体也在这些重点之列，进而激发民营经济的活力，营造更好的发展环境。

（3）先行先试积极推进体制机制创新

近几年，天津积极并加大推进商事制度改革的力度，将监管事宜提前计划，形成了简政放权与市场监管协同进行的的“天津模式”，建成信息公示、随机联查、相互告知、联合惩戒环环相扣的链条式监管体系。

从产业链的角度看，目前天津发展先进制造业主要集中在加工制造业，相对而言上游和下游都比较滞后。天津的制造业，主要是国企、央企、外企发展较好，民营企业相对来说较弱，这些对于创新来说是不利的，今后应加大促进民营企业技术创新发展的力度。

1. 全国先进制造研发基地存在的问题

（1）制造业投资增速明显下滑

“十二五”期间，虽然制造业投资规模不断提高，也保持两位数增长，但投资增速逐年下降。2011 年投资增速为 16. 5%，2013 年增速为 10%，下降了 6. 5 个百分点。特别是 2015 年增速下滑至个位数，仅为 2. 4%，为历史最低。说明天津制造业投资由以往的大规模建设进入新常态的结构调整期。工业增加值增速也经历了从高速到中速的转变，由 2011 的 19. 3% 下滑到 2015 年的 9. 2%，下降了 10. 1 个百分点。

（2）企业技术改造能力薄弱

企业通过技术进步、技术创新来促进产品升级换代，是企业发展的原动力，也是提高企业竞争力的关键。“十二五”期间，在制造业投资中用于企业技术改造的投资共 1975. 01 亿元，占全市制造业投资的比例为 11%，年均增速为 6. 8%，低于制造业年增速 7. 9 个百分点。由此看出技术改造创新力量薄弱，阻碍了天津加快制造业发展的步伐。

（3）产业后续发展后劲支撑不足

产业结构不够合理，重工业化、传统产业占比过高，石化、钢铁、有色等占全市工业的比重超过一半，而高新技术产业未得到充分发展，占比不足 20%。制造业产业链不够完善，航空航天、装备制造业等一批高端产业配套能力不足，石化、钢铁等传统产业链条短、附加值低。部分产业优化升级进展较慢，化工等行业布局不佳，冶金等行业升级改造不足，落后产能淘汰进展较慢。

2. 北方国际航运核心区存在的问题

北方国际航运核心区的建设也面临一系列困难，存在各种问题及缺陷。

（1）各主要港口产业分工和功能定位不清晰

当前，河北和天津的各大港口一直积极研究突破港口的功能定位和扩张产业定位，但是在发展河北和天津港口群的过程中对于高层次的定位并不明

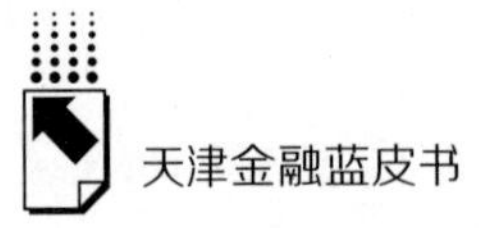

确，其规划也不统一。同时，各个港口的发展目标和定位不够统筹、协调。所以要积极创建综合型港口，在横向功能确定上，要对港口功能进行错位管理。

（2）在津冀港口中尚未形成合理的顶层管理

无强烈竞争关系将会导致资源的浪费，而没有合理的协调机制，便难以形成有效的核心竞争力。河北和天津的港口群主要分布在港口集中、高度重叠的腹地，位置临近，有着很强的竞争力，但由于缺乏高水准的协调机制，施工问题严重重复，竞争薄弱。第一，港口竞争在散杂货领域高度集中，吞吐量的比拼成为竞争的焦点。随着竞争激烈化，港口一直在提升码头扩张能力，在吞吐量竞争的过程中，提高港口整体经济效益的速度减慢。第二，在外贸领域，尤其是在集装箱的运输上，还没有形成较好的合力发展能力。一方面，天津港有着路线资源、保税港、过境加工优势，但并不能完全在港口集体利用之下共享；另一方面，黄骅港、唐山港、曹妃甸港积极与大连港合作，在区域线业务范围内开展集装箱外贸，但绕过天津、河北港口，其群体竞争对手外港口使港口群竞争加剧。第三，港口基础设施建设上，存在重复建设和资源浪费的问题。近几年，天津港口限制对外开放的口径，更多关注港口本身的升级与转型，不断加大港口码头设施扩建力度，拓展投资，但是对港口集体吞吐能力、功能定位、市场需求和协调并系统考虑终端资源的整合是不够的。

（3）在港口进行的物流运输体系发展缓慢

目前，天津和河北港口群的港口物流运输系统在区域内没有统一规划，在港口的收集和配送方面缺乏协调机制，港口群的辐射能力受到了严重的阻碍，这对集体区域的发展造成不利影响。天津港口运输建设受到诸多制约，港口强力支持无法形成。目前，进出天津港货物约有60%走的是陆路交通，这种方式存在运输成本大且运输量不多的问题，削弱了港口的竞争，造成资源浪费的困境，也造成了城市交通环境压力。

3. 金融创新运营示范区存在的问题

（1）相关监管法规不健全

目前，我国金融监管法规体系并不健全。虽然有一系列能够指导天津进行金融创新改革的政策和方案，但是并不是具体化的，所以仍然需要进一步完善。除此之外，自贸区获批以后，天津需加强与之相对应的宏观审慎监管体系。由“一带一路”相关政策来引导，要促进贸易结算便利化，自贸区资本账户管制的开放是必然要求。

（2）金融创新能力相对不足

首先，与发达地区相比，金融业发展仍然存在一些差距。天津 2015 年金融业增加值 1588 亿元，占 GDP 的 9.6%。但 2015 年上海、深圳的金融业增加值均高于天津，上海已经超过 4000 亿元，深圳达到 2600 亿元，几乎是天津的两倍。其次，全市金融业发展目标存在一定差距。与金融创新经营示范区的目标地位相比，天津金融业开放程度不够高，需要加大改革力度，进一步提升创新能力、深度和准确性，金融结构调整的要求存在一定的差距。从行业发展的角度来看，银行业差距相对较大，非银行金融业差距较小；从融资结构的角度看，直接融资比重低，间接融资比例过高。再次，尚未能够与国际金融环境比肩。天津对高端金融专业人士没有强大的吸引力，金融业缺乏专业人才，评级、会计、考核、律师、咨询等中介机构发展较弱，需要进一步加强防范金融风险和金融风险监测联动机制。

（3）金融人才相对匮乏

第一，缺失利益协调机制导致金融人才竞争加剧。金融创新力和发展国际影响力虽然受到天津的重视，但人才聚集效应尚未形成，金融人才向其他地区转移的趋势得不到扼制，在科学均衡金融人才分配上也存在一定的困难。第二，需进一步改善金融人才结构，市场依然急需高端金融人才。引导未来劳动力市场的主流将是具有实践经验、高学历和多种岗位经历的人才。天津金融业从业人员结构不够合理，普通员工占较大比例，而高素质、具有高学历的人才所占比例相对较小，开展金融深入创新受到制约。第三，缺乏复合型金融人才。近年来，互联网金融发展迅速，复合型的金融人才在金融行业中的需求飙升，同时熟练掌握外语和金融技术以及具有互联网和金融技术等“跨界人才”在该方面缺口较大。当前的金融发展形势对金融人才的要求比较高，要求其具备多方面的知识获取能力，证券、基金、期货等领域

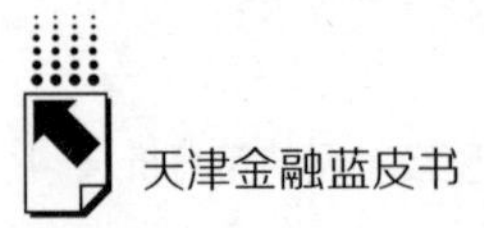

均要熟练掌握，而且对世界通用的语言也有一定要求，还需要具有熟练使用互联网以及大数据等网络信息技术的能力。

三　雄安新区成立对天津京津冀协同定位的影响

（一）设立雄安新区的原因

1. 疏解北京非首都功能

北京非首都功能疏解主要是灵活安置结构和产业，例如在北京周边的企业或机构可以选择在河北适合发展的地方进行转移；其次是集中疏解。集中疏解地对地理位置的要求较为严格，不能太近，太近会使得产业连在一起；也不能太远，太远不利于工作上的交流与联系，也会增加转移的难度。雄安新区的地理位置正好合适，一个多小时的车程是较为可行的。

2. 解决"大城市病"的必由之路

北京作为我国首都，是集文化、经济、行政、国际交流与高科技水平为一体的、拥有厚重历史的名城，人口密集、交通拥挤使得各种问题频出，北京受到严重的"大城市病"的困扰，因此缓解此问题是雄安新区发展规划的重要方向，也是京津冀协同发展的必由之路。北京面临一次历史性选择。雄安新区的设立，标志着京津冀协同发展迎来全新机遇，京津冀三地定位将出现调整，雄安将成为以首都为核心的世界级城市群的重要枢纽。目前，各方面都在紧急行动，支持雄安新区建设。最重要的是，京津冀协同发展的精髓在于"协同"二字。以建设雄安新区为支点和契机，打破地区分割的沉疴，构建区域性统一市场，为构建全国大市场和深化改革探索道路，才是具有历史意义的真正变革。

3. 带动河北发展、加快构建京津冀世界级城市群

北京、天津两地经济"肥胖"、"大城市病"明显、人口拥挤，而河北发展相比京津两地有显著差异，三地经济发展严重不均衡，京津两地对河北经济发展有明显的虹吸效应，在京津两地周围缺乏能够带动河北经济大幅度发展的城市。所以，雄安新区在这个时候建立能够补齐京津冀三地发展的短板，促进河北发展和社会进步。新区为北京和河北各增添一翼：对北京而言，疏解北京非首都功能；于河北而言，拉动经济增长。同时，雄安新区的发展为2020年的冬季奥运会打下经济基础，能够推进北京、张家口快速发展。雄安新区未来发展规划将为河北打造出一条经济转型升级、生态环境良好的发展道路。

在雄安新区的发展布局中，发展新的区域空间，优化人口密集区域，努力建造全国创新型驱动引擎，快速推动京津冀成为世界级城市群，为京津协同发展打造"新格局"。

（二）定位影响

在设立雄安新区之前，各方面对京津冀"打造世界级城市群"的目标没有太多关注。现在，雄安设立之后，形成京津保三角。雄安新区，未来也是一个超级都市。由此，世界级城市群的框架就浮现出来了。换句话说，设立雄安新区，是"打造世界级城市群"的重要一步，是这个目标的具体化和现实化，为实现这个目标指明了方向。从这个意义上说，雄安新区肩负着将京津冀区域打造成世界级城市群的艰巨任务。

根据《京津冀协同发展规划纲要》，京津冀区域协同发展定位是以北京为主、天津为辅，河北做好服务两地工作。发展北京的政治、科技创新中心，将天津打造成为"一基地三区"，推动河北物流行业的发展，树立京津冀生态环境支撑区、新型城镇化与城乡统筹示范区、产业转型升级试验区。

雄安新区有着高定位发展规划、强化生态环境保护、优化产业结构升级等发展方向，着力打造京津冀城市群"第三极"推动京津冀协同发展，助推河北发展，并带动中国北方的改革开放。随着雄安新区的设立，京津冀协同发展从"双城"战略向"三角"战略转变。

1. 北京定位

北京积极响应国家号召，大力支持雄安新区的发展，"新区需要什么，北京尽力满足”，做好自己“分内”事情。在交通上，加快形成京津保地区0.5～1小时交通圈。在公共服务上，北京的医疗、教育机构可以大量迁往新区，推进资源共享，提升河北教育与医疗质量公共服务水平。加快北京非首都功能的转移，解决“大城市病”问题迫在眉睫，深化京津冀三地的空间布局改革，并且与河北携手保护新区的良好生态环境。

2. 天津定位

天津毗邻京冀，天津在落实京津冀协同发展战略中的地位特殊、角色重要。天津在京津冀协同发展中定位是打造“一基地三区”，需要扮好角色。主动服务河北转型发展，加强交流合作，强化对口合作，打破之前的“双城中心”，转向“三城协同”发展，共同创建环渤海经济圈和辐射全国经济带。做到唱响“双城记”，增强“双动力”，扩大“双开放”。

在京津冀协同发展中，天津在日常生活器具制造等方面做出重要贡献，包括电动三轮车和自行车零部件生产制造、天津地毯制造、天津山海关饮料扩产、天津春合体育用品路径健身器材生产销售以及天津精细化工产品，特别是中高档油墨制造。天津联社及轻工企业拟引进京、冀两地项目，主要是在京、冀联社系统内引进中高端轻工产品、研发机构、小创公司等，提升天津创建企业孵化器的功能，为全民双创发展提供有力支撑。政府需要加大力度扶持新兴企业，在资金、税收方面给予优惠政策，目的在于进一步发挥孵化器作用，提升孵化功能，实现共赢发展。

雄安新区问世，天津在京津冀协同发展中的定位随之调整。天津提出，滨海新区要以雄安新区为标杆。2017年4月5日，天津委书记李鸿忠到滨海新区调研并召开座谈会，征求对天津第十一次党代会报告议题的意见。李鸿忠指出，滨海新区生产总值突破万亿，经过起步、积累、初创的过程，新区迎来了新的发展阶段，也就意味着有新角色要承担、新使命要完成、新发展要谋划。滨海新区不仅是天津的滨海新区，更是京津冀的滨海新区，天津未来的发展靠新区，要高标准谋划、尽全力再升级，以雄安新区为标准、标杆，充分体现出体制机制内核、创新驱动内核、绿色发展内核；要在完善交通布局的同时，加快建设“三北”海上门户，使服务区域更好地发展。

2011年，“十二五”规划纲要提出要促进京津冀一体化，建设首都经济圈。国家发改委随后开启了第二轮规划，编制首都经济圈规划，但仍然未能完成。到了2014年，习近平提出京津冀协同发展。2015年出台《京津冀协同发展规划纲要》，提出“一核、双城、三轴、四区、多节点”的骨架。在推进京津冀协同发展的同时，不但要解决三地的发展问题，还要创新区域经济协同发展的机制，为打造世界级城市群探索新道路，拉动京津冀协同发展。

3. 雄安新区的功能定位

在京津冀协同发展历程中，北京在三地经济增长中居于核心地位，接收来自邻地的资源优势和战略培养方针。雄安新区的建立能够起到“反磁力中心”的效果，拉回在河北“走出去”的企业、项目、工程等，结合国家的行政力量，吸引来自北京、天津的高端产业、金融人才和高水平的教育、医疗卫生服务，一方面可解决首都“大城市病”的症状，另一方面可疏解北京非首都功能，缓解北京人口密集、交通拥挤、金融集聚明显等现状。新区具备天然优势。首先是现有开发程度低，这为新区的未来发展规划以及区域空间布局打下良好的基础。其次，新区拥有得天独厚的内陆湖——白洋淀，原始的生态环境为新区打造成为绿色、宜居的生态城市助力。“反磁力中心”的新区将会在京津冀三地有所作为，促进三地经济增长。

在北京、天津、河北区域，雄安新区将成为新的经济增长极。经济增长极的定义大致如下：集区位优势、资源环境优势于一身，改善并优化其投资环境，进而吸引更多的投资，促进创业，在短时间内，积极发展各个产业，使其经济快速发展、迅速崛起，并将所发挥的效用辐射周边地区并带动其发展。增长极在没有聚集高素质人才的情况下很难形成。资本的目标是利润，资本大规模聚集的前提是利润可观，较低的成本代表较高的利润，进而将更多、持续的资金吸引进来。因此，增长极必须形成成本洼地。利用该原理而成功的案例不在少数，比如深圳、浦东。就功能而言，雄安新区还需要与京、津进行错位发展。在将来，京、津以及雄安新区都将成为京津冀城市群功能城市，在该地区与其他城市一起带动整体区域的发展。

4. 小结

雄安新区牵引着京津冀协同发展的进程，使三地协同发展呈现全新局面，对环渤海地区和北方腹地的辐射带动能力将明显增强，有利于支持华北经济转型发展，跟上东南沿海发展的步伐，有利于推动全国经济均衡发展。我国的国际经济地位企稳，对全球经济贡献能力增强，为将京津冀打造成超级世界城市群奠定基础。雄安新区将是三地发展强有力的支撑点。

四　天津实现定位目标的具体对策

（一）未来发展的基本方向和内在要求

1. 协调区域内各城市之间的关系，实现共同发展

天津作为本区域内的中心城市，应该主动承担起中间人的责任，协调好区域内各成员之间的关系，各个次区域的中心城市应该减少产业恶性竞争，最大可能地寻求合作，致力于提升环渤海经济带在国内外市场中的竞争力。目前来看，各次区域应该在互利共赢的基础上，先从较小的领域内开展合作，然后逐步扩大到较大的领域，如几个次区域中心城市在制造业领域的发展规则上要相互沟通和配合，天津作为中间人应该在充分了解各个次区域中心城市的制造业发展情况之后，为区域内各个中心城市的未来发展方向做出部署，以此防止如传统制造业重复构建、恶性竞争的现象再次出现。此外，还应该设立相关的协商机制，以便能够更加高效地发现并解决问题。

2. 加强天津生产性服务业的发展

处于工业化后期的国际大都市要想实现产业结构优化升级，就必须大力发展生产性服务业，而天津目前就处在这关键阶段。从国际经验来看，在主要发达国家当中，以金融、通信、物流、批发、专业服务、工农业支撑服务等为主的生产性服务业在全部服务业当中所占的比重已经超过 50%。从目前来看，天津生产性服务业所占比重较小，经济结构仍然以餐饮、旅游、零售等传统服务业为主，金融保险、互联网、信息与科技等新兴服务业占比较小。而生产性服务业有利于制造业循环架构的构建，更有利于提高制造业可以连续作业的效率，从而提高生产率，更有利于降低成本，使得生产更具规模化。天津作为区域中心城市，一方面需要为滨海新区的发展提供全面的生产性服务，还要为周围的城市和其腹地提供功能更加完备的生产性服务，从而带动周边二、三线城市的产业结构布局合理化，促进经济又好又快地发展。金融业和物流业的发展程度几乎可以衡量一个城市市场机制的完善程度，这也是天津发展生产性服务业的重点。环渤海地区金融体制改革进程较缓慢，天津应该积极推动金融体制改革进程，使金融机构为实体经济提供优质的金融服务。

3. 利用地缘优势，加强与北京的合作

利用地理位置上的优势，加强与北京的合作，京津唐经济圈的发展壮大是现有体制下全国资源向首都聚集的结果。首都北京得自身的政治文化背景，使中关村、奥运村得以形成和发展。北京高校和科学研究院云集，各行业人才聚集在此，科技创新能力在全国居于前列，基础设施较为完善；同时，北京作为政治和文化中心，贯通南北，交通便利。总之，北京在人才资源、科技创新、基础设施体系、地理位置等各方面的竞争力在全国极具优势。天津应该利用靠近北京的区位优势，加大与北京的合作，促进京津冀一体化协同发展。

4. 天津港应加强港口合作

天津港作为我国北方地区第一大港，是我国沿海港口中功能最完备的港口之一，天津应确定好天津港在环渤海地区的重要地位，努力与河北各港口加强合作与交流，为京津冀协同发展做贡献。

（二）政策举措

1. 加强金融生态建设

（1）加强征信体系建设

落实《天津市社会信用体系建设规划（2014—2020 年）》，推动政务诚信、商务诚信、社会诚信和司法公信建设。完善市场主体信用信息公示系统，打造全市统一、全面覆盖的信用信息共享交换平台，完善“信用天津”

网站，加强与国家统一的信用信息共享交换平台、“信用中国”网站互联互通；推进统一社会信用代码信息和行政许可、行政处罚等数据信息上网公示；推进守信联合激励和失信联合惩戒制度建设，创建信用示范城市；推进京津冀社会信用体系合作共建，联合打造“信用京津冀”品牌。

（2）优化金融法治环境

加强金融法治建设，严格金融执法，深入开展金融知识宣传教育。积极推进地方金融立法工作，适时出台天津地方金融监管条例。支持当事人充分利用和解、调解、仲裁、诉讼等多元化方式解决争议，促进天津国际经济金融仲裁中心、天津海事仲裁中心和天津海损理算中心发展。完善金融执法体系，严厉制裁内幕交易、金融诈骗和不正当手段集资等各种违规行为，以此维护好金融市场秩序，创造良好的金融法治环境。

（3）强化金融消费者权益保护

加强金融消费者权益保护，积极推进国民教育体系建设，将金融消费者教育纳入其中。新设金融消费者投资案件处理规章制度，妥善处理好投诉案件。做好风险识别和信息共享机制，将金融产品的风险进行有效识别、监控，维护金融市场有序运行。在天津设立金融消费纠纷调解中心，当出现金融消费争议时，可以提供自行解决、调解、仲裁或诉讼等多种方式解决。支持社会各界有实力的部门和组织，积极投身到金融消费者权益保护的工作中来，向金融消费者介绍金融相关知识，从而提高金融消费者素养和自我保护能力。

2. 鼓励金融创新发展

（1）积极推动绿色金融的发展

随着中国经济逐渐进入新常态阶段，解决结构转型问题迫在眉睫，绿色发展是我国经济实现可持续发展的重要宗旨。早在党的十八届五中全会，就提到过绿色发展的重要性，随后就将它归入“十三五”规划中，而实现绿色发展，一定要有金融的支持才可以完成。因此，绿色金融开始引起学者和社会人士的共鸣，绿色金融对我国经济结构能够转型成功起着至关重要的作用。

天津应该大力鼓励和支持银行支持绿色产业，给那些对环境没有污染、节能减排的产业提供优惠的信贷支持，实现天津经济可持续发展。

（2）提升金融创新驱动力

天津应该大力引导和鼓励金融机构提升自主创新能力，引进新技术、建立新团队、使用新方法、开辟新路径。在机构设置、战略决策、制度安排、管理模式、人才选拔、业务范畴和金融产品设立等方面要大力改革创新，鼓励支持金融机构总部把更多金融业务、产品、流程创新权限下放驻津机构。引导金融机构大力发展支付结算、银行卡业务、代收代付、担保及承诺、基金托管、投资银行、咨询顾问等各种中间业务。加快构建与金融市场发展相适应的专业中介服务体系，大力支持会计审计、律师公证、资产评估等专业服务机构，特别是新兴金融领域的专业服务机构规范发展。

（3）大力推动科技金融发展

天津应该积极推动科技金融合作平台的建立，以此建立高水平、高层次的科技金融服务体系，如积极引导和鼓励南开海光寺科技金融服务园区的建设。针对全市正在大力扶持科技型中小企业建设的战略，天津金融机构应该对这些科技企业设立专营部门、组建专门团队、开发专属金融产品、设立专有流程、采取专有金融政策等。首先，应该大力支持银行、保险、证券、信托银行业金融机构强强合作，共同完善科技型企业“投、贷、债、保”联动机制。其次，应该大力推动科技金融专营机构的设立，比如设立专业的中小企业发展银行、科技银行，开展为高新技术企业提供风险信贷业务。此外，大力支持科技保险机构的设立，主要为这些科技企业提供科技财产保险、产品研发保险、专利侵权保险等保险服务。最后，大力引导和鼓励金融机构面向投资者发行的高新技术企业定向资产管理、信托、集合理财计划等产品。

（4）鼓励发展消费金融

创新金融支持和服务方式，大力发展消费金融，将新消费带头引领作用发挥到极致。首先，主动鼓励和引导专业化的消费金融机构发展；其次，支持有能力的金融机构在天津设立特色营业机构，提供优质、特色的消费金融服务。最后，支持符合条件的企业在天津设立汽车金融公司和消费金融公司，鼓励和支持拟申请《支付业务许可证》的非金融机构落户。支持捷信消费金融公司加快设立全国分支机构，提升行业影响力。加快长城滨银汽车金融公司和华泰汽车金融公司业务发展，提高汽车金融服务质量。鼓励银行理财、基金产品、私募股权投资基金、私人资产信托产品等理财工具面向投资者，加强个性化理财服务。加快将住房储蓄模式载入天津多层次住房政策体系当中，使更多的中低收入住房困难家庭得到金融贷款支持，改善居住条件。

3. 加快推动京津冀协同发展，基本建成金融创新运营示范区

（1）引入并设立各类金融机构，打造北方现代金融聚集区

完善优化支持政策和配套服务，应该着力引入并设立各类金融机构总部、营业部、专业分公司等机构，争取将各种优质资源汇聚此地。积极主动引进国际金融机构和财团、各类金融中介机构，重点吸引国际性、区域性多边金融组织入驻天津。此外，天津应该积极承接北京非首都功能。大力引导和鼓励各类基金落户天津，支持各类金融机构设立自资产管理、基金、交易结算等专业部门。此外，鼓励符合条件的社会资本进军金融业，以此拓宽金融服务覆盖范围。重点开展金融租赁、互联网金融、消费金融、财务公司等非银行金融机构，引导和鼓励全国性金融业行业协会落户天津。

（2）做优做强法人金融机构

为了使天津法人金融机构更具竞争力，应该积极引入整体实力较强的境内外战略投资者，对法人金融机构采取增资扩股、合并重组等方式，促使法人金融机构实现规模经济。加大对法人金融机构的改革力度，顺应改革趋势，调整发展战略，理顺管理体制，优化股权结构，转变盈利模式，提升创新驱动能力，力争打造一批实力雄厚、具有全国乃至国际竞争力和影响力的法人金融机构。引导和鼓励法人金融机构探索开展综合经营，加强业务协同发展，大力鼓励资本实力雄厚的法人金融机构通过股权置换、合并或重组等方式，促使经营业务领域更加综合化，争取建设成为在国内外有竞争实力的综合金融集团。大力引导和推动符合条件的法人金融机构上市，从而利用资本市场融资，从而实现更好更快发展。

（3）深化京津冀区域金融合作

探索建立京津冀协同发展载体，选择合适区域对天津自贸试验区政策进行复制推广。在平等互利的基础上推动京津冀金融合作，积极推动区域内各层次资本市场合作共赢，支持天津股权交易所与全国新三板通力合作，实现市场之间互联互通。积极引导和推动京津冀地区信贷资金可以实现区域内自由划转，积极争取设立京津冀协同发展基金、京津冀产业结构调整基金，大力鼓励国内外各类资本进入并在天津设立金融业发展基金，主要投资京津冀区域内的金融行业。为了实现京津冀区域内金融业更好更快地发展，需要建立专门的京津冀金融监管协调机制。比如，促进区域内征信体系一体化、抵（质）押模式统一化，信贷管理模式、异地支付结算、异地存取款等业务同城化。

B.13

金融双向开放背景下滨海新区金融创新与经济发展

刘 玚　刘伯酉*

摘　要： 改革开放的历史实践证明，开放是国家繁荣发展的必由之路，尤其是金融领域的对外开放。2016 年天津滨海新区经济总量稳定增长，产业结构不断优化，但依然存在高级金融机构相对缺乏、特色金融发展缓慢等现实问题。在此基础上需要继续推动金融业的双向开放，有效促进金融市场的相互融合和资源的高效配置。与此同时，仍要着力推动金融创新，为地区金融发展注入活力，拉动经济增长。

关键词： 双向开放　金融创新　经济发展

一　金融双向开放的战略背景和重要意义

（一）战略背景

当今时期，中国的经济格局已经渐渐呈现平稳发展的新常态，金融服务多元化，经济结构逐渐优化，服务模式也是日新月异。“四个全面”战略布局在十八届五中全会上被正式提出，也是“十三五”时期的一大亮

* 刘玚，中国滨海金融协同创新中心研究员，天津财经大学金融系讲师，研究方向为货币政策、区域金融。刘伯酉，中国人民银行天津分行金融研究处科长，研究方向为金融监管。

点，为切实实现全面建成小康社会的奋斗目标奠定坚实的基础。它的另一大意义则是将金融双向开放的议题带到人们的视野中。国家“十三五”规划明确将“扩大金融业双向开放”放到台前，体现了中央对于目前国内外经济形势的准确把握。要扩大金融业双向开放，就要有效推动人民币加入特别提款权（SDR）货币篮子，使人民币成为可自由使用、可兑换的货币；减少对境外投资汇兑和投资额度的限制，同时放宽个人与企业的外汇管理标准，减轻跨国公司的资金境外运作压力；积极尝试负面清单的外汇管理方式，加大开放力度的同时要让国际收支监测同步跟上，维护国际账户动态平衡，防范风险。目前扩大金融业双向开放可谓机遇与挑战共存，人民币国际化是一个漫长的过程，不可操之过急。资本市场双向开放的进程如何保持稳定、高效，如何防范开放所带来的金融风险，打造“十三五”规划的战略高地，怎样进行新一轮汇率改革等，都是当前亟须思考的问题。

第一，国内外经济形势复杂多变，风险暴露加剧。美国的总统换届选举以特朗普入主白宫而落下帷幕。无论是他所推崇的美国优先，抑或是贸易保护等全新的主张与政策很有可能对当前的国际形势与世界格局、贸易往来等方面带来非常大的影响。2016 年影响最大的国际事件非英国脱欧莫属，引起了国际社会的一片恐慌，更值得担忧的是，受到英国脱欧的影响，包括丹麦、意大利在内的很多欧洲国家都表示有脱欧的打算。此外，量化宽松的新时期方针也逐渐消失在美联储的政策舞台，加息的新时代正在到来，这直接导致美元汇率大幅上升，国际货币市场、经济秩序与国际贸易都或多或少受到影响，世界其他国家，尤其是美元交易频繁的国家与地区都需要因此做出相应的反应与政策调整。而从国内看，2016 年我国实现 GDP 增长 6.7%，远超全球经济增长 3.1% 的平均水平，呈现缓中趋稳、稳中向好的趋势。但是，经济进入“新常态”后，我国经济增速存在持续下滑的巨大压力，商业银行的不良资产持续攀升，到 2016 年末不良贷款率已升至 1.81%，创下近 7 年最高水平；受“去库存”政策刺激，房地产市场出现了比较明显的价格泡沫；非金融企业杠

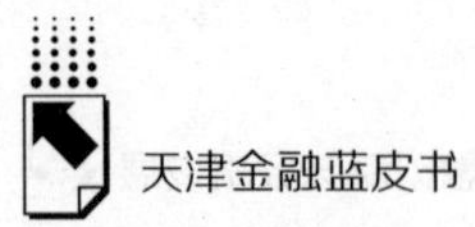

杆率过高，超过全球警戒线90%的水平，而且随着供给侧结构性改革的推进，越来越多的金融风险将逐渐暴露。复杂多变的国内外形势给扩大金融业双向开放的顺利实施带来了许多不确定因素。

第二，扩大金融业双向开放，实现由经济强国向金融强国的转变。自改革开放伊始一直到现在，中国的改革开放脚步遍布保险行业、商业银行领域、证券期货等多个金融维度，并逐渐走向成熟。在这过程中，我国充分学习国外的成熟经验与操作模式，更重要的是充分考虑我国特有的国情，渐渐搭建出金融国有股权为核心，同时发展多种所有制的中国式金融体系，且到目前为止都在平稳运行。这一体系的成功建立肯定了市场在资源配置中的主导地位，而且资源还能够被高效地配置。稳字当头的理念保证了经济金融领域健康、安全运行，总体风险较低。经济实力提升的同时也为我国带来更高的国际地位与更多的国际影响力，使中国在全世界更加具有话语权，真正担起“大国”二字。

自改革开放至今，回首过往取得的傲人成绩，中国已经在全世界的瞩目下成为货物贸易第一大国、世界经济体的第二极。人民币在国际货币市场上影响力也越发强劲。面对国际影响力的提升与人民币国际化进程的持续推进，扩大金融开放程度是不可避免的议题。在金融业双向开放的过程中，在国际竞争的大环境下，我国的金融业可以提高国际竞争力与抵御风险的能力，学习他国先进经验的同时还能提高中国资产与要素的国际影响力，提高中国在国际金融格局中的地位。通过与其他国家的不断合作实现共赢，营造良好的发展环境。所以如何把握金融业双向开放的机遇，解决我国金融业当前存在的各种问题，完善国内金融市场，对国内外的各种金融要素、资源进行高效配置与利用等，将是“十三五”时期我国金融业努力的方向，进而推动我国由传统制造大国、投资大国向金融大国转变。

第三，人民币正式加入SDR，开启国际化新阶段。自2009年开展跨境贸易人民币结算试点以来，人民币国际化开始快速发展。几年来围绕人民币，我国逐步打造了跨境支付体系，开创离岸市场，而且本币在外汇交易、国际清算以及世界商品交易与进出口中体现了无可替代的地位。世界各国的储备货币将我国的特有币种纳入其中这一举措的优势逐渐凸显。2016 年 12 月 1 日，国际货币基金组织正式宣布人民币以第三大货币的身份成功加入 SDR 货币篮子，所占比重为 10.92%。但是，之后的进程并不是一帆风顺。由于人民币持续贬值，其在国际使用方面受到了一定程度的影响。根据中国人民银行公布的数据，2016 年第三季度中国以人民币结算的对外贸易额下降了 42.2%。而根据国际组织 SWIFT 的调查，人民币在 2016 年 11 月全球支付国际市场份额同比下降 13.1%，仅为 2%。此外，“8.11” 汇改以后，境外人民币资金池萎缩。截至 2017 年 1 月末，香港人民币存款规模降至 5224.83 亿元，较 2015 年 7 月的 9941 亿元，下降了近一半；台湾银行业人民币存款规模（含可转让定期存单）降至 3109.54 亿元。因此，在人民币正式加入 SDR 以后，需要让金融领域更加开放，且体现为双向式，从而实现人民币资本项目可兑换，进而推动其“走出去”，开启以人民币国际化为驱动的全面开放的新时代。

扩大金融业双向开放的目的是让人民币能够更多地在国际贸易中交易使用，从而让人民币在国际市场中被频繁地进行投资与借贷，让国际金融主体逐渐对人民币产生依赖，有助于促进其成为国际储备货币，也是提升人民币国际化水平的真实需要，是实现宏观金融稳定下资本项目开放的重要内外兼修之道。在扩大金融业双向开放的过程中，继续扩大中国人民银行票据、人民币债券海外发行的范围，继续向外资银行机构开放银行间债券市场和外汇市场，继续推动人民币“走出去”，以扩大人民币真正的使用范围，为人民币国际化的实现提供条件。此外，扩大金融业双向开放将进一步促进国内的金融创新。人民币国际化还是我国今后改革红利的主要来源。在国际竞争环境的驱动下，我国的金融体系制度将会不断改革优化，在稳健的脚步逐渐向前迈进的同时，让人民币的国际化进程逐渐推动改革开放更稳步、更全面、更加高效地运作。

第四，资本市场双向开放力度不断加大。随着 QFII（合格的境外机构投资者）、沪港通等有利于金融市场更加全面开放的方针提案相继出台实施，境内外资本的联系渐渐加强，这也是大陆市场变得更加开放的信号。2016 年底的深港通则更是锦上添花。从国家外汇管理局对外公布的相关数据可以看到，截止到 2017 年 2 月 24 日，RQFII（人民币合格境外投资者）获得审核通过的有 181 家，可用于投资的资金总额为 5411. 29 亿元，相比同年 1 月底对应数据增加了 115 亿元。QFII 通过批准的则有 278 家，投资限额为 892. 09 亿美元。投资限额相比上年底增加了 19 亿美元，机构的总数也增加了 2 家。此外，QDII（合格境内机构投资者）的可投资总限额也达到 899. 93 亿美元，机构总数合计 132 家。而在股票市场互联互通方面，在 2014 年 4 月正式开启沪港通试点的基础上，深港通也于 2016 年 12 月 5 日正式开通。自开通以来，沪港通与深港通均实现平稳顺畅运作，交易活跃度逐步提升。2016 年全年，南向港股通成交总额为 8362 亿港元，北向沪股通及深股通成交总额为 7710 亿元人民币。作为现代金融市场的组成部分，资本市场双向开放是扩大金融业双向开放的重要渠道和载体，然而在资本双向开放条件下，资金在国内外资本市场之间大规模流动以及各国资本市场关联度增加所带来的风险溢出效应是我国在稳步推进资本市场双向开放进程中值得重点关注的问题。

第五，人民币汇率持续贬值，资本外流压力巨大。自 2014 年开始，人民币兑美元汇率进入连续三年的贬值区间，仅 2016 年人民币中间价贬值幅度近 6. 83%。在人民币汇率持续贬值的影响下，自 2014 年第二季度至 2016 年第四季度，中国经济已经连续 11 个季度面临资本净外流，且该逆差在 2016 年第三季度创下了超过 2000 亿美元的峰值，中国面临巨大的资本外流压力。中国人民银行公布的数据显示，2017 年 1 月中国外汇占款减少 2088 亿元人民币，连续 15 个月减少，但外汇占款减少的势头明显减弱，中国资本外流趋势有所放缓。但是，2017 年全球经济停滞格局难突破，金融动荡或将持续增强，特别是随着美国经济的逐步复苏，美联储继续实施加息政策，中国经济仍将面临资本外流的困境，而人民币贬值趋势也很难彻底扭转。由此可见，人民币汇率贬值、资本外流以及二者之间的相互强化效应将是我国推动供给侧结构性改革、实现经济稳定发展的重大威胁。在这种情况下，如何进一步加快汇率体制改革，以及是否应该放缓资本项目可兑换改革的进程，适度增强资本管制来缓解人民币贬值与资本外流的压力等难题为扩大金融业双向开放带来了新的挑战。

（二）重要意义

随着改革开放进程的推进，我国各个领域逐步实行了对外开放，在银行、证券、保险等领域逐步实施了开放政策。在开放的过程中，我国金融业在国际金融市场中逐渐站稳脚跟，国际竞争力有了极大提升。在金融开放中，人民币国际化是其重要体现。近年来，人民币越来越表现出不可或缺性，其重要地位体现在世界交易和国际清算的方方面面，作为世界各个国家的储备币种这一新角色也愈发称职。我国凭借金融的发展与经济的重新崛起，在国际上占据了重要的地位，这都是金融开放带来的成果。在经济金融发展到一定程度后就要对金融开放进行深度研究。金融开放不是单方面的对外开放，两个方向都能做到才是真正需要的。增强我国金融领域双方向、更全面地对外开放对增强我国在金融行业领域的整体实力有着不可或缺的巨大作用，对改进金融在农村领域的服务模式、推动金融结构调整、转变服务方式同样有着重要价值意义。中国想巩固大国甚至经济强国的地位，扩大金融业双向开放势在必行。在双向开放的过程中，我国国内、国际要素能够有序流动，在金融市场高度融合的情况下，金融资源得到了有效配置，两个交易主体国家的金融资源得到了高效利用，经济共同增长，实现双赢。同时我国想要提高国际竞争力与影响力，金融双向开放也必不可少。我国作为世界上人口数量最多的国家，中华人民共和国成立后历经几十年的岁月沧桑，已经成为投资大国、制造业大国。但是与成为金融大国还有一定距离，对于国际金融资产和大宗商品的定价还缺乏话语权。扩大金融业双向开放，能够让我国更好更多地参与到国际政策制定协调与金融合作中来，对国

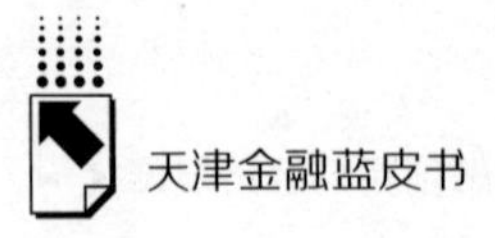

际金融秩序的把控具有更大的主导权，为我国营造良好的国际发展环境。

二 滨海金融开放创新

（一）滨海新区经济发展与金融开放创新的主要成就

1. 经济总量稳定增长，产业结构不断优化

2016 年，面对错综复杂的国际国内形势和持续加大的经济下行压力，滨海新区在天津市委、市政府和区委、区政府的正确领导下，积极适应经济发展的新常态，将开放创新与京津冀协同发展有机结合起来，着力建成天津自贸区，并大力推动自主创新示范区的落成与后期完善，使天津的金融环境得到进一步改善。滨海新区经济运行总体平稳，产业结构积极调整，社会事业继续发展，民生事业持续进步。实现了“十三五”完美开局，为经济社会全面发展奠定了坚实的基础。

初步核算，2016 年滨海新区的地区生产总值为 10002.31 亿元，同比增长 10.8%（见图 1）。是国内第一个 GDP 过亿元的国家级新区。按产业看，第一产业完成 11.81 亿元，相比上年提升了 2.3%；第二产业完成 5943.76 亿元，相比上年提高了 11.4%；第三产业完成 4046.74 亿元，增长 10.1%。三次产业结构为 0.1∶59.4∶40.5。第三产业增加值比重同比提高 3.1 个百分点，首次突破四成，经济结构得到进一步优化。2016 年滨海新区每人可支配的平均收入 42869 元，同比增幅达到 9.2%；在农村的对应统计数据中，以上两个统计量表现为 20719 元和 8.8%。就业方面，城市人口的薪资水平相较于上一年份增加 3.3%，为 1102.96 亿元。如果按人均薪资收入来划分，两个数据则对应为 5.5% 和 8.62 万元。

具体到产业结构，农业总产值完成 30.47 亿元，增长 2.4%。其中，种植业产值 8.91 亿元，增长 9.7%；畜牧业产值 9.06 亿元，增长 2.8%；渔业产值 12.48 亿元，下降 2.8%。全年实现工业增加值 5687.30 亿元，可比

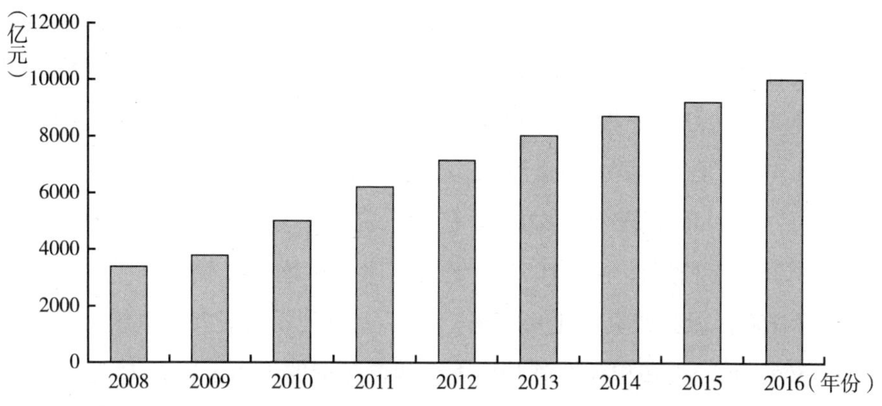

图1　2008～2016年天津滨海新区地区生产总值

资料来源：天津市滨海新区统计局。

增长12.1%。在规模以上工业中，八大优势产业总产值完成14115.12亿元，占全区规模以上工业的90.5%，较上年增加2.7个百分点。其中，生物医药产业增长11.9%，粮油轻纺产业增长11.7%，航空航天产业增长11.1%，新能源产业增长8.7%。全年实现建筑业增加值256.46亿元，可比增长0.5%。资质以上总包和专业承包建筑企业完成总产值2243.50亿元，增长5.4%。其中，建筑工程产值2012.58亿元，占总产值的89.7%；安装工程产值181.5亿元，占总产值的8.1%；其他产值49.42亿元，占总产值的2.2%。全年竣工产值560.36亿元，占总产值的25%。建筑企业全年房屋施工面积9783.38万平方米，增长16.0%。全年全社会固定资产投资4609亿元，比上年增长9.6%。其中，第三产业投资4003.46亿元，比上年增长24.8%，占全区总投资的86.9%，比上年增加15.3个百分点。其中重点项目推进有所加速，全年有一汽大众华北基地、丰田新工厂、天津师大滨海附属学校、万达广场等新开工项目378个，完成天津下达新开工项目任务；有大众45万台DQ380双离合自动变速器、东疆金融贸易中心、天津一中滨海学校等竣工项目212个；有计划总投资10亿元以上项目120个，完成投资额达到947亿元。

金融方面，截至2016年末，金融机构本外币各项存款余额5559.43亿元，全年新增存款267.29亿元。其中，新增住户存款53.60亿元，新增非金融企业存款255.49亿元；各项贷款余额9680.68亿元，新增1174.42亿元。细化来看，新增短期贷款30.12亿元，融资租赁601.72亿元，中长期贷款244.17亿元。主要农村金融机构（农村信用社、农村合作银行、农村商业银行）人民币贷款余额828.50亿元。资本市场发展取得了较大进步。全年利用资本市场累计融资1091.2亿元，比上年增长2倍。其中，股权融资占比7.7%，债券融资占比92.3%。辖区上市公司完成并购重组交易金额达651.86亿元，正在积极推进并购重组和再融资的上市公司有15家，交易金额达436.9亿元。此外，证券机构发展较好。截至2016年末，全区共有上市公司27家，证券机构股票交易额4006.76亿元、基金交易额301.56亿元、债券交易额11.47亿元。证券机构资金账户40.31万户，A股账户67.69万户，B股账户0.53万户，基金账户17.67万户。期货市场成交量724.78万手，成交额3512.29亿元。

2. 自贸区建设加速

早在2013年，天津市政府就开始对自由贸易实验区的建立开展了相应的准备工作。2015年4月8日，国务院印发《中国（天津）自由贸易试验区总体方案》，天津自贸区成为继上海自贸区之后第二批获得批准设立的自由贸易试验区之一，是在中国北方设立的第一个自贸区。2015年4月21日，天津自贸区正式挂牌。在战略定位上，天津自贸区的核心任务是制度创新，要求可复制、可推广，为京津冀一体化搭建对外开放的平台，作为中国改革开放与制度创新的先行先试基地，建立世界性高水平的自由贸易园区。总体目标是在三到五年内进行制度改革探索，发挥自贸区的辐射带动与示范引领作用，在贸易、投资、产业集聚、金融服务、法制监管等方面建设成为国际化高水平自贸区。

近年来，天津努力构建越发开放的现代金融体系，打造北方经济金融中心，积极落实金融领域的试点方针，推动创新发展，改善服务品质，将创新示范区的发展规划落到实处，使该区域在金融方面更加和谐发展，为提高金融资源的配置效率奠定了坚实的基础。自2015年初至2017年3月底，自贸区的机构增加 31374 户，是往年市场主体数量的 1.4 倍。其中新增内资企业 27059 户，注册资本（金）8031.65 亿元；新增外商投资企业 1645 户，注册资本（金）3192.84 亿元；新增个体工商户 2670 户，申报资金 2.49 亿元。在新增市场主体中，注册资本（金）超过 10 亿元的有 205 户，过亿元的有 2076 户。自贸试验区共有市场主体 53528 户，注册资本（金）20538.72 亿元人民币。其中内资企业 43644 户，注册资本（金）15661.14 亿元，外商投资企业 3375 户，注册资本（金）4872.85 亿元，个体工商户 6509 户，申报资金 4.73 亿元。

第一，金融政策顶层规划完善提升服务质量。政策指导方面，自贸区发布中国人民银行对天津自贸区管理建设的相关建议，涉及金融领域的外汇管理制度改革、投融资便利化、利率市场化和人民币跨境使用改革试点等多项国家战略目标内容，共 7 个部分，30 条政策，细化为 60 项具体措施。截至 2016 年底，“金改 30 条”已有七成的政策落地实施，其中 23 项措施成效显著。天津自贸区在《关于金融支持中国（天津）自由贸易试验区建设的指导意见》（以下简称《指导意见》）指导下，在跨境人民币业务发展、外汇管理改革和促进租赁业发展三大方面提出了具体的发展思路与规划，其中跨境人民币业务主要强调的是投资便利化、放松境外融资限制、支持开展人民币结算平台交易等；外汇管理改革主要强调的是实行限额内资本项目可兑换、推动外债宏观审慎管理和支持银行发展人民币与外汇衍生品服务等；而促进租赁业发展方面强调的是扩宽投融资渠道、增强资金运营灵活性和提升业务便利度等。需要强调的是，在《指导意见》中还提到将天津自贸区打造成京津冀协同发展的高水平对外开放平台，并提出对京津冀地区金融机构在自贸区开展跨区域金融协同创新与合作、设立京津冀协同发展基金和京津冀产业结构调整基金以及京津冀地区金融机构的异地存储、支付结算等同城金融服务提供相应的政策支持，以此来增强京津冀三地金融支持政策的联动性、协调性和互补性。

第二，金融体系发展促进融资结构优化。以滨海新区金融发展为依托，天津自贸区目前拥有多样化创新型金融要素市场。目前已经建立了包括天津股权交易所、矿业权交易所和金融资产交易所在内的11个资本要素市场，引领我国区域性金融要素市场建设，市场交易辐射能力逐步提高。以天津股权交易所为例，截至2016年底，在交易所中挂牌的企业覆盖全国31个省市，其中河北、山东和天津地区的挂牌企业超过总数的70%，交易模式不断改进可以提高企业融资效率。国际知识产权交易所是国内第一个与世界接轨且市场运作较为成熟的交易场所，通过公司化治理，利用我国国内与海外的流通资本以及政府基金的方式对科技型企业进行支持，促进知识成果向现实生产力转化，目前已形成超过2500个项目资源库，且外省项目占比超过35%，对区域企业融资的辐射效应初现。私募股权基金方面，创业投资基金、产业投资基金、对冲基金和物权投资基金等构成了较为完备的私募基金体系，使天津成为国内基金业最密集的城市之一；基金运行监管体系逐步完善，在国家明确私募股权基金监管归属的基础上，继续加强股权投资基金备案管理，并探索股权投资基金的退出机制，从政策层面最大限度抑制私募股权投资基金市场的系统项性风险；金融混业服务进一步升级，以人民保险公司为代表的传统金融业态开始设立产业投资基金，不仅加强了传统金融与新金融业态之间的结合，也为金融支持实体经济发展提出了全新的服务模式。融资租赁方面，机构数量与业务总量继续领先全国。自贸试验区挂牌以来，新增租赁公司1208家（含金融租赁公司1家，内外资融资租赁公司671家，单一项目公司481家，其他租赁公司和分公司55家），累计注册资本金达2276.8亿元人民币；聚集了以工银、民生、国银、ALC等为代表的飞机租赁板块，以中海油、中民租赁等为代表的船舶海工租赁板块，以中铁建、中车、大唐、远东等为代表的大型设备租赁板块；完成401架飞机租赁业务、30艘国际航运船舶、3座海上石油钻井平台、77台飞机发动机租赁业务，租赁资产累计达218.6亿美元。同时租赁领域迅速向医疗器械、电力设备、轨道交通和新能源等板块延伸。

第三，金融制度设计日趋完善。信用体系建设方面，征信的基础设施逐步完备，其中最为核心的是国家金融信用信息数据库，它提供的各类信息成为各大金融机构进行信贷决策的重要保障；银行加强对重点客户金融业务往来的信用监测，目前已经建立了信贷信息的监控系统，达到对银行主要客户贷款“借、用、管、还”动态监测的目的；信用服务市场得以发展，110 多家融资担保机构展开了信用评级，该结果对金融机构之间合作和监管机构制定对应的监管政策具有重要意义。同时，金融管理体制愈加完善，目前各类金融机构已经建立信息共享与交流机制，有效消除与防范交叉性金融风险。此外，监管机构还和地方的相关部门增加了业务联络，形成稳定的金融工作协调机制，并对违规行为进行及时查处，维护金融稳定；银行内部管控升级，积极有效地防范风险，维持资本与收益的平衡。

3. 自主创新示范区发展迅速

2015 年 2 月 26 日，天津国家自主创新示范区在滨海新区高新区正式挂牌。2015 年 12 月 24 日，《天津国家自主创新示范区发展规划纲要（2015—2020 年）》获科技部等 14 个国家部委批复，标志着建设天津自主创新示范区被纳入国家创新驱动的发展战略。自 2006 年天津滨海新区开发成为我国重点战略部署，天津多年来积极响应中央号召，践行改革创新，落实各大方针政策，积累了丰富的改革经验。

国家自主创新示范区建设成效显著。滨海新区科技型中小企业和科技小巨人企业稳步发展，提供平台支持是天津自主创新示范区创新服务的主要方式。目前，自主创新示范区正在加紧建设产业信息交流与对接平台、科技金融平台、国际产业创新交流平台、产业转型平台以及创新创业辅导平台等五大创新平台。

滨海新区多层次创业支撑体系也在加快建设。滨海新区已有各类科技企业孵化器 60 余家，其中国家级孵化器 14 家。借助孵化器的发展，滨海新区在搭建公共技术服务平台、科技金融服务平台、综合孵化平台、众创空间等方面有机结合，逐步搭建起多层次创业支撑体系。

滨海新区还在国内首提双创（创新创业）特区概念。2015 年 9 月 21 日，创新创业特区在中心商务区正式揭牌，自此之后滨海新区创新创业聚集态势已初见成效，形成了创新创业生态圈。2016 年 1 月，双创（创新创业）公司的“双创通”全面开通，是一种公司管家的平台，创新型中小公司有

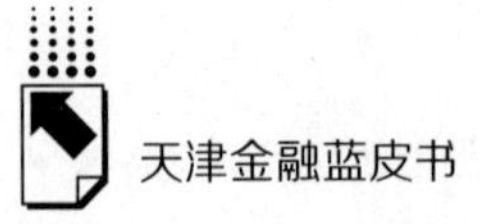

机会在这里获得财务管理、审计以及税务等服务。

《京津冀协同发展规划纲要》的颁布是滨海新区又一次难得的机遇，为滨海新区的经济发展注入新的增长动力，拓展了新的合作和发展空间。滨海新区作为天津经济金融发展的重点项目，战略地位十分重要。近年来该地区积极发挥在京津冀发展中的重要战略作用，汇集多种要素，促使金融业与产业实现更高效益而相互融合，形成推动京津冀创业创新发展的强大动力引擎，打造大项目、好项目重要承接地，打造区域深化改革开放的示范高地。此外，滨海新区还努力推动与其他区域自主创新区的协力共赢，中关村就是这其中的典型代表，设立基地以利于将海洋与科技的相关成果变成产业。

（二）滨海金融开放创新支持实体经济发展的实践

1. 科技金融

（1）财政带动信贷资金倍增效应。

从 2009 年起，天津开展了科技计划项目与商业贷款结合打包贷款的发放工作。对参与天津科技型企业创新资金项目的企业，除了给予其财政资金的支持外，如果企业提出需求，与企业签约的贷款合作银行要依据企业的融资需求，给予企业不需要抵押担保的贷款。通过这一种模式，每一个项目平均可以得到每年约 40 万元的商业贷款。同时，天津相关部门也在积极修改奖励办法，进一步使财政资金的拉动作用得到充分的发挥。

（2）深化科技金融服务方式创新

天津依据科技企业的自身特点，创设特色的抵质押贷款业务，相关部门联合制定出符合科技企业自身特点的商标权、专利权、股权质押贷款的管理办法，丰富了企业抵质押资产的类型。同时，天津积极探索新的银企信息沟通机制，市政府、金融办及时把优秀项目推荐给金融部门，引导金融机构积极与科技型中小企业加强信息交流；银行提出对政府工作的需求与建议，推荐介绍创新服务与产品，公布金融市场的信息等；中小企业公布融资需求的信息，提出融资的具体需要，政府帮助科技型中小企业及获得金融产品和服务情况，缓解信息不对称的矛盾；请银行、保险、担保公司等金融机构参与科技计划项目的论证，让有需求的科技企业与各类金融机构进行直接沟通，提出融资需求，同时直接获得技术、管理、财务、投资等专家对申报项目的评价，从而改变以往单一项目评审、推介的形式。

2. 航运金融

（1）融资租赁主体创新——利用特殊目的机构（SPV）融资租赁的优势

天津在融资租赁主体方面大胆突破，涌现了一批利用 SPV 进行融资租赁的成功案例。这一租赁方式在我国主要涉及飞机和船舶行业，即单机 SPV 和单船 SPV，也称为单机公司和单船公司。SPV 带给航运企业的好处，主要在于融资成本的降低。航运企业往往因其较高的负债率而难以获得抵押担保贷款。而一艘船标的重者上亿元，企业出于对现金流的担心，往往不愿意直接出资购买。融资租赁使航运企业以租代买，将每艘船的购买资金用来租用多艘，同时投入经营，提高收益。

（2）天津国际航运金融中心揭牌

2017 年 3 月 8 日，天津国际航运金融中心揭牌仪式在天津万通中心举行。按照天津市委、市政府加快建设北方国际航运核心区的决策部署，和平区依托区位优势和区域航运服务业产业优势，以小白楼和五大院为核心区域，瞄准航运金融，航运相关高端服务和航运企业中国区总部，着力吸引龙头企业、高端航运企业和航运金融企业，以万通中心为主体，打造天津国际航运金融中心。

3. 消费金融

（1）支付清算体系建设创新

首先，天津网上支付跨行清算系统试点自开始运行以来，通过向客户提供全天候的支付服务，提高了网上银行客户跨行零售支付业务的处理能力。同时，电子商业汇票系统也使得天津商业票据业务向电子化时代迈进。其次，还成功开展了支票截留业务。持票人的开户行接到来自客户的纸质支票以后，不会再将该支票交换到出票人的开户行，将使用影像信息或者支付密码完成纸质支票的截留，之后经由人民银行对出票人的开户行发起借记业务（向出票人开户行提示付款），出票人的开户行依照借记业务指令中所能获得的影像信息、支付密码、支票信息等要素来判断支票真实性，凭借小额支付系统实现跨行的资金清算。

（2）金融 IC 卡业务创新

天津自贸试验区挂牌以来，中国人民银行天津分行大力推进金融集成电路（IC）卡"一卡通"示范区的建设工作，进一步完善了区内 IC 卡应用环境，拓宽应用领域，有利于区内开展更加方便安全的投融资活动。截至 2016 年第三季度末，自贸试验区共发放金融 IC 卡 29 万余张，布放 POS 机近 8000 台、ATM 机 200 余台，有效提高了自贸试验区公众用卡满意度和金融服务的便利性。金融 IC 卡作为金融与现代信息技术完美结合的新兴工具，兼具管理卡、保障卡、银行卡等多个功能，充分体现了可扩展性、标准型、便利性和安全性等优势，既满足人民群众对支付安全的迫切需求，又能够有效地提高银行卡的风险防范能力，极大地方便和改善了人们的生活。

（3）建立相关公司推动消费金融的发展

我国第一家由他国商家独立资本注入成立的消费金融企业就是滨海捷信，注册资本 3 亿元人民币。为赢得客户青睐，捷信通过金融讲座及漫画等形式进入社区、商场从而培养大众信用借贷意识，争取更多的消费者。此外，在与捷信有合作的商店消费时，消费者还能在店中为该商品申请分期付款。

4. 农村金融

（1）深化农村信用社改革

我国依据强化服务功能、完善约束机制、明确产权关系的原则深化农村信用社改革在国家政策方面也做出适当引导，并由地方政府负责。我国采用专项票据置换、税收减免、财政补贴等政策方针给农村信用社的改革提供了极大的支持，从而促进各方积极投身改革，通过强化定位指导，推进内部改革，施行分类监管，这一系列举措使得农村信用社的实力得到了明显提升。

（2）多层次农村金融组织体系基本形成

我国充分考虑农村各类金融机构的比较优势，通过准确定位与分类施策，稳步推动改革进程。首先，循序渐进地拓展中国农业发展银行的业务领域与范畴，着力保障粮棉油收购的储备数量。在风险能够得到有效控制的条件下，大力扶持农村的基础设施建设。其次，深化农行改革，组织建设“三农金融事业部”试点，积极探索研究“三农”与商业运作相结合的全新模式；加强邮储银行的信贷能力建设，尽快完善邮政储蓄资金回流机制；放宽农村金融机构的准入门槛，培育和发展村镇银行等新型农村金融机构，支持市场良性竞争。再次，要大力推广农业保险，建设农业保险的保费补贴试点，加强农业风险的保障能力；让市场充分发挥作用，提升涉农企业的直接融资水平。最后，要建立完善以扶贫贴息贷款为主体的扶贫信贷体系。

（3）“三农”金融支持力度不断加大

天津滨海农商银行对于“三农”的支持是一个典型。该行近年来一直努力贯彻执行创新推动发展的方针政策，鼓励服务方式的调整与转变，着力服务农村中小企业，也为农民提供了更加多元化的金融服务，取得良好成效。信贷方面也是更加关注实体经济，紧跟国家发展趋势。截至2016年底，滨海农商行关于农村的贷款项目总计87.04亿元人民币，全年增加7.47亿元。在“示范城镇”项目方面，该行在与农业相关的区县中投放相应数目的贷款，主要有静海区、津南区等，对于助力“三农”发展起到很好的模范带头作用。此外，该行对于科技创新型企业的信贷支持也是颇有力度，金额总计8.67亿元，很好地满足了当地的融资需求。此外，该行积极投入“三农”产品创新事业中，并大力推广，设立富有特色的金融产品。

5. 贸易金融

（1）供应链金融方面

在政策的大力推动下，天津的供应链金融也出现了多种基于不同结算方式的产品系列。以前，由于信用证被企业广泛接受，天津的贸易企业大部分也都选择以信用证作为结算方式，故而导致银行提供的融资服务也相应地围绕此开展。但随着时代的发展，信用证已不是最主要的结算方式，使用比例从八成已降到不足两成。与此相对应，天津也积极创新融资方式，积极创新了一系列可应用于多种结算方式的产品，如大家所熟知的“货押融资”就可应用于信用证、代收和汇款等。

除此之外，天津也在积极转变观念、开阔眼界，不再单纯地强调出口融资，而是进出口融资并重。众所周知，我国很早就有倾向出口的历史。最早的贸易融资包括打包放款、出口押汇、保理、福费廷、出口退税、账户托管融资等十几种产品。但是，受国家政策影响，同时期的进口融资渠道只有开证授信、信托收据、提货担保等几种。随着后危机时代的到来，我国开始注重贸易结构的改变，天津也积极抓住机会，下大力气鼓励进口。银行纷纷支持进口，一系列专门为进口融资设计的产品也相继出台，如货押融资、汇出汇款融资就是其中代表。

天津还积极转变融资服务对象，将焦点从供应链上的大企业转为中小企业。随着市场化进一步加深，单一企业之间的竞争已越发微弱，目前链与链之间的竞争才是市场竞争的核心。一条链内的企业盘根交错，不管是最核心的企业还是边缘的小企业，其资金效率都将对整条链的成本和管理产生深远影响。伴随着天津思路和产品的转向，中小企业融资难的问题已被社会广泛重视，并被列入专门的研究，“供应链融资”就是解决目前困境的好方法之一。银行在整体掌握供应链的实际后，对链上的企业提供整体融资。与之前不同的是，银行不再关注某一单一企业的运行状况，而是着重考察其所在的供应链是否安全。这种转变有效地缓解了中小企业资金有限、周转率不高的难题，为天津供应链金融未来整体的腾飞提供了强大的助力。

（2）出口信用保险方面

首先，政府扶持力度加大。后危机时代以来，我国的出口业务与海外投资一直不景气，甚至导致贸易逆差。政府部门及时采取政策调动出口商的积极性，从而刺激出口是当务之急。出口信贷与出口信用保险是这一激励政策的典型代表。出口信用保险对刺激出口具有明显的效果。国家部委、市政府出台的文件也多次关注这一问题，曾明确指出要“完善出口信用保险政策”。保险涉及的领域与服务的空间维度也是空前扩张。一是保险作用的领域逐渐扩大。得益于我国有关进出口贸易政策的施行，大量的中小企业都已具备资格参与进出口贸易，市场潜力巨大。二是政府在某些需要重点发展的行业领域采取了政策倾斜。自 2013 年至今，天津考虑到每个公司自身的需求不尽相同，于是设计了众多产品组合，对拥有自主品牌及自主知识产权的企业出口给予了大力支持，有利于提升中国品牌形象以及国际影响力。无缝钢管、天津一汽等一大批位于天津的龙头企业均在出口信用保险的支持下提升了国际化水平。

6. 微型金融

（1）天津市政府大力支持小微企业发展

2016 年 3 月，天津市人民政府发布《贯彻落实〈国务院关于大力推进大众创业万众创新若干政策措施的意见〉任务分工》，目的是完善政府采购政策以推动中小企业的发展，强化对采购单位的政策引导与后期监管，监督采购单位抓紧完善采购计划编制以及项目预留管理，从而增大政策扶持小微企业的效果。此外还要继续加强对创新服务与产品的采购，让政府采购起到良好的引导作用，支持小微企业发展。

（2）天津银行业金融机构支持小微企业

天津市银监局近年来始终如一地坚持对小微企业提供金融领域的支持与帮扶。对金融机构进行严格管理，建立合理的考核制度，推进平台建设，完善调整机制。以政策的制定与施行来给各银行带来正确的方向性指导，创新现有服务模式，为中小企业提供更多元化和量身定做的金融服务，提高服务的水平和效率。措施主要覆盖以下几个维度：首先要支持各大银行特别是中小型银行提高对小微企业的信贷支持，可以设立专门的机构来做相关管理；其次是要让商业银行不能仅局限于提供资金融通这种传统服务，还应兼备咨询、清算以及理财等新兴服务形态，转变传统观念，积极创新，让服务综合化、多样化；再次就是要协助加速网络融资模式的推广与渠道的搭建，同时要注意风险控制，建立较为健全的风险检测调控机制，在安全的环境下让资金需求方有更多的融资方式选择；接下来是落实到银行的个体，比如农商行以及渤海银行等，令其在专门跟进的金融债发行方面为广大小微企业下大功夫；最后运用某

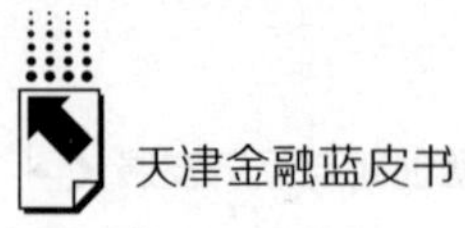

些具体手段，比如建立专营机构、完善贷款审批、利率风险评价机制，鼓励和约束并举，为小微企业融资营造良好的政策环境。近年来天津市银监局对这方面十分重视，也多次与银行、公司等机构组织商谈，共同探索小微企业融资的新道路。

7. 文化金融

（1）政府政策扶持力度不断加大，为文化产业发展营造了良好的环境

自2010年开始，天津市级财政累计安排5.4亿元文化产业发展专项资金，支持264个文化产业项目，撬动社会资金140亿元，有效优化天津文化产业结构，充分发挥了财政资金的杠杠作用。一是找准方向，打造优势文化产业。重点支持发展势头好、辐射带动作用强、经济效益和社会效益明显、具有本地特色的文化产业项目。二是突出重点，助力转制企业发展。通过项目补助、贷款贴息、项目奖励等方式，对日报传媒集团、今晚传媒集团、广电集团等转制文化企业的产业项目给予重点扶持，支持企业调整产业结构，促进转制后企业做大做强。三是上下衔接，引导各区设立专项资金。以市级文化产业发展专项资金为指导，在全市16个行政区全部设立区级文化发展专项资金，并分别制定了相应的管理办法，加强资金的使用和监管，形成市级支持、区级配套机制，对项目的支持实现重突出、多渠道、广覆盖。四是持续培养，打造行业领军企业和重点项目。通过对好项目的连续支持、重点支持，打造了天津广电网络公司、北方网新媒体集团、天津神界漫画公司等多家文化行业领军企业。

（2）深化文化体制改革，培育文化市场主体

为了促进文化产业的持续健康发展，天津市文化局积极推动经营性文化单位进行转企改制，相继成立了北方电影集团、出版传媒集团、广播电视传媒集团、北方演艺集团、文创产业集团等一批国有骨干文化企业，激发了文化企业在文化市场上发展创新的活力和动力。同时，为了配合行政体制改革，天津市文化广播影视局对行政许可事项进行了最大限度的缩减和简化，行政许可事项已经减少至17项，为文化市场主体提供了便捷的服务，激发了它们的活力。此外，天津还鼓励民营文化企业的发展，吸收社会资本进入

文化创意、演艺娱乐、影视制作、动漫、印刷、出版物分销等领域，并提供良好的政策环境和平等竞争的机会，一大批民营文化企业快速成长起来，成为天津文化产业发展的重要力量。

（3）积极推动重大项目实施，促进文化产业集聚发展

了天津在文化产业发展方面坚持以重大项目为引擎的发展战略，2010年以来先后推出了四批、200个文化大发展大繁荣攻坚战重点项目，总投资金额达到1130亿元。国家动漫产业综合示范园、中国天津3D影视创意园、国家影视网络动漫实验园、国家级文化和科技融合示范基地、国家数字出版基地等一批国家级文化产业园区先后落户天津，产生了集聚引领效应。天津华夏未来文化发展中心、天津神界漫画有限公司等10家企业被文化部命名为国家文化产业示范基地。各区县也积极通过深入挖掘自身的文化资源和基础，推出了一批文化产业大项目、好项目，如和平区民园文化广场、南开区民俗文化博览园、河东区棉3创意街区、河北区一宫文化广场、蓟县盘山实景文化广场，已经成为天津文化产业发展的新亮点。

（三）存在问题

1. 高级金融机构相对缺乏

目前滨海新区运营的金融机构主要是渤海银行滨海分行、天津银行滨海分行和塘沽农村合作银行。其中，渤海银行和天津银行实行的是一级分行制，塘沽农村合作银行实行的是区属独立法人机构，管理体制和管理能力在滨海新区已经算是领头羊，但和天津以及北京、上海等金融信托公司相比还有较大的差距，金融企业管理模式落后、金融业务单一、新型综合型服务公司数量稀少。这导致滨海新区本地的金融企业并不能满足区内客户的个性化金融需求，客户外流现象严重。总部级的综合证券公司、基金公司、保险公司和信托公司数量稀少、规模较小、管理权限较低，并不具备开展金融创新的客观条件，这种层级上的差距大大干扰了滨海新区金融创新的能力。

2. 特色金融发展缓慢

滨海新区内的天津港是我国的重要港口之一，每年的港口货物吞吐量突破三亿吨并延续高速增长的态势。每年的货物运输高峰期，区内的仓单质押、保兑仓单等金融业务需求十分旺盛，滨海新区本该牢牢抓住地方特色，因地制宜发展与自身产业结构相适应的金融企业。但因为物流金融基本建设项目资金数额庞大，项目资产证券化类型的金融创新又不足以支撑滨海新区目前的发展，导致滨海新区的特色金融发展受到一定制约。同时，虽然区内国际设备采购总量很大，但是由于支付时使用的是外币，外币为了规避汇率风险，往往会使用例如远期结售汇的衍生工具，受到我国政策的约束，也没有得到很好的发展。

3. 金融文化有待加强

滨海新区经营比较好的大型企业在市场中占据了垄断经营的地位，资金实力雄厚，信贷灵活，业务主要集中于市场开拓与增收，只有个别企业具有理财和风险管理的理念。其中最为典型的是天津港，采取的融资方式仍然是传统的银行贷款和权益融资，就已经公布的资产负债表来看，短期负债占比相对较高，直接加大了整个企业的融资成本。现在运营的企业中很少有公司治理体制和完备的风险抵御机制，财务数据一般都不对外公布，公司的大部分事项都有经理人决定，没有业绩制约，也没有市场参与的评价机制，大大削弱了滨海新区内各企业的运营能力，也让金融机构的创新无处施展。

4. 人才引进与培养力度存在欠缺

市场瞬息万变，唯一能为金融机构注入永恒动力的就是人才。近年来，随着滨海新区的高速发展，吸纳了不少的高学历国际化金融人才。但是，新区内的金融机构主要是以国企银行为主的机构，人才吸收受到一定的干扰，无形中导致了金融人才的流失。与北上广等金融发达地区相比，滨海新区内专业金融研究院不多，能够提供给各财经院校的实践机会不多，不利于区内人才对金融知识的积累运用和长期发展。

三 金融开放与创新推动经济发展的国际经验

作为发达国家群体的主要代表之一，欧盟在金融开放方面的举措对中国来说具有重要的借鉴意义。本部分以欧盟为分析基点，阐述其金融开放对中国的参考价值。

欧盟的金融开放充分体现了一体化的方针指引，金融也是趋于一体化发展，它的开放使市场和资本账户都稳步、逐渐进行。欧盟的金融开放受欧盟模式的影响同时具有内向国际化和外向国际化的特点，而且差异显著，尤其在银行业和证券市场表现尤为突出。欧盟在金融开放过程中主要采取坚持对等开放原则，长期实行混业经营，保持庞大的公法金融体系和对外资并购的重重限制等措施，这对我国具有重要的借鉴意义。欧盟国家金融开放的效果看似也为各大公司与机构或多或少带来了消极影响，但无法否认的是其功大于过，种种措施的施行和相关政策的引导营造了良好稳定且安全的金融环境。欧盟的经验有很多可以为我国参考学习之处。

（一）金融开放与内部合作并举

欧盟金融开放的一大特点就是内向的国际化水准要高于外向的，也就是说欧盟国家在金融领域施行对外开放政策的同时也十分关心与欧盟其他成员国的协同关系，互帮互助，在开放的同时协同发展，这也符合欧盟这一经济体的理念方针。我国虽然不处于像欧盟一样的区域组织中，但中国的国土面积广阔，其实可以将中国这一个国家比作欧盟，也学习其经验提高我国国际化的内向化水平，内外兼施。我国加入世界贸易组织以后，开放程度的增加体现为方方面面，首先是金融领域，证券期货、银行保险等行业具有较大突破。近年来出台了包括 QFII 在内的多项政策措施，人民币业务也日趋多元化以满足日益增长的差异化需求。因此，我国在金融领域的开放程度始终稳步攀升。不过在这背后衍生出来的一个问题就是我国内部的合作较为匮乏，区域间联系不够密切，这也大大减慢了发展步伐，集中体现在金融领域。很多城市和区域目光多放在自身利益上，不遗余力竞争各级金融中心，这本身就是资源与人力物力的浪费，金融市场也因此受到牵连，种种壁垒阻止了资本跨区域自由流动。其实欧盟就有值得我国借鉴的地方。以银行业为例，欧盟的各大银行历经国内聚集、国外经营以及欧盟广泛运作等阶段，这就告诉我们，要加强金融行业的对外开放先要“自身硬”，着力完善优化我国国内的众多金融机构。

（二）适当强化金融监管

欧盟各大银行很多都有成熟的管理经验，这些成功案例无一不体现出优秀完善的管理机制对现代商业银行发展的重要性，对经济发展也多多有益。此外，还要具体明确银行与企业、政府的联系，政府只能起监督、指导的作用，应发挥市场的主导作用，国有企业也不要过度依赖政府最后让银行买单，这会给银行造成严重的不良后果。这是因为，如果产生这种现象，商业银行为了弥补各公司的亏损，就会把个体存款当作救命稻草，这无疑会造成数量庞大的坏账，严重影响银行的资产质量，对国家信用也造成了极大的不良影响，最坏的结果是将直接拖垮全国经济。正因如此，政府部门要为本国的商业银行营造出良好的发展环境，开发其发展潜力，必要时也要允许破产。商业银行在保证盈利，规避风险、保持流动性的前提下，也要恪守运作标准，依章办事。

（三）强化对等性在金融开放中的体现

这里的对等性其实就是“进”与“出”的平衡，在开放的同时（即“走出去”）不能忽略“引进来”的重要意义。关于外资并购的管控要加强，重视我国在金融领域的安全性与稳定性。经过三十年的砥砺与沉淀，之前外资机构代表处的建成渐渐演变为金融领域全面而多元的对外开放，整个过程比较缓慢，同时开放程度并没有达到理想的高度。回顾这些年我国金融开放历程，我国将绝大部分精力都投入市场，向外资敞开怀抱，而对我国本土机构进军海外市场有所疏忽。随着我国略显不平衡的对外政策的施行，外资银行仅用了 12 年便在我国市场发展得风生水起。从这个过程可以看出，外资银行在我国的银行系统中占据了不可或缺的地位，可是这并不能令人欣喜，外资在我国的金融机构占有的股份越大，掌握的控制权越大，潜在风险也就越大。现阶段，我国的各大商业银行在财务重组的基础上将战略投资者引入从而完成上市，整个银行系统得到了很好的改进，有利于商业银行竞争力的提升，下一步就是要真正地走上国际化道路。但综观中国银行业市场，银行业国际化经营的程度比较低，与国外同行相比盈利能力略显不足，中间业务比例较小，而这一业务恰恰是能够体现创新价值的。我国目前的发展阶段还稍显滞后，仍极力寻求传统业务转为现代化的路径。于是，我国本土的银行若要展开海外并购业务，需选择合适的途径，例如从东南亚出发至大洋洲以及中东地区。线路选择要主辅相成，把欧美这类成熟市场列为核心线路，再辅之以拉美或者非洲，仔细把握其中的并购良机。

（四）保护金融领域之外的其他产业

金融开放不能简单地按照字面含义理解为金融领域的对外开放，应该是市场和资本账户的双重开放。由于跨境资本的流动性，一国的其他非金融产业十分可能被影响，金融危机就是一个很好的例子。把目光继续聚焦在欧盟，我们能够发现在其历史中出现了大量的危机，不幸中的万幸是欧盟中的许多行业因为对外资有一定的门槛设定而免受危机的侵扰。所以除了个别产业如汽车业受影响外，绝大多数产业还是安全的。而我国在之前的金融开放过程中过度吸引外资，导致很多非金融行业中外资占有相当比例的股份，这就衍生出一定的金融风险。正因如此，我国要特别注意在金融开放提速的同时需更加关注行业风险的把控，例如适当提高一些关系到本国经济命脉的产业的本土化水平。

四　滨海新区金融创新的对策建议

（一）提高金融市场开放程度，健全跨境资本流动机制

第一，促进跨境人民币的业务创新。着力推进跨国公司人民币资金池、

第三方支付机构跨境电子商务以及人民币信贷资产跨境转让等创新操作的推行。为了使人民币能够经由个人渠道实现跨境流动，就要求先行开展个人跨境人民币结算的试点。要努力丰富跨境人民币信贷操作中的主体种类、海外个体领域等，着力创新于人民币贷款操作，尤其是在海外领域，可以建立试点。要努力让自贸区的清算优势转化为我国币种能够跨境交易的强力后盾保障。搭建境内外金融机构落户的投资平台，努力打造新型财富管理中心和国际再保险交易中心，使其成为人民币投融资的重要枢纽。营造良好的发展环境，着力召集国内和国外金融领域的公司机构到天津落户，为自贸区的国际化发展助力。

第二，推进外汇管理改革创新，可以进一步推进经常项目外汇管理制度和货物贸易外汇管理改革，更好地优化外汇在国际贸易中的把控与管理。监管方面要加大力度，尤其是对个体外汇，而且是非现场的情况，做好个体外汇相关业务的引领工作。着力建成地点设在国外的个体直投试点与 QDII 在国外投资而建立的试点，试点的投资业务种类可尽量多元化，以满足不同需求，譬如证券期货以及金融衍生品投资项目等。除了证券行业之外，在保险领域同样要做好外汇业务的监督把控。积极落实关于直投的相关政策方针，促进资本项目与资本结汇方面的改革。要加大力度尝试航运金融领域的良机，确保天津在我国北方的航运核心地位，推动离岸业务的创新发展，在新区多搞试点，积极采取行动。在特定业务领域还要注重本外币的兑换这一领域，让这些特许的机构完善内部调控，响应创新号召，推出全新的业务服务，也让其与世界接轨，迈出国际化坚实的一步。

（二）以离岸金融为平台，强化金融对外开放力度，提高金融资源配置效率

构建离岸金融市场是实现区域经济金融无障碍对外交流的重要手段，同时也是天津自贸园区完成国家战略规划、实现自身发展定位的唯一路径。在建设离岸金融市场时，第一，选择以自然成型离岸金融市场为基础，以传统的政府推动型离岸市场为模板，以创新的政策推动型离岸金融市场为手段，

消除现阶段制约人民币离岸金融中心建设发展的种种约束障碍，推动离岸业务健康快速发展，鼓励各金融机构建成附属的专营机构，精简繁杂琐碎的审核流程，努力探索各类机构在管理账户方面的全新操作，推动多元化离岸项目发展；第二，以航运金融发展为核心，以融资租赁发展为支撑，打造具有天津特色的离岸金融市场，为构建融资租赁中心与航运金融中心提供充足的金融服务；第三，加快建立天津自贸园区与香港离岸金融监管合作协调机制，同时研究制定离岸金融相关的法律或条例，通过构建以监管部门为核心的外部监管体系、完善企业机构的内部控制制度来防止隐性风险显性化情况的出现。

（三）巩固区域金融发展优势，打造国际金融市场品牌

第一，建立一个国际化水准的物流资金结算中心。整合一批有资质的、发展态势良好的融资租赁公司，集中发展带有滨海新区特色的以飞机和船舶为代表的进出口租赁业务和离岸租赁业务。建立新的城乡基础设施融资租赁业务模式，使滨海新区的租赁业务更好更快地发展下去。加快建设以于家堡为重点的自贸区保理试点，促进保理业务模式的推广与发展。利用先进的互联网技术和大数据手段，开发第三方支付融资模式，建立金融服务外包中心。同时，利用天津港的地理位置优势，建立统一的资金结算中心，促进港口贸易服务和物流运输的深度融合，将生产、交易、运输结合起来，提高运转速度，降低运输成本。

第二，建立国际化水平的财富管理场所。在投资模式上积极探索，除了要继续保有外资股权投资，也要努力开发基金、结汇等方面的新路径。政策引导一批基金机构，吸引全球更多的资金投入滨海新区的建设中。发挥自贸区政策优势，建立一套与国际接轨的通行保密制度。拓展高级理财领域，努力建成“大资产管理”的全新格局。

（四）开展租赁率先创新，支持制造产业开放

以天津自贸区高端制造业开放和租赁业引领发展为基础，争取国家支持

在金融创新示范区开展优于现有自贸园区、综改新区的租赁业管理模式创新试点。第一，争取国家支持开展融资租赁准入政策创新，由天津自主审批监管落户金融创新示范区的各类融资租赁公司。第二，打造国际化的融资租赁资产交易平台，支持开发覆盖标准与非标准、场内与场外、债权与股权的租赁标的。第三，为了促进天津租赁业的进一步深化发展，要利用好金融创新示范区这一全新的平台让相关公司设立专营子公司以更好地开展租赁方面的业务操作，优化以船舶、飞机等为代表的进出口租赁、离岸租赁和保税租赁的发展环境。第四，鼓励租赁业拓宽融资渠道。鼓励金融创新示范区租赁企业利用国家外汇储备、外债、资产证券化等手段筹措资金，鼓励私募基金、保险资金等各类资金支持租赁业发展。

（五）以科技金融为突破口，形成一条金融支持实体经济发展的高效路径

强调高端科技水平对整个国家的经济带动作用，是21世纪全球各国的经济发展思路。在天津建立一个以科技金融发展为核心的滨海金谷，正是遵循这一思路的重要路径实现。第一，加大政府对市场的支持力度，通过设立专业的政策性金融机构，重点突破金融大数据技术的研发与应用，提升金融业务运营效率；第二，提高政府制度保障意识，强化政府功能性监管职能，合理引导资源在市场中的流动，明确政府与市场的关系，确立滨海金谷的市场主导地位。第三，强化科技金融产品创新，利用平台金融模式，积极打造以科技企业金融服务机构、资产管理投资机构、金融后台服务和外包以及外资金融机构聚集为核心的多元化金融集聚模块，形成战略联盟式网络型组织结构，在此基础上还应积极开拓商业银行信贷产品的创新和服务模式的创新，增加投融资多样化选择，提高金融产品供需双方的匹配效率。

（六）强化区域金融合作，促进地区协同发展

天津紧邻首都，这一地理优势让天津能享受到更多的金融资源。凭借近年来天津在改革创新和制度完善等方面的大力推行，这一累积优势会让天津

在科技创新领域发挥独特优势，金融创新示范区拥有如此良好的发展环境，在政策的引领下将会有效地带动天津乃至京津冀地区的金融创新发展，在巩固北方金融中心地位的前提下，更加发挥优势，促进京津冀地区与中国（天津）自由贸易试验区高水平的金融开放标准尽快接轨。第一，在金融创新示范区内深化金融创新，首先要回归本质。金融的发展要能给人们的生活带来便利，因此金融创新的同城化以及服务获得的便捷化就显得尤为重要。第二，金融创新示范区要依托制度创新和综合服务优势，主动承接北京非首都核心功能疏解。借鉴韩国等国际上行政副中心建设经验，争取国家出台疏解全国金融管理功能的专项规划，分担首都金融管理方面的压力，借此契机尝试发挥天津的管理才能，建设国家级层面的金融调控中心。同时，吸引国内外金融机构、跨国公司总部或业务部门移至示范区。第三，大力开展京津冀三地市场尤其是创新方面的沟通与借鉴活动，让三地的各大要素能有效流通，产生最大效用。第四，在离岸业务方面，三地也可积极开展合作，可以共建一个市场，让资源聚集，以更专业、更高效、更有个性化的姿态发挥其在离岸金融领域中的作用。

B.14
后　记

《天津金融发展报告 2017》是在中国滨海金融协同创新中心领导专家的指导下完成的。本报告在撰写过程中得到了天津财经大学、南开大学、中央财经大学、中国人民银行金融研究所、中国社会科学院金融研究所、中国银行国际金融研究所、天津市金融工作局、天津市滨海新区人民政府和环渤海区域合作市长联席会等协同单位的鼎力相助。本书在出版过程中得到社会科学文献出版社领导的大力支持，在此表示真诚感谢。本报告由王爱俭、林文浩和刘玚担任主编，负责本报告的组织编写和审定；刘通午、王文刚、李向前、王学龙担任副主编，负责报告的撰写与统编。各报告作者如下。总报告：《2016 年天津金融发展指数报告》，中国滨海金融协同创新中心“天津金融发展指数”课题组。指数篇：《2016 年天津金融机构发展报告》，刘通午、王韩；《2016 年天津金融市场发展报告》，王文刚、张慧省；《2016 年天津金融产品创新发展报告》，李向前、舒鑫；《2016 年的天津金融人才发展报告》，王学龙、倪鑫；《2016 年天津金融生态环境发展报告》，王学龙、杨春波；《2016 年天津金融改革创新发展报告》，刘玚、邱兰。分析与展望篇：《2016 年天津金融发展状况分析》，王爱俭、刘孝；《2016 年天津金融发展环境分析》，杨帆、刘泽东；《2017 年天津金融发展对策分析》，杜强、陈百惠。专题篇：《天津自贸区建设服务京津冀金融协同发展研究》，周胜强、李西江；《天津“一基地三区”定位的思路调整及发展对策分析》，李向前、陈百惠；《金融双向开放背景下滨海新区金融创新与经济发展》，刘玚、刘伯酉。作为一个前景广阔、令人兴奋的研究领域，天津金融发展系列年度报告倾注了参加编写同志的热情与心血，我们期望持续坚持这项研究，以此促进学术界更为重视区域金融创新和天津金融发展。我们和社会各界一起展望中国区域金融的未来！

皮书起源

“皮书”起源于十七、十八世纪的英国，主要指官方或社会组织正式发表的重要文件或报告,多以“白皮书”命名。在中国,“皮书”这一概念被社会广泛接受，并被成功运作、发展成为一种全新的出版形态，则源于中国社会科学院社会科学文献出版社。

皮书定义

皮书是对中国与世界发展状况和热点问题进行年度监测，以专业的角度、专家的视野和实证研究方法，针对某一领域或区域现状与发展态势展开分析和预测，具备原创性、实证性、专业性、连续性、前沿性、时效性等特点的公开出版物，由一系列权威研究报告组成。

皮书作者

皮书系列的作者以中国社会科学院、著名高校、地方社会科学院的研究人员为主，多为国内一流研究机构的权威专家学者，他们的看法和观点代表了学界对中国与世界的现实和未来最高水平的解读与分析。

皮书荣誉

皮书系列已成为社会科学文献出版社的著名图书品牌和中国社会科学院的知名学术品牌。2016 年，皮书系列正式列入“十三五”国家重点出版规划项目；2012~2016 年，重点皮书列入中国社会科学院承担的国家哲学社会科学创新工程项目;2017 年,55 种院外皮书使用“中国社会科学院创新工程学术出版项目”标识。

中国皮书网

发布皮书研创资讯，传播皮书精彩内容
引领皮书出版潮流，打造皮书服务平台

栏目设置

关于皮书：何谓皮书、皮书分类、皮书大事记、皮书荣誉、皮书出版第一人、皮书编辑部

最新资讯：通知公告、新闻动态、媒体聚焦、网站专题、视频直播、下载专区

皮书研创：皮书规范、皮书选题、皮书出版、皮书研究、研创团队

皮书评奖评价：指标体系、皮书评价、皮书评奖

互动专区：皮书说、皮书智库、皮书微博、数据库微博

所获荣誉

2008 年、2011 年，中国皮书网均在全国新闻出版业网站荣誉评选中获得“最具商业价值网站”称号；

2012 年，获得“出版业网站百强”称号。

网库合一

2014 年，中国皮书网与皮书数据库端口合一，实现资源共享。更多详情请登录 www.pishu.cn。

S 子库介绍
Sub-Database Introduction

中国经济发展数据库

涵盖宏观经济、农业经济、工业经济、产业经济、财政金融、交通旅游、商业贸易、劳动经济、企业经济、房地产经济、城市经济、区域经济等领域，为用户实时了解经济运行态势、 把握经济发展规律、 洞察经济形势、 做出经济决策提供参考和依据。

中国社会发展数据库

全面整合国内外有关中国社会发展的统计数据、 深度分析报告、 专家解读和热点资讯构建而成的专业学术数据库。涉及宗教、社会、人口、政治、外交、法律、文化、教育、体育、文学艺术、医药卫生、资源环境等多个领域。

中国行业发展数据库

以中国国民经济行业分类为依据，跟踪分析国民经济各行业市场运行状况和政策导向，提供行业发展最前沿的资讯，为用户投资、从业及各种经济决策提供理论基础和实践指导。内容涵盖农业，能源与矿产业，交通运输业，制造业，金融业，房地产业，租赁和商务服务业，科学研究，环境和公共设施管理，居民服务业，教育，卫生和社会保障，文化、体育和娱乐业等 100 余个行业。

中国区域发展数据库

对特定区域内的经济、社会、文化、法治、资源环境等领域的现状与发展情况进行分析和预测。涵盖中部、西部、东北、西北等地区，长三角、珠三角、黄三角、京津冀、环渤海、合肥经济圈、长株潭城市群、关中—天水经济区、海峡经济区等区域经济体和城市圈，北京、上海、浙江、河南、陕西等 34 个省份及中国台湾地区 。

中国文化传媒数据库

包括文化事业、文化产业、宗教、群众文化、图书馆事业、博物馆事业、档案事业、语言文字、文学、历史地理、新闻传播、广播电视、出版事业、艺术、电影、娱乐等多个子库。

世界经济与国际关系数据库

以皮书系列中涉及世界经济与国际关系的研究成果为基础，全面整合国内外有关世界经济与国际关系的统计数据、深度分析报告、专家解读和热点资讯构建而成的专业学术数据库。包括世界经济、国际政治、世界文化与科技、全球性问题、国际组织与国际法、区域研究等多个子库。

法律声明